司法鉴定教育培训系列教材

司法鉴定人出庭作证指南

SIFA JIANDINGREN CHUTING ZUOZHENG ZHINAN

霍宪丹 主编
邹明理 郭华 副主编

法律出版社
LAW PRESS · CHINA

撰 写 人

一、绪论　霍宪丹(司法部原司法鉴定管理局局长,一级警监,教授,曾兼任中国法学教育研究会、中国卫生法学会、中国法医学会副会长)

二、第一章　郭华(中央财经大学教授、博士研究生导师,中国行为法学会司法行为研究会副秘书长)

三、第二章　刘言浩(上海市司法局副局长)、刘建伟(中国政法大学证据科学研究院副教授)

四、第三章　邹明理(西南政法大学教授、司法鉴定中心鉴定人)

五、第四章　邹明理、程军伟(西北政法大学教授、公安学院院长)、赵杰(南京师范大学法学院教授、司法鉴定中心主任)

六、第五章　顾永忠(中国政法大学教授、博士研究生导师,中国刑事诉讼法学研究会副会长)、赵杰、刘良(华中科技大学教授、司法鉴定中心主任)

七、第六章　郭华、赵杰、潘广俊(浙江省司法厅二级巡视员)

八、附录　何恬(西南政法大学教授、司法鉴定中心鉴定人)

编务本书的组织联系、汇总编排由党凌云(司法鉴定管理处副处长)负责。

出 版 说 明

一、编写目的

司法鉴定制度既是我国司法制度不可或缺的组成部分,也是诉讼活动尤其是司法审判的重要保障。司法鉴定活动既不是行政行为,也不是司法行为,更不是一般意义上的科学技术活动。司法鉴定具有法律性与科学性相统一的基本性质,鉴于此,司法鉴定活动既是诉讼参与活动,又是科学技术实证活动,也可以说是科学技术与诉讼活动的有机结合。为了不断提高司法鉴定人的政治、业务素质和职业道德水平,统一规范司法鉴定人教育培训的要求和内容,促进司法鉴定队伍的可持续发展,保障鉴定质量,根据司法部颁布实施的《司法鉴定教育培训规定》,由司法部司法鉴定管理局(2018 年机构改革时,与公证、仲裁和法律援助等职能整合为司法部公共法律服务管理局)自 2007 年起先后统一组织编写了司法鉴定教育培训系列教材。本系列教材第一批包括《司法鉴定通论》《司法鉴定工作手册》《法医临床司法鉴定实务》《法医病理司法鉴定实务》《精神疾病司法鉴定实务》,已于 2009 年由法律出版社出版发行;第二批包括《法医物证司法鉴定实务》《法医毒物司法鉴定实务》《文书物证司法鉴定实务》《痕迹物证司法鉴定实务》《声像资料司法鉴定实务》《电子数据司法鉴定实务》《司法鉴定管理概论》等,已由法律出版社出版发行;《司法鉴定人出庭作证指南》《医疗损害司法鉴定实务》《司法会计鉴定实务》《知识产权司法鉴定实务》《建设工程司法鉴定实务》《环境污染损害司法鉴定实务》《产品质量司法鉴定实务》等也将陆续组织编写出版。

二、编写要求

为了保证系列教材编写质量,经司法部批准成立了“司法鉴定教育培训系列教材编审委员会”。编审委员会负责推荐各门教材主编及主审人选，审核确定主编推荐的编写人员及各门教材的框架体系、编写内容和编写要求。本系列教材的编写工作汇集了全国法学理论界、法律实务界和鉴定业的专家、学者，参编人员不仅需要具有较丰富的教材编写经验和教学经验，较好的文字表达和组织能力，深厚的专业知识储备，了解学科前沿问题，熟悉本专业的新成就、新技术和新发展，而且需要具有较丰富的司法鉴定执业经验，熟悉鉴定过程、技术、方法和仪器设备，充分了解各项鉴定实务职业岗位的任职要求。

本系列教材编写要求主要有以下三点：一是职业性。本系列教材具有鲜明的职业性并以职业为导向，不是简单重复和介绍学科教育阶段应该掌握的各专业的“三基”（基本原理、基本知识和基本制度规定），而是以培育和养成司法鉴定的职业素质、职业能力为主要目的，同时兼顾新知识、新技能、新方法的补充、完善与持续更新，实现了职业岗位培训与继续教育的有机结合和统一。二是实务性。根据司法鉴定职业岗位的要求，坚持以培育职业素质和提高鉴定能力为核心，充分满足从事鉴定实务的要求，具有较强的实践性和针对性。如在基本理论方面，贯彻“必需、够用”的原则；在职业要求方面，根据“应知应会”的要求和本着“缺什么、补什么”的方针，包括实务知识、职业技能、鉴定方法、标准适用、案例评析和出庭应诉等内容；在能力方面，注重培养和提高专业能力、方法能力和应诉能力。三是开放性。教材在编写内容上充分体现开放性，反映了当前司法鉴定执业活动中遇到的突出问题，在总结经验的基础上提出了解决问题的办法和思路，推介了目前实践中常用的技术方法、技术标准和仪器设备，以及国内外研发推广的新仪器、新技术、新方法和发展趋势；介绍了实践中常用的核心技术和常见的技术难点，注重提高分析、解决问题的能力；介绍了司法鉴定的管理制度和相关法律、法规，并侧重介绍司法鉴定机构内部管理的规范要求和质量控制体系；注重知识的传播和能力的训练，将职业道德的培育和养成贯穿于整个教育培训工作和执业活动的全过程；介绍了司法鉴定行业通用的基础知识和技能，总结概括了各项鉴定实务特有的知识、技能和实践中的好经验、好方法。通过研究性学习和实践,实现教学相长、共同提高。

三、编写内容

在本系列教材中,各项鉴定实务主要由基本理论、实务知识、技术方法、执业规范、技能训练、评价要求和今后发展方向等内容组成。其要求:一是高度精练、概括准确,突出可操作性和实践性。二是结合司法鉴定实践中的常见问题,组织讨论和研究,注重训练和提高分析、解决问题的思路和办法。三是介绍本专业领域中的新问题、新要求和新成果,展望未来几年可能的发展趋向,引导和促进学员深入思考,从整体上把握未来个人职业发展的目标定位,帮助其不断挖掘自身潜力,主动迎接新的职业挑战。

四、适用范围

司法鉴定的基本性质和基本要求决定了司法鉴定人不仅应当具有与所从事鉴定实务对口的专业知识,还必须具有相应的职业素养和执业技能;司法鉴定人执业的基本资质应当是专业知识、职业素养和执业技能的高度统一。鉴于此,本系列教材的使用对象不仅包括已经接受过对口专业大学本科以上学历教育的司法鉴定人,还包括未接受过所从事鉴定业务对口专业本科以上学历教育的(或未获得所从事鉴定业务高级技术职称、未从事十年以上该鉴定业务工作的)人员。当然,就后者而言,首先应当按照司法部颁发的《司法部关于印发〈司法鉴定教育培训规定〉的通知》(司发通〔2007〕72 号)、《司法鉴定教育培训工作管理办法》的要求接受转岗培训,然后再根据职业岗位的任职要求和发展需要,参加为提高职业素养和执业能力而进行的教育培训活动。本系列教材的适用范围,除已执业的司法鉴定人和拟申请执业的专业技术人员外,还包括高等院校中法学、法医等专业的在校学生,以及参与诉讼活动的法官、检察官、律师等相关专业人士。

2021 年 7 月 8 日

编写说明

为切实落实党的十八届四中全会通过的《中共中央关于全面推进依法治国若干重大问题的决定》中“完善证人、鉴定人出庭制度，保证庭审在查明事实、认定证据、保护诉权、公正裁判中发挥决定性作用”和中央全面深化改革领导小组第三十七次会议审议通过《关于健全统一司法鉴定管理体制的实施意见》的基本精神，全面贯彻2016年由中央全面深化改革小组第二十五次会议通过，并由最高人民法院、最高人民检察院、公安部、国家安全部、司法部颁布的《关于推进以审判为中心的刑事诉讼制度改革的意见》以及最高人民法院、司法部《关于建立司法鉴定管理与使用衔接机制的意见》中有关鉴定人出庭作证的相关要求，保证刑事诉讼法、民事诉讼法和行政诉讼法以及相关法律、法规、规章中有关鉴定人出庭作证规定的真正实现，持续提高鉴定人出庭作证的能力和水平，防止因鉴定不科学、不可靠和不可信带来的影响诉讼效率和司法公正问题，司法鉴定教育培训系列教材编审委员会组织有关学者和实务专家历时三年编写了《司法鉴定人出庭作证指南》，作为鉴定人出庭作证的培训教材。

由于教材的编写周期较长，其间有些法律、法规、规章以及司法解释、规范性文件出现了变化，有些问题在实践中还未充分暴露，编写的内容可能存在一些瑕疵，请读者在培训和学习过程中提出宝贵意见与建议，以便以后的修订与完善。

2020年4月22日

目　　录

绪　　论

司法鉴定人出庭作证制度是司法鉴定制度的重要组成部分，也是司法鉴定执业活动的关键环节。司法鉴定人能否依法出庭作证，关系鉴定意见是否经得住证真与证伪的检验，是否能为公正司法、及时裁判提供可靠根据。司法鉴定作为一项法定证据、一种证据调查方法和国家司法证明制度，在全面深入推进依法治国基本方略，建设平安中国、法治中国、和谐中国的进程中必将发挥越来越重要的功能作用。然而，这一制度作用能否有效发挥，从根本上讲取决于鉴定意见是否可靠、可信。在实践中影响鉴定意见可靠、可信的因素往往是多方面的，如科技发展水平、鉴定机构和鉴定人的执业经验、鉴定能力、技术方法、管理水平以及相关诉讼程序和证据规则等。同样，评价一份鉴定意见是否可靠、是否可信的角度和方法也是多元的，通过法庭质证无疑是最根本的途径。因此，强化法庭质证对于规范鉴定人的执业行为具有特别重要的意义，也是对鉴定人提出的执业挑战和要求。本书从诉讼参与各方的视角出发，共同关注同鉴定人出庭作证问题，以期帮助鉴定人迎接法庭上的挑战、抓住提升鉴定人出庭的机遇，从而增强能力、提高水平，保障鉴定质量，促进鉴定公正，共同努力让人民群众在每一个司法案件中都感受到公平正义。

一、健全司法鉴定人出庭作证制度是一项新任务新要求

从一般规律来看，近代国家发展大体可分为创建国家的时代、建设国家的时代和管理国家的时代。与之相适应，法治建设则主要经历了建立法治、深化法治、简化法治和转化法治的发展阶段。在我国，建设国家时代的指导思想是坚持以经济建设为中心、实行改革开放，目标是建设四个现代化，全面建成小康

社会。而党的十八大提出全面实施依法治国基本方略、实现国家各项工作法治化的新任务，党的十八届三中全会提出实现国家治理体系和治理能力现代化的新要求，党的十八届四中全会决定进一步提出全面依法治国战略布局、建设法治国家、法治社会的新总目标、总路线，这标志着我国进入了全面深化法治建设的发展阶段。

党的十八届四中全会通过的中共中央《关于全面推进依法治国若干重大问题的决定》（以下简称十八届四中全会《决定》）明确提出“推进以审判为中心的诉讼制度改革”“健全统一司法鉴定管理体制”的新任务新要求。[①] 2016年6月27日中央全面深化改革领导小组会议通过并由最高人民法院、最高人民检察院、公安部、国家安全部、司法部印发的《关于推进以审判为中心的刑事诉讼制度改革的意见》（法发〔2016〕18号）又进一步明确了5个方面的改革任务和21项工作要求。2017年7月19日中央全面深化改革领导小组会议审议通过了《关于健全统一司法鉴定管理体制的实施意见》，为进一步推进司法鉴定改革发展指明了方向。可以说，在新的历史发展时期，坚持以审判为中心的刑事诉讼制度改革，不仅涉及控诉、审判和辩护，而且事关程序、证据和鉴定。以审判为中心的提出，必然涉及刑事诉讼格局的重新构建，涉及刑事诉讼的竞争性、对抗性和公平性。[②] 进一步健全完善科学合理、统一规范、运行高效、监管有力的司法鉴定统一管理体制，是加快建设公正、高效、权威中国特色社会主义司法制度的重要组成，是实现国家各项工作法治化的重要任务，是构建和谐社会的重要保障，是提高社会治理能力实现国家治理体系现代化的重要基础。

二、司法鉴定人出庭作证的“一个前提”

进入新的历史发展时期，司法鉴定制度要为诉讼职能部门依法正确履行公

---

① 中共中央《关于全面推进依法治国若干重大问题的决定》（2014年10月中国共产党第十八届中央委员会第四次全体会议通过），载《人民日报》2014年10月29日，第3版。

② 陈卫东：《以审判为中心：解读、实现与展望》，载《当代法学》2016年第4期。

权力、防止冤假错案提供科学证据;为公民依法维护合法权益提供专业服务;要为发挥多元化纠纷解决机制作用,定分止争,维护社会公平正义提供可靠技术支撑;为党委政府应对处置重大突发公共事件、重大群体性敏感案件和重大社会活动提供可靠依据。当然,这一切都取决于一个前提——必须保障鉴定意见既可靠又可信,缺一不可。司法鉴定是法律性与科学性高度统一的活动,司法鉴定行为既不是司法行为和行政行为,也不是一般意义上的科技行为,而是一种诉讼参与活动与科学技术实证活动的统一。因此,它既不是对当事人负责,也不是对司法机关负责,而是对法律负责、对科学负责、对执业行为负责,最终是对案件事实负责。从某种意义上讲,司法鉴定活动是主观与客观、物证与人证、技术与经验、证真与证伪、事前与事后的统一。

三、司法鉴定人出庭作证的"三个视角"

司法鉴定意见因其本质特点和基本属性,因而在司法证明活动中具有特殊功能,在证据体系中具有核心地位,在证明和认定案件事实中发挥着不可替代的重要作用。鉴定意见的可靠性与可信性必须建立在法律性与科学性、程序规定与实体规范相统一的基础上。目前,由于质证程序不健全、证据规则不完善、证明标准不规范,导致鉴定人即便出庭作证也难以进行有效的质证活动,甚至流于形式。这种情况的出现,有法律规定不健全和客观条件限制的原因,但更主要的是各方认识上的差异。对此,我们可以从司法鉴定的实施主体、管理主体和使用主体的角度,考察、思考应该如何健全完善司法鉴定人出庭作证制度,如何保证(保障)和判断鉴定意见是否既可靠又可信。

(一)鉴定实施主体视角

司法鉴定人是实施司法鉴定活动的主体,是运用专门知识、技术方法和职业经验解决诉讼活动中专门技术性问题的自然人。司法鉴定机构和司法鉴定人在完成委托的鉴定事项后,应当向委托人出具司法鉴定文书。司法鉴定人出具的司法鉴定文书是司法鉴定意见的法定书面载体,也是法律文书的组成部分;包括司法鉴定意见和检验、检测记录及结果等;其制作应当符合统一规定的文书格式;其主要内容包括基本情况、委托事由、鉴定过程、检验检测记录和结果、分析说明、鉴定意见、落款等。不同于专家辅助人和技术专家顾问,司法鉴定人具有科技工作者与法律工作者的双重身份。因此,根据司法鉴定行业的执业要求,成为司法鉴定人应具备以下5个条件。

1. 必须具备与之相应的专业知识,这是成为司法鉴定人的首要条件。

2. 具备独立解决本学科范围内有关鉴定问题的能力,这是司法鉴定人开展鉴定活动的基础。

3. 由于鉴定活动属于诉讼活动,许多鉴定业务与法律密切相联,司法鉴定人同时又是诉讼参与人,需要出庭说明鉴定的理论根据、技术方法和结论等,同时接受双方询问和质证;需要掌握一定的法律知识,正确履行司法鉴定人的法定职责。

4. 鉴于司法鉴定工作是一种特殊的、高层次的、要求严格的专业技术工作,司法鉴定人是以专家身份作出结论、参与诉讼的,一般要求具备较高的技术职称,从而与其任务、地位、水平和身份相称。从社会发展的趋势看,鉴定主体正在从机构为主改变为机构和鉴定人并列,今后将逐步向自然人为主过渡。

5. 司法鉴定人必须具备良好的法律职业伦理和实事求是的科学精神,这是保证鉴定意见客观公正的前提。①

此外,在部分主观因素较多的鉴定中(如法医精神病鉴定),丰富的社会阅历和实践经验必不可少,因此还应当具备相当年限的业务实践经验。

与此同时,为了获得可信性,就鉴定机构、鉴定人而言,应当符合3方面要求:(1)鉴定机构与诉讼职能部门在业务上没有行政隶属关系,在诉讼活动中应当具备中立第三方法律地位。(2)鉴定机构和鉴定人与双方当事人没有利害关系。(3)鉴定机构和鉴定人与鉴定委托没有利益关系。

---

①　邹明理:《我国现行司法鉴定制度研究》,法律出版社2001年版,第18页。

（二）从鉴定管理主体的视角观察

司法鉴定的主要任务是出具鉴定意见，证明案件事实，为法庭（法官）认定案件事实提供可靠依据。司法鉴定的价值追求是促进公正司法、提高司法公信、维护司法权威、发挥司法功能。为了保障鉴定意见可靠可信，实现鉴定公正，鉴定活动应当做到程序正当、方法科学、行为规范、内容客观，应当是合法性、中立性和客观性的统一，司法公正是程序公正、实体公正与鉴定公正的统一。对此，司法行政机关应当从6个方面推进司法鉴定的改革发展。①

1. 进一步健全司法鉴定行政部门与行业协会相结合的管理机制。由于司法鉴定活动涉及行业领域多，具有法律性与科学性、可靠性与可信性、程序性与实体性相统一等突出特点，仅依靠司法行政机关的行政管理是不够的，还需要发挥行业协会自律管理的作用。如当法院面对不同的鉴定机构就同一鉴定项目作出了不同鉴定意见而产生困惑时，可以委托行业协会组织同行专家提出评价意见，以协助法官在审查判断本案证据的基础上，决定最终采信何种鉴定意见。在司法鉴定的行业管理中，发挥专业（专家）委员会的作用至关重要。如在司法鉴定人职业资格考试与考核、司法鉴定人执业证书颁发等方面，需要其从行业角度进行把关；在司法鉴定机构设备检测、资质审查方面，也离不开他们的参与；专业（专家）委员会可以组织起草各专业领域的具体鉴定标准、鉴定程序；处理鉴定人违规违纪行为，有时需要由专业（专家）委员会对鉴定人是否属于故意或过失进行审查。司法鉴定行业协会的主要职责包括：一是开展行业自律管理、行业规范和行业监督；协助司法行政机关监督管理；维护司法鉴定人和司法鉴定机构的合法权益；规定行业要求、行业规则，对司法鉴定机构和司法鉴定人的职业道德和执业纪律进行监督检查及奖惩；参与制定司法鉴定操作规程、技术规范和鉴定标准、司法鉴定机构资质评估标准以及司法鉴定质量、诚信考核办法；组织会员开展学术交流、理论研讨、疑难典型案例分析等活动；组织

① 霍宪丹：《关于进一步健全完善司法鉴定制度的思考》，载《中国司法鉴定》2014年第1期。

会员进行继续教育与培训，沟通业务信息等。通过司法鉴定行业协会的工作，实现司法鉴定人的自我教育、自我约束和自我管理，可以大大减轻国家司法行政部门的工作负担，同时也可减轻法院的工作负担。二是建立和完善司法鉴定行业规则，组织制定质量评估、资质评估、诚信评估等办法。三是协助建立司法鉴定行业统一的技术标准体系。

2. 充分保障司法鉴定人依法独立执业。司法鉴定人在诉讼中保持中立第三方法律地位，依法独立执业是保障司法鉴定活动客观公正的内在要求：(1)在司法证明活动中，保持中立第三方法律地位是程序公正的基本要求。(2)在进行科学技术活动时，排除主观人为因素的干扰，保持中立性和独立性既是科学精神的体现和科学规律的内在要求，也是保障鉴定结果客观真实的前提条件。(3)程序正义的要求，根据"任何人都不能成为自己的法官"的原则要求，司法机关不能既当裁判员又兼运动员。(4)作为一种证明和评价活动，在当事人双方之间，保持其第三方的中立法律地位是权威性和社会公信力的基本保障。在技术检测和检验活动中，由于第一方评价（当事人自己为自己证明或作出评价，但因其直接的利害关系可信度最低）和第二方评价（由使用者进行证明或作出评价，也因为可能存在间接的利害关系甚至利益驱动导致公信力受损）难以被对方接受，往往造成多次证明或评价。因此，只有第三方评价（由无利益关系和无利害冲突的第三方权威机构作出证明或评价）因其中立性而具有较高的证明力和权威性，具备被普遍接受的和采用的基础，才能"一个证明，多方使用"。①

3. 加强教育培训和业务交流、专业合作，进一步完善司法鉴定执业责任制度，持续提高鉴定人出庭作证能力和水平。在改善执业环境、维护鉴定秩序、提供执业保障的同时，还要进一步健全完善执业责任制度。2005 年全国人民代表大会常务委员会《关于司法鉴定管理问题的决定》规定了行政责任与刑事责

---

①　霍宪丹：《中国司法鉴定体制改革的实践探索与系统思考》，载《法学》2010 年第 3 期。

任两种法律责任。司法鉴定的执业责任可分为违反内部管理的责任、违反实施程序的责任、违反职业道德、执业纪律和行业规范的责任、违反行政管理规范的责任和违反法律规范的责任。法律责任指行政责任、民事责任和刑事责任,需要指出的是,《关于司法鉴定管理问题的决定》没有规定民事责任。如果司法鉴定人因违规违纪执业或者因过失给委托人造成损失,也要承担相应的民事责任。在承担责任方面,宜采取比较严格的过错责任制度。

4. 紧紧围绕建设平安中国、法治中国、和谐中国的目标,大力推进司法鉴定公共服务体系建设。一是要继续坚持"统筹规划、合理布局、总量控制,有序发展"的原则。二是要充分发挥国家级司法鉴定机构的示范带头作用。遴选国家级司法鉴定机构在一定程度上还处于试验阶段,仍需不断总结经验,不断改进完善。目前遴选出的10家国家级司法鉴定机构必须承担起与其名号相符的国字号品牌的历史责任,推进国家级司法鉴定机构之间的合作交流、资源信息共享,避免再走行政色彩浓厚的老路子。国家级司法鉴定机构不仅是一个窗口、一个标杆,还应当在承担重大疑难、特殊复杂案件的鉴定任务时,充分发挥司法鉴定行业发展的引领作用。三是要鼓励支持各地依托国家、社会的优质资源,走"鉴、学、研"一体化的内涵式发展道路。队伍素质决定事业发展,尤其是司法鉴定这类专业性非常强的行业。由于高校集中了众多高素质人才和高端仪器设备,开展司法鉴定工作具有教学、科研及办理实际案件相结合的特点,两者相辅相成,使高校发挥其开展司法鉴定工作的先天优势,而且通过开展司法鉴定工作,研究疑难复杂案件,既能使高校及时了解科技发展和社会需求之所在,反过来又有力促进教学、科研工作。可以说,高校司法鉴定机构的作用得到有效发挥,会远远大于司法鉴定本身的意义。

5. 建立完善司法鉴定行业退出、淘汰制度,调整优化布局结构。一方面,随着司法活动日益专业化、复杂化和科学技术日新月异的发展,新的鉴定需求和技术方法不断应运而生。另一方面,有的鉴定机构的鉴定能力和技术水平不能适应当代司法证明的新要求;有的鉴定机构因长期检案量不足,也缺乏创新发展的动力。对此,必须综合运用法律手段、行政手段和技术手段(如采取严格准入条件和完善专家评估程序,严格仪器设备配置标准,建立关键设备强制认证制度,统一规范执业资质条件、调整优化布局结构、建立检案质量评查和执业活动年度检查制度、依托第三方开展认证认可和司法鉴定行业协会组织同行评价等不同方式),形成优胜劣汰的竞争机制,逐步实现腾笼换鸟、创新发展目标。

6. 持续提高司法鉴定行业公共化、集约化、体系化建设水平。一是提高公共化建设水平。主动适应司法鉴定制度的社会公共属性,坚持政府引导为主、社会化服务为辅,在实现审鉴分离的基础上,通过深化技鉴分离、文鉴分设等改革,切实解决侦鉴合一、诉鉴合一问题。确保鉴定机构的中立第三方法律地位,确保依法正确履行侦查职能、公诉职能、审判职能和鉴定管理职能,进一步调整优化布局结构,更好地满足司法机关和人民群众的鉴定新需求。二是提高集约化建设水平。走高起点、高层次、高质量、内涵式可持续发展道路。主动适应高度的专业化分工与更加密切的社会化协作相统一的社会发展规律,鼓励引导鉴定机构通过联合、重组、并购等方式整合资源、优化配置,做专做精、提升品质、发挥优势、提高效能,实现转型升级、持续发展。三是提高体系化建设水平。坚持提升司法鉴定行业科学化、规范化、法制化的整体水平和技术能力。稳步推进司法鉴定行业执业规范体系、执业责任体系、执业监督体系、执业保障体系、执业评价体系、质量控制体系和科技支撑体系建设。司法鉴定制度改革需要做好四个整合:整合法律规范,健全完善统一权威的司法鉴定管理体制(相衔接运行机制,相结合、相配合、相补充管理机制,名册管理、其他类鉴定急需等);整合政策规定,建立完善争议解决机制(专家库质证机制、证据规则、法庭履责等,提高政策支撑水平);整合制度功能(调解、公证、律师、仲裁、监狱、法援、社矫等制度协调与整合,提高其整体效能);整合公共资源,大力推进高资质、高水平公共鉴定机构和国家证据科学技术重点实验室建设发展。[①]

---

① 霍宪丹:《加快中国司法鉴定制度改革发展的若干思考》,载《中国司法鉴定》2016 年第 5 期。

(三)鉴定使用主体视角

在诉讼活动中,人民法院是司法鉴定意见的终端用户。法庭审判承载着质证诉讼证据、认定案件事实、发表辩论意见、阐明裁判理由等重要功能,强化庭审在诉权保护、证据采信、事实认定、公正裁判中的决定性作用,坚持把庭审作为诉讼制度的中心,切实推进庭审实质化,是对司法规律的正确把握,也是司法公正的内在要求。鉴定意见是法庭准确认定案件事实、正确适用法律的重要根据。人民法院既是鉴定意见的终端用户,又是鉴定意见是否具备证据能力(证据资格)和证明效力高低的审查判断者,以及是否采信的最终决定者。[①] 当前,有些法官在认识上存在偏差:"多数法官认为鉴定意见是专业认定、科学判断,是当然的有效证据。有些法官认为,司法鉴定人往往是一定领域内有较高名望的专家,对司法鉴定人的品格高度信任,认为其在主观上不会弄虚作假,很多法官认为鉴定意见可以直接作为证据使用,司法鉴定人没有出庭的必要。有些法官自己认为司法鉴定人有必要出庭,才会通知鉴定人出庭作证。有些法官强调诉讼效率,忽视了当事人的质证权,牺牲了当事人这一基本诉讼权利。有些法官多次通知受拒后,不愿再进行通知工作。有些法官存有避免麻烦的心理等。认识的偏差加上司法解释规定鉴定人应当出庭宣读鉴定结论,但经人民法院准许不出庭的除外,然而这种例外在实践中为常态化,司法鉴定人出庭作证的常态化却成了例外。一方面,确保人民法院依法独立公正行使审判权是当前司法改革最突出、最核心的价值追求。[②] 对此,必须尊重司法自身运行规律,强化庭审在司法活动中的地位和作用。只有坚持以审判为中心,积极推进庭审实质化,在确保司法公正的所有环节建立科学、严密的监督制约机制,才能克服各种非审判因素的干扰,切实保证司法审判的公平、公正;必须突出审判在诉讼制度

---

① 胡铭、冯姣:《鉴定意见与刑事错案——兼论鉴定意见的审查规则》,载《山东警察学院学报》2013 年第 5 期。

② 最高人民法院《关于全面深化人民法院改革的意见——人民法院第四个五年改革纲要(2014—2018)》,载《人民法院报》2015 年 2 月 27 日,第 3 版。

中的中心地位,使改革成果能够充分体现审判权的独立性、中立性、程序性和终局性特征。通过贯彻证据裁判原则,完善民事诉讼证明规则等举措,确保庭审在保护诉权、认定证据、查明事实、保证公正裁判中发挥决定性作用,切实做到诉讼证据质证在法庭、案件事实查明在法庭、诉讼意见发表在法庭、裁判理由形成在法庭。另一方面,针对司法鉴定的管理与司法鉴定的使用之间制度联系不充分、不完善、不协调的状况,司法行政机关应当会同司法机关认真落实最高人民法院、司法部《关于建立司法鉴定管理与使用衔接机制的意见》(司发通〔2016〕98号),尽快健全完善司法鉴定管理工作与司法审判工作相适应、相配合、相协调的制度衔接,及时有效地为司法审判提供可靠保障和优质服务。

1. 定期协商机制。双方就司法鉴定管理和使用中存在的一系列重大的、普遍的问题,及时进行协商,共同研究解决的办法,如名册使用、委托与受理、鉴定人出庭作证、专家辅助人出庭、鉴定意见评价、违规处置、质量评估、保障执业等。

2. 信息反馈制度。及时反馈管理和使用中的问题。司法行政机关作为司法鉴定管理部门,只能在事后的投诉举报中了解情况,而司法鉴定机构及鉴定人在司法审判活动中的具体表现,并不如使用者那么清楚、那么及时,因此建立定期信息反馈机制非常必要。

3. 共同制定司法鉴定人出庭作证办法。按照《刑事诉讼法》《民事诉讼法》《行政诉讼法》规定,鉴定人必须出庭作证,保障鉴定人的执业权利、执业条件和人身安全迫在眉睫。

4. 进一步完善司法鉴定名册统一管理制度,共同规范鉴定名册的使用与管理,切实解决"册中册""册外册"超职权、超范围管理等问题。

在司法实践中,涉及司法鉴定的程序主要有:法官确定鉴定人,根据当事人协商一致共同确定的鉴定人、法官经审查同意委托该鉴定人进行鉴定;书面委托通知鉴定人;代为收取鉴定费;鉴定人查阅有关资料进行鉴定;法官对鉴定过程实施监督;出具鉴定意见。可见,就人民法院而言,其在司法鉴定过程中的工作主要有:(1)选任、委托司法鉴定机构和独立司法鉴定人。(2)移交司法鉴定材料。对于所有移交司法鉴定机构或者司法鉴定人进行鉴定的鉴定材料,必须审查其真实性、关联性和合法性。(3)法庭和法官对鉴定人出庭作证活动进行指导和监督。(4)加强司法鉴定委托的规范管理等。

四、健全机制、构建平台

实践中,由于主客观等因素的差异而造成鉴定意见争议,即"鉴定意见打架"。为了有效解决鉴定意见争议,司法行政机关正在探索构建科学合理的多元评价机制,主要有:(1)自身评价。包括鉴定机构和鉴定人评价、行业协会的评价和司法鉴定管理部门的评价。(2)同行专家评价。(3)第三方评价。如认证认可、能力验证。(4)诉讼对方的评价。即通过当事双方的法庭质证,以证据对抗和竞争的形式进行检验和评价。(5)法庭评价。主要是法官在法庭质证和法庭询问的基础上,独立审查判断和内心确认后的评价与选择。上述几方面评价共同构成一体化的评价机制。

为了有效发挥司法鉴定制度的功能作用,必须加强三个平台建设:(1)司法鉴定行业改革发展的指导平台,即司法鉴定工作专家咨询委员会。委员会主要由法律界、科技界和鉴定行业等各界相关专家组成,主要任务是对涉及司法鉴定改革发展的重大问题、重大制度、重要政策提出意见和建议,其功能定位是成为管理决策和行业发展的"外脑"。(2)司法鉴定行业技术支撑平台,即司法鉴定技术标准专业委员会,主要由各行业权威专家组成,运用先进、成熟的科技成果和技术方法,根据司法审判的需要,制定各类司法鉴定行业的技术标准,加强标准化建设,为公正司法提供科学、可靠的技术支撑。(3)司法鉴定行业理论与实务研究平台,即证据科学与司法鉴定研究学会,主要由司法鉴定技术、诉讼法学、司法制度、证据法学专家组成。通过交流、探讨,为推动司法鉴定行业健康顺利发展提供法律支持,实现司法鉴定活动的法律程序和技术规范的有机结合。

五、强化质证是根本

强化质证是坚持以审判为中心的价值追求。尽管影响鉴定意见是否可靠、是否可信的因素是多方面的,但最终和最根本的仍然是法庭评价。法庭评价主要是通过法庭对鉴定意见的质证程序来完成的。因此,应当按照《刑事诉讼法》《民事诉讼法》《行政诉讼法》的规定加强法庭质证的功能,建立完善鉴定人出庭作证、专家辅助人出庭、鉴定人特定保护等相关制度,凸显司法鉴定意见的证据属性,明确鉴定人出庭作证的权利义务,加强对鉴定人的保护。为强化质证程序,充分有效发挥司法鉴定制度的功能作用提供了保障和根据。十八届四中全会《决定》提出:“推进以审判为中心的诉讼制度改革,确保侦查、审查起诉的案件事实证据经得起法律的检验。全面贯彻证据裁判规则,严格依法收集、固定、保存、审查、运用证据,完善证人、鉴定人出庭制度,保证庭审在查明事实、认定证据、保护诉权、公正裁判中发挥决定性作用”。在刑事诉讼中,推进以审判为中心,不仅对侦查、起诉、审判活动中证据审查、认定提出了严格要求,而且对重塑诉讼结构、完善质证程序、强化质证功能也提出了新的更高要求。

1. 坚持以审判为中心就是要求侦查、起诉活动要面向审判、服从审判,发挥审判在认定事实、适用法律上的决定性作用。就是要把庭审作为整个诉讼的中心环节,把侦查、起诉等庭前程序作为开启审判程序的准备,强调侦查、起诉活动都要围绕审判中的事实认定、法律适用的标准和要求开展,法官直接听取控辩双方意见,依据证据裁判规则作出裁判。

2. 坚持以审判为中心就是要以经过法庭举证、质证、认证的证据作为案件事实认定的根据,充分发挥庭审对侦查、起诉程序的制约和引导作用,落实直接言词原则,严格落实证人、鉴定人出庭制度,运用证据制度约束法官采信和排除证据的权利;贯彻落实控辩平等、疑罪从无的原则,明确非法证据的范围和排除程序。

3. 坚持以审判为中心就是要切实完善诉讼证明规则。贯彻一切证据必须经过庭审质证后才能作为裁判的依据，当事人双方争议较大的重要证据都必须在裁判文书中阐明采信与否的理由。

4. 坚持以审判为中心就是要切实完善并落实人权的司法保障。[①] 在民事诉讼中，需强化当事人在民事诉讼证明中的主导地位，依法确定其举证责任；明确法院依职权调查收集证据的条件、范围和程序；发挥庭审质证、认证在认定案件事实中的核心作用；严格高度盖然性原则的适用标准，明确法官行使自由裁量权的条件和范围。这意味着刑事诉讼中鉴定不再是侦查行为的一种，也不再是司法机关的专属权力，而是当事人双方都拥有的诉讼权利。

5. 坚持以审判为中心的价值追求就是要保障案件质量、防止冤假错案、实现司法公正。诉讼是原被告和裁决者三方组合形成的一种结构，原被告之间的诉讼对抗由中立和独立的第三方进行裁决，因此，对抗和判定是诉讼的基本法则。而侦查中心主义则将刑事诉讼处理为一种由侦查到起诉再到审判的工序性作业，以线性关系代替"三角构造"，"诉讼"实已不再成立。就审判中心的意义，司法程序对实现司法公正这个目标，具有的特殊功能，不仅基于司法权的特殊性，而且基于司法程序自身的特殊性。就刑事诉讼的侦查、起诉和审判这三个程序来看，对实现司法公正虽然各有独特的贡献，但相对于侦查和起诉，审判程序的公正要求更加突出。这主要表现在审判程序的三个方面：一是审判是在诉讼参与人的共同参与下解决案件事实、证据和法律适用等问题；二是审判阶段被追诉者享有最充分的辩护权；三是由居中裁判的独立行使审判权的法官主持公正的司法程序并作出判决。这三个方面的特征使审判能够发挥其实现司法公正的特殊功能。正是审判程序的这种特殊功能，有助于解决我国当前刑事诉讼中实质上的"侦查中心主义"的刑事程序结构所产生的种种问题。[②]

---

① 潘建兴：《让"以审判为中心"落地生根》，载《人民法院报》2015 年 3 月 4 日，第 2 版；杨宇冠：《以审判为中心的诉讼制度改革与人权保障》，载《人民法院报》2017 年 1 月 1 日，第 8 版。

② 龙宗智：《"以审判为中心"的改革及其限度》，载《中外法学》2015 年第 4 期。

6. 坚持以审判为中心就要认真落实 2017 年 6 月 27 日“两院三部”印发的《关于办理刑事案件严格排除非法证据若干问题的规定的通知》(法发〔2017〕15 号)以及《人民法院法庭规则》(法释〔2016〕7 号),切实贯彻无罪推定原则,切实保护证人、鉴定人、被害人出庭作证,坚持控辩平等、审判公开、阳光司法,稳步推进庭审实质化进程。

鉴于此,质证既是对鉴定意见的可靠性、可信性最主要、最基本的判断手段,也是最后的评价:(1)通过强化质证,可以有效提高当事双方的对抗性、竞争性,揭示鉴定结论的科学性、鉴定程序的合法性和鉴定方法的可靠性,提高鉴定意见的公信力。(2)通过强化质证,有利于保障鉴定人依法独立执业、客观公正鉴定。(3)通过强化质证,有利于建立并运行质量管理体系。作为一种国际上广泛采用和公认的技术准入门槛和质量控制体系,在司法鉴定领域推动开展认证认可是提高司法鉴定意见科学性、可靠性的重要保障和实现手段。认证认可最早主要是在生产领域中尤其是产品制造过程中得到广泛运用。随着社会进步和时代发展,认证认可的适用领域不断拓展和延伸,逐步进入了公共管理和社会服务的领域,这一点与高度的专业化分工和更加广泛的社会协作相统一的社会发展规律的演变历程是相适应。在司法鉴定领域开展认证认可的目的,旨在通过认证认可这一具有国际可比性的公认手段有效促进鉴定机构建立完善质量控制体系,以保证鉴定的科学性和可靠性,逐渐形成既符合国际标准,又符合司法鉴定行业特定要求,适应我国司法鉴定可持续发展需要的认证认可制度和评价机制,为司法鉴定登记管理、质量管理、资质管理、监督管理、分类管理、收费管理和检案管理提供技术支撑和可靠依据。目前,司法部和中国国家认证认可监督管理委员会已共同对推进司法鉴定机构认证认可工作作出了部署,提出推动司法鉴定机构认证认可工作:一是要与遴选国家级和省级司法鉴定机构相结合;二是要与登记管理工作相结合;三是要与资质管理、监督管理工作相结合。(4)通过强化质证,有利于推动司法鉴定机构做专做优、转型升级,持续健康发展。从国际上看,司法鉴定机构的发展趋势主要体现为六个方面:

一是定位公共化，既要保证公权力运行，又要保障公民的诉讼权利，提供公共产品，具有社会公共属性和公益性质，应当由公共财政保障；二是地位中立化，即在诉讼中具有独立于诉讼机关的中立第三方证明机构；三是高度专业化，即不断适应高度的专业化分工与更加广泛的社会协作相统一的社会发展规律；四是技术高新化，即在综合集成的基础上，技术方法、技术装备持续创新、迭代进化，甚至引发司法证明手段、证据制度的革命性变化；五是规模集约化，即讲究规模效益，发挥高度专业化、职业化的优势；六是运营公司化，即采用公司治理结构，讲究投入产出效率。

尽管在党的十一届三中全会上实现了党和国家工作重心由以阶级斗争为纲转移到以经济建设为中心，实行改革开放的历史性转变，并在刑事诉讼活动中作了层层纠错的制度安排，但由于种种原因，在刑事诉讼实践中，侦查阶段的错误，很难在审查起诉、司法审判和刑事执行阶段予以纠正，目前“重打击，轻保护”“口供至上”“公权力机关绝对正确”以及有罪推定的观念在一些地方、部门和执法、司法人员中依然存在，甚至根深蒂固。而人权保障、裁判中立、公开审理、控辩平等、举证质证、法庭辩论、罪刑法定、无罪推定、程序公正等现代司法理念和原则尚未完全转换为制度安排，尚未完全落实到司法实践中。① 如与以审判为中心的要求相比，在司法审判中，还存在证据审查形式化和裁判形式化的问题。例如，法庭调查侧重书面证据，公诉人对证据内容不予展示，控辩双方地位不对等，难以形成实质性对抗，法官缺少必要的回应，对证据不敢当庭认

---

① 周强：《最高人民法院工作报告》，载《人民法院报》2015 年 3 月 21 日，第 2 版；刘静坤：《如何让现代刑事司法理念深入人心》，载《人民法院报》2015 年 2 月 26 日，第 2 版。其观点为：一是这些重要的理念和原则也是现代法治国家刑事法律制度的基石，与刑事法律的重大修改完善密切相关。二是这些重要的理念和原则都包含一系列子原则以及相应的规则体系，并对所辖的子原则和规则体系起统领作用。罪刑法定原则包括法律主义、禁止溯及既往、禁止类推解释和禁止不定（期）刑等内容；无罪推定原则包括证据裁判，控诉方承担被告人有罪的证明责任，不得强迫被告人自证其罪，证明被告人有罪要达到证据确实、充分的证明标准和疑罪从无等内容；程序公正原则包含直接言词、程序参与、程序公平、及时审判等内容。这也意味着，只有系统地确立相应的子原则和规则体系，才能保证这些重要的理念和原则落到实处。

证，缺乏有效的释明，心证不能及时公开，当庭宣判率低等。因此切实推进审判中心主义，必须做到：(1)让法院的审判权及时归位，在建立严格责任制的基础上，使合议庭、独任庭法官真正拥有独立、完整的案件裁决权。[①] (2)保证证人、鉴定人出庭，借助交叉询问制度，保障“眼对眼”权利的实现，形成实质性对抗。[②] (3)以审判为中心并非单一强调公检法的相互制约；以审判为中心并非否定庭前准备程序的重要性，提前阅卷、庭前会议仍是以审判为中心的重要保障；以审判为中心并不意味着所有的案件都要按部就班，“走个过场”，而应当实质化，真正做到通过庭审准确认定事实，正确适用法律，及时公正裁判。

---

① 游伟：《要让法官回归“审判”本位》，载《民主与法制》2015年第5期。

② 管纪尧：《从三个层面推进审判中心主义》，载《人民法院报》2015年2月15日，第2版。

第一章　司法鉴定人出庭的基本规定

全国人民代表大会常务委员会《关于司法鉴定管理问题的决定》第 11 条规定:“在诉讼中,当事人对鉴定意见有异议的,经人民法院依法通知,鉴定人应当出庭作证。”《刑事诉讼法》和《民事诉讼法》又规定了经人民法院通知,鉴定人拒不出庭作证的,鉴定意见不得作为定案的根据,支付鉴定费用的当事人可以要求返还鉴定费用。十八届四中全会《决定》提出:“推进以审判为中心的诉讼制度改革,确保侦查、审查起诉的案件事实证据经得起法律的检验。”“完善证人、鉴定人出庭制度,保证庭审在查明事实、认定证据、保护诉权、公正裁判中发挥决定性作用。”2015 年 2 月 26 日,最高人民法院颁布的《关于全面深化人民法院改革的意见——人民法院第四个五年改革纲要(2014—2018)》(法发〔2015〕3 号)进一步要求“严格落实证人、鉴定人出庭制度。发挥庭审质证、认证在认定案件事实中的核心作用”。公安部于 2017 年颁布了《公安机关鉴定规则》,2019 年修订的最高人民法院《关于民事诉讼证据的若干规定》(法释〔2019〕19 号)第 81 条规定:“鉴定人拒不出庭作证的,鉴定意见不得作为认定案件事实的根据。人民法院应当建议有关主管部门或者组织对拒不出庭作证的鉴定人予以处罚。当事人要求退还鉴定费用的,人民法院应当在三日内作出裁定,责令鉴定人退还;拒不退还的,由人民法院依法执行。”那么,有关司法鉴定人出庭作证的法律、中央政策以及规范性文件作出哪些规定和提出哪些要求?背后隐藏着何种理论支撑?为什么法律明确规定、中央政策不断要求鉴定人出庭作证?这种规定和要求存在的正当理由是什么?鉴定人出庭作证应当得到何种制度的支持以及应当享有哪些权利?承担何种职责?这些原理性问题虽然在鉴定人出庭作证中不具有实践意义,但对其予以充分认识、正确理解与全面把握却是司法鉴定人出庭作证不可或缺的前提,否则出庭作证就会因前提不明确失去方向甚至出现偏向,况且这些规定的内在精神和中央政策的向度还是司法鉴定人内在的行动指南。基于此,司法鉴定人在出庭作证之前应当理解这些原理,把握这些政策,掌握这些规定,遵守这些规则。

第一节 司法鉴定人出庭概述

司法鉴定人出庭是当事人(控辩)质证权的基本要求,也是保障当事人质证权实现的最主要途径,更是鉴定意见作为定案根据可靠性、获得可信性以及实现司法实体正义的重要程序保障。鉴定意见作为言词证据,依照直接言词原则的要求,司法鉴定人应当出庭对其提出鉴定意见作出说明、解释并针对质疑予以积极回应解答。否则,鉴定意见被视为传闻证据,不得作为证据使用。《刑事诉讼法》第 192 条第 3 款规定:“……经人民法院通知,鉴定人拒不出庭作证的,鉴定意见不得作为定案的根据。”司法鉴定人出庭作证不仅是鉴定制度的重要内容,而且还是诉讼制度不可或缺的内容之一,也是推进以审判为中心的诉讼制度改革的重要支撑,其价值意义不可小觑。

一、司法鉴定人出庭的法律要求

鉴定意见作为证据应当经过法定程序查证属实,否则不得作为定案的根据。而法庭查证属实的基本程序是鉴定人出庭对涉及鉴定事项有关“存疑”“争议”“分歧”问题接受质证并予以解答,对其作证的鉴定结论接受当事人双方质证与法庭的审查,否则,其包含的科学性难以被有效揭示,科学的证伪性也就无法得到充分展现,可能存在的差错或者瑕疵难以被发现,难免因隐藏的错误导致冤假错案。基于此,法律和政策对司法鉴定人出庭作证作出了明确的规定与要求,并将司法鉴定人出庭作证规定为法定义务以及应当履行的法定职责。

法律要求司法鉴定人出庭作证相对法庭审查判断与采纳鉴定意见作为证据而言是具有重要意义的。由于法庭缺乏专门知识,难以对专门性问题作出判断,需要依法聘请或者委托司法鉴定人进行鉴定,在司法实践中往往将司法鉴定人视为“科学的法官”,对其出具的书面鉴定意见直接作为证据,而鉴定意见作为专家依据专门知识对案件中的专门性问题作出的科学分析、鉴别和判断,这种意见需要经过质疑或者证伪获得可靠性,否则仅依据书面审查难以发现瑕疵或者错误。而鉴定意见在认定案件事实又属于关键性证据,如果审查不严致使有错误的鉴定意见作为了定案根据,就会酿成错案。因为“鉴定错了,裁判就会发生错误”。[①] 然而,鉴定意见不是科学的判决,其作为意见本身又存在错误或者偏差的可能性,未经司法鉴定人出庭作证接受质证难以判断真伪,将其直接作为定案根据会给案件事实的准确认定带来风险甚至灾难。基于此,法律、相关规定与司法解释在强调司法鉴定人出庭的同时,还规定了促进司法鉴定人出庭的措施,以此来保障司法鉴定人能够依法有效出庭。

我国《刑事诉讼法》第 192 条第 3 款规定:“公诉人、当事人或者辩护人、诉讼代理人对鉴定意见有异议,人民法院认为鉴定人有必要出庭的,鉴定人应当出庭作证。”《民事诉讼法》第 78 条规定:“当事人对鉴定意见有异议或者人民法院认为鉴定人有必要出庭的,鉴定人应当出庭作证。经人民法院通知,鉴定人拒不出庭作证的,鉴定意见不得作为认定事实的根据;支付鉴定费用的当事人可以要求返还鉴定费用。”这些规定与《关于司法鉴定管理问题的决定》第 11 条规定的“在诉讼中,当事人对鉴定意见有异议的,经人民法院依法通知,鉴定人应当出庭作证”具有相同的法律意义。对此,国外也有类似的规定。如德国《刑事诉讼法典》第 77 条规定,负有鉴定义务的鉴定人如果应传不到或者拒绝作鉴定,要承担由此产生的费用,同时还要科处秩序罚款。负有鉴定义务的鉴

① ［法］勒内 · 弗洛里奥:《错案》,赵淑美、张洪竹译,法律出版社 2013 年版,第 137 页。

定人拒绝与法官约定该法第 73 条第 1 款第 2 句的适当期限或者延误约定期限时,可以对其科处秩序罚款。科处秩序罚款之前,必须先予以规定宽限期限的警告。如果再次延误期限的,可以再次科处秩序罚款。

除了法律对此作出规定外,我国有关规定与司法解释对此也作了要求。《司法鉴定人登记管理办法》第 30 条规定:“司法鉴定人有下列情形之一的,由省级司法行政机关给予停止执业三个月以上一年以下的处罚;情节严重的,撤销登记;构成犯罪的,依法追究刑事责任……(四)经人民法院依法通知,非法定事由拒绝出庭作证的……”《公安机关鉴定人登记管理办法》第 18 条规定:“……鉴定人有下列情形之一的,应当主动向登记管理部门申请注销资格,登记管理部门也可以直接注销其鉴定资格……(四)经人民法院依法通知,无正当理由拒绝出庭作证的……”《人民检察院鉴定人登记管理办法》第 27 条规定:“……鉴定人具有下列情形之一的,登记管理部门应当给予警告、通报批评。必要时,注销其鉴定资格;情节严重的,取消其鉴定资格……(六)经人民法院依法通知,无正当理由拒绝出庭的……”经人民法院通知,鉴定人拒不出庭作证的,鉴定意见不得作为定案的根据。鉴定人由于不能抗拒的原因或者有其他正当理由无法出庭的,人民法院可以根据情况决定延期审理或者重新鉴定。对没有正当理由拒不出庭作证的鉴定人,人民法院应当通报司法行政机关或者有关部门。对案件中的专门性问题需要鉴定,但没有法定司法鉴定机构,或者法律、司法解释规定可以进行检验的,可以指派、聘请有专门知识的人进行检验,检验报告可以作为定罪量刑的参考。对检验报告的审查与认定,经人民法院通知,检验人拒不出庭作证的,检验报告不得作为定罪量刑的参考。最高人民法院、司法部《关于建立司法鉴定管理与使用衔接机制的意见》要求“人民法院发现鉴定机构或鉴定人存在违规受理、拒不出庭作证等违法违规情形的,可暂停委托其从事人民法院司法鉴定业务,并告知司法行政机关或发司法建议书”。以上这些规定既是司法鉴定人承担出庭作证义务以及履行出庭职责的依据,又是规范法庭通知鉴定人依法出庭作证的依据,还是解决鉴定争议的重要依据。

二、司法鉴定人出庭作证意义

鉴定意见作为法定证据具有一定科技含量或者专门性知识，需要司法鉴定人出庭作证对自己作出的鉴定意见从科学依据、鉴定步骤、鉴定方法、可靠程度等方面进行说明、解释与阐述，并在法庭上当面回答有关质询和相关提问，使法官能够更好地审查鉴定意见的可信度，或者对几个不同的鉴定意见进行分析对比，从中采信科学的鉴定意见。如果当事人对鉴定意见存在异议，其涉及专门性问题的“鉴别与判断”存在无法澄清的问题，司法鉴定人不出庭作证就不能得到很好的解决，极易导致案件迟疑不决甚至引发不断重复鉴定影响诉讼效率。这既浪费了鉴定资源，也会影响诉讼公正。因此鉴定人出庭作证不仅对于使判决建立在科学的基础之上是十分必要的，也有利于当事人进一步了解案件真实情况，排除疑虑，服从判决，其意义和价值是不可低估的。

（一）司法鉴定人出庭作证是实现程序公正的重要保障

鉴定意见作为法定证据的一种，除了应当接受法庭审查外，还需要经过当事人质证，这既是正当法律程序的必然要求，也是一种正当程序保障其科学性的重要环节。最高人民法院第二巡回法庭 2019 年第 9 次法院会议纪要认为，双方当事人均对鉴定意见提出书面异议，法院未通知鉴定人出庭作证，鉴定人未出庭陈述鉴定意见，亦未接受当事人的质询和询问。即使法院对鉴定人出具的鉴定异议回复意见未组织双方当事人质证，符合我国《民事诉讼法》第 200 条第 4 项规定的情形，但主要证据未经质证，实质上剥夺了当事人的辩论权，属于违反法定程序的行为。鉴定人不出庭作证，当事人就无法对鉴定意见进行有效质证，法庭也只能对鉴定机构及其鉴定人的签名盖章等形式要件进行有限的审查，这样难免导致一些存在瑕疵甚至错误的鉴定意见未被发现而成为定案的依据，不仅使当事人享有的质证权落空，也妨碍了法庭发现真实目标，而且还严重影响了裁判的公正性，程序正当性也因此折损，司法正义无法得到全面实现。

（二）司法鉴定人出庭作证是提升司法鉴定公信力的基本渠道

司法鉴定出庭能够对鉴定意见的异议作出充分说明和有理有据的解释，不仅可以消除当事人对鉴定意见的疑虑，还能使法庭对鉴定意见有一个较为准确的认识、理解和判断，从而提高法庭依据鉴定意见认定案件事实的可接受性。如果司法鉴定人不出庭作证，当事人对鉴定意见的疑问难以消除，在一定程度上又容易加深当事人对司法鉴定人的公正性和鉴定意见的科学性的怀疑，从而对司法公正造成消极影响，导致案件久拖不决，司法鉴定的公信力难以得到提升，导致因鉴定缠诉现象的发生，甚至引发因诉讼的迟延陷入"迟到的正义是非正义"的不良后果，危及司法鉴定的信任度。

（三）司法鉴定人出庭作证是发现错误鉴定意见的有效途径

司法鉴定人出庭作证可以使鉴定意见得到程序的检验，符合科学需要证伪的基本要求。鉴定意见是由司法鉴定人对检材作出主观鉴别、判断，其结论不可避免地带有一定的主观性。司法鉴定人不出庭作证，不仅当事人无法判断鉴定意见的真伪与对错，还会节外生枝，而且法庭可以完全根据自己的意愿决定鉴定意见的取舍，容易造成暗箱操作，即使采纳的鉴定意见存在错误，也难以及时发现和得到有效的纠正，解决争议的手段便成为争议的对象，出现所谓的"案中案"。对于争议的鉴定意见不让鉴定人出庭，看起来节约了诉讼成本和提高了诉讼效率，却在一定程度上减少了发现鉴定意见错误的有效途径，在实质上损害了判决的公正与权威。如果在公开的法庭上司法鉴定人接受控辩双方的质疑或询问，就存在异议的鉴定意见进行辩论，不仅能提高发现错误鉴定意见的概率，而且为法庭选择可靠、可信性鉴定意见提供了有效途径。

司法鉴定出庭作证是非常重要的一项诉讼程序制度。只有鉴定人出庭接受质证，法官才能在诉讼双方对鉴定意见有争议时，最终认定某一鉴定意见是否真实可靠、哪一鉴定意见最为科学可靠，能够成为其公正裁判的定案根据，才能实现司法的实体正义和程序正义，增强司法鉴定的权威性。

第二节　司法鉴定人出庭作证的诉讼地位

司法鉴定人是具有“科学技术或者专门知识”或者“专业技术”的人，在诉讼活动中被称为“独立的诉讼参与人”。由于大陆法系国家和英美法系国家在诉讼制度以及鉴定制度和证据制度上存在不同的制度安排，其鉴定人或者专家证人在参与诉讼时具有不同的法律地位。我国诉讼制度改革在保留大陆法系国家鉴定人诉讼地位传统的基础上借鉴英美法系国家专家证人制度的优势，形成颇具特色的中国司法鉴定人的诉讼地位。了解国外鉴定人作证的诉讼地位，对深刻理解我国司法鉴定人出庭作证具有重要的启发意义。

一、国外司法鉴定人出庭作证的诉讼地位

一般而言，大陆法系国家的鉴定人属于法官辅助人。在法庭上，“鉴定人是实质的裁判者，鉴定才是实质上的裁判，因此，鉴定人被认为是‘实质上的裁判者’。此种鉴定人与法官的关系，至19世纪末叶仍未改变，维持此种关系，特别有效用的是纠问主义及法定证据主义的诉讼制度”。[①] 因法官专门知识匮乏，不能判断专门性问题，认定专门性问题必须借助于鉴定，鉴定人出庭作证也就成为法官认定案件的重要手段，鉴定人成了法官或法院认定案件事实的助手，被称为“穿白衣站着的法官”。我国也存在这种鉴定人与法官之间无法割舍的关系。

德国学者罗科信（Roxin）认为，鉴定人乃运用其专业知识，帮助法官对证据问题加以判断之人。此种判断，是依下列所述的三个方式来进行：（1）依一般的经验法则（科学上结果之经验法则），告诉法官所不了解的专业知识。例如，新生儿的胃及肠，在出生后约6小时内是充满空气的。（2）鉴定人认定事

① 张丽卿：《鉴定证据之研究——以精神鉴定为主》，载《法学论丛》1994年第2期。

实,乃基于特别的专业知识,才能对事实加以掌握及充分理解,进而加以判断。例如,被杀害的婴儿×,其肠中没有空气存在。(3)鉴定人本其所具有的专业知识,依据科学上的规则,从事实中加以推论及结论。例如,婴儿×是在出生6小时以后才被杀的。鉴定人是事实审理者的辅助者,其角色只是辅助事实审理者做上述三个方面的工作。鉴定人乃“事实发现上的当然辅助者”,而非当事人的辅助者,即使鉴定人是当事人所选任者亦同。[①] 尽管鉴定人属于法官的辅助者,法官如果不采纳鉴定人的鉴定结果,需要以一种可以检验的方式及基于鉴定意见的分析来说明不采纳的理由,但鉴定人对涉及法律评价的领域无权提出意见,因为法官与鉴定人相比在法律问题上属于专家。如果法官具有专家所拥有的专门知识,可以运用自己的专门知识认定专门性问题,可以拒绝鉴定人帮助或鉴定意见的援引,鉴定人介入诉讼仅是对法官知识不足的弥补。德国联邦最高法院的判决认为,法官如果依其生活经验及知识,即能发现真相时,就不必在诉讼程序中引入鉴定人。鉴定人应该只是法官的辅助人,用来补充法官所欠缺的专业知识,法官是否需要这个帮助,应该由法官自行决定。[②] 日本学界也存在鉴定人为审判官的辅助人观点:“认为调查证据之规定中其所以载有鉴定者,不过仅将鉴定手续之形式,使依调查证据之手续为之,并非认定鉴定之性质为证据方法,若从日本《民事诉讼法》第324条、第331条、第330条第4款之法意推论之,足知鉴定人确系审判官之辅助人。且鉴定人既然补充审判官所缺乏之专门知识,使其易于行使正当之判断,是鉴定人自系审判官之辅助人,并非证据方法也明矣。”[③]日本将鉴定人作为法院辅助人采用了与德国学者相同的观点,“鉴定人不是证人,鉴定人是基于特别的专业知识,能对事实掌握及充分理解,并进而加以判断的人,所以,鉴定人只是法院的辅助者”。[④]

---

① Kleinknecht/Meyer, Strafprozeβ or dnug, 40. Auflage, Verlag C. H. Beck, 1991, S. 72. Rdnr. 8.

② BGHSt 3, 27ff. (1952).

③ [日]松冈义正:《民事证据论》,张知本译,中国政法大学出版社2004年版,第209页。

④ BGHSt 9, 293 (1956).

然而,对于鉴定人是法官的辅助者的诉讼地位并非一以贯之,尤其是现实中鉴定人辅助法官到何种程度往往难以明晰,有时候代替法官认定案件事实,其辅助人就成为主宰事实的“主人”。德国学者米耶(Meyer)认为,鉴定人作为辅助人的说法是没有价值且非常危险的,因为这种说法会产生误导,令人以为鉴定人比其他证据方法更有用;另外,辅助概念的说法是有问题的,应加以精确化,因鉴定人只有在受法官委托时,才能对事实加以调查,其并非经常的辅助者。如日本学者认为,鉴定人为证据方法,并非审判官的辅助人,并“认为民事诉讼法既在调查证据之中规定鉴定,是其前提观念,即以鉴定人为证据方法,非为审判之辅助机关,否则,即不能将鉴定载于调查证据之规定中;且鉴定人之意见,系依法院自由之心证,判断其价值,若以鉴定人为补充审判官知识不足之辅助机关,则法院即不能有此自由判断之权限;再就证人言之,既谓证人因使审判官确定真正之事实,亦为审判官之辅助人,然而同时又谓证人为证据方法,而谓鉴定人非证据方法系审判之辅助人,是则此种见解,已属自相矛盾矣。”[①]鉴定人作为法官的辅助者主要针对具体裁判形成的情况,与实际情况不符合,法官在裁判上相当不稳定且依赖鉴定人,如此在鉴定人内容的影响下,法官独立性的界限存在疑虑。由于将鉴定人作为法官辅助人的上述危害性,为避免法官对鉴定人过分依赖,对鉴定意见不加审查直接作为定案根据,任其代替法官对专门性问题作出认定而行使法官的事实认定权,有些国家或者地区将鉴定人作为一种证据方法,在英美法国家将鉴定人作为专家证人则是这一观点在实践中的具体化。

然而,在司法实践中也不乏折中主义的观点,即鉴定人既为证据方法,同时又为法官辅助人。“究之鉴定人之任务,有时对于事实上之诉讼材料,而将其判断上所必要之实验规则且为审判官所不明了者,本诸自己之学识经验确定之;有时又因应用此实验规则,判断诉讼上之事实,而与审判官以助力,或因代

---

① [日]松冈义正:《民事证据论》,张知本译,中国政法大学出版社2004年版,第209页。

替审判官独立为此判断,而供审判官以实验规则之知识。由此观之,可知鉴定人在确定实验规则时,其为实验规则上之证据方法也,固与证人为事实上之证据方法相同;然而应用实验规则而为判断时,则就事实上之诉讼材料,提供审判官在判断上所缺乏之知识,非如证人就其过去见闻之事项,供述观察之结果也明矣。故谓鉴定人一方面为证据方法,同时又对于审判官判断上之权限而辅助之。"①这种做法将鉴定人在提供专门知识的层面视为证据方法,等同于英美法国家的专家证人,为鉴定人适用人证或证人的证据程序规则提供正当的理由;在提供鉴定人推断意见时为法官的辅助人,等同于大陆法国家的鉴定人,这为大陆法国家的鉴定人作为不同于证人的诉讼参与人地位提供了合理的解释。同时,也是鉴定人对法官所起形式上和实质上作用的揭示,在形式上,鉴定人应当为证据方法,因为鉴定意见属于一种独立的证据形式,但实质上,鉴定人在辅助法官认定涉及专门性问题的事实,起着法官的作用。因为"法官的地位及权力被强化起来,鉴定人的地位逐渐降低,因此,'事实上裁判者'的鉴定人。到1877年以后,便成为单纯的法官辅助人的角色,针对此种情况,判例亦屡次说明之"。② 因为,不是所有刑事案件都非常复杂,法官对于其他领域的专业知识,无法充分了解,例如,涉及精神医学、交通事故、建筑工程等案情时更倍觉困难。如果法官本身具有与鉴定人相同的专业知识与经验,不仅可以避免完全依赖鉴定人的意见的情况,还可以对案情作有意义且恰当的发现。"援用具有专业知识的参审员,不但符合审判民主化的要求,也是改进现行鉴定人制度缺点的最佳选择"。③

在司法实践中,法院依职权启动鉴定程序和聘请鉴定人的原因之一是存在鉴定的必要性,且其他证据方法无法完成协助法官发现事实真相的任务或者穷

---

① [日]松冈义正:《民事证据论》,张知本译,中国政法大学出版社2004年版,第209页。

② 张丽卿:《鉴定证据之研究——以精神鉴定为主》,载《法学论丛》1994年第2期。

③ 张丽卿:《刑事诉讼法理论与运用》,台北,五南图书出版股份有限公司1990年版,第323~327页。

尽其他证据方法无法获得有效证明。按照这一理论进行推演，可以得出鉴定人是法官认定案件专门性问题的必备工具，也是法官认定事实和发现专门性问题的真相所唯一依赖的路径。对于法官来说，让渡其对于专门性问题的判断权力，属于不得已而为之。实际上，法官在此问题上往往成为鉴定人的附属，鉴定人扮演了法官辅助人的角色，鉴定人成为发现或查明专门性问题的实际决定者，这虽然与法律赋予法官裁判事实的职能相冲突，与设立陪审团或法官裁判者的角色相违背，却是司法实践现实造成法官对鉴定的过度依赖，鉴定人成了案件部分事实的认定者。鉴定人在诉讼程序中所扮演的认定专门知识的角色，是诉讼实务中所不可忽略的事实。在很多专门知识的认知上，法官必须依靠鉴定人的协助来判断，此时鉴定人就如同以“穿白衣的法官”的姿态站在法庭上，鉴定人是法官的辅助人。① 由于大陆法国家强调启动鉴定程序为法院的职权或须经法院的同意，法院一旦启动鉴定程序，一般也不会轻易否定鉴定结果。所以，法官对鉴定人的依赖性相当强烈，鉴定人实际上起到了法官辅助人的作用，甚至在某些案件中达到了代替法官认定案件事实的程度。

如果法律承认了鉴定人的法官辅助人角色，对其他作为证据方法的人证则无法作出合理的解释。因为其他证据方法也起到协助法官发现或确定案件事实真相的功能和作用，对于法官来说也具有辅助的作用，根据证据方法的作用和功能确定诉讼参与者的角色，其他人证也属于辅助人。为解决应然与实然的这种冲突，淡化鉴定人作为法官辅助人的现实，大陆法系国家在诉讼法修改中，借鉴“专家”“专家辅助人”“陪审专家”制度，淡化鉴定人的辅助人色彩，降低鉴定人作为辅助人的地位。实践中，存在表面上鉴定人作为证据方法而实质上起到裁判事实的作用，司法解释认为鉴定意见的证明力大于其他言词证据的证明力，造成鉴定意见错误而案件裁判必然错误的不正常现象。然而，作为事物

---

① 张丽卿：《刑事诉讼法理论与运用》，台北，五南图书出版股份有限公司 1990 年版，第 323 ~ 324 页。

的现实表现样态的实然总与其应然之间存在某种程度的脱节，对鉴定人扮演角色或者诉讼地位的学习应当正视这一现实，但也不应当为实然进行辩护，认为存在即合理。在鉴定人问题上面对现实更应以其制度的应然作为关注的标志，通过程序规则来建构鉴定人出庭作证制度，促使鉴定人从实然性的角色向应然性角色发展，拉近制度与现实之间的距离，实现理论与实践的对合或者衔接。

二、我国司法鉴定人出庭作证的诉讼地位

在我国司法改革过程中，尽管借鉴了英美法系国家的专家证人优势，但鉴定人在形式上作为证据方法依然保留作为法官辅助人的传统。早期，法官为了发现真实，对一些涉及专门知识问题无法理解或作出判断时，会求助于神灵，通过神示来认定事实，蕴含了“神”是作为法官辅助人的雏形。在法定证据制度下，由于法官没有自由判断及评价证据的权力，法官必须遵从鉴定人提供的鉴定意见，鉴定人被制度安排为专门性问题的“事实审理者”，实质上扮演了法官的角色。随着纠问式诉讼模式向当事人诉讼模式的转变，鉴定人由“事实审理者”的角色降低到辅助人的地位。现代诉讼模式与诉讼理念的形成，特别是直接言词原则和交叉询问程序权利的宪法化，诉讼立法将鉴定人由辅助人逐渐向证据方法过渡，法官辅助人的色彩不断淡化并日渐式微，鉴定人在诉讼中的地位与其他“人证”趋于等同。这种改革侧重于鉴定人诉讼地位的中立。由于现代科技的发展和案件事实的复杂，专门性问题在事实认定中的地位显得如此重要，鉴定人涉足案件越来越多，鉴定人的作用与立法的规定出现了差距，使对鉴定人角色非此即彼的界定处于两难境地，于是，催生了鉴定人作为法官辅助人和证据方法兼而有之的折中观点，特别是当事人诉讼模式与职权主义诉讼模式的结合，更使这种观点成为最为有力的解释方法。从司法鉴定人进入诉讼所提供的内容来分析，鉴定人进入诉讼的目的是提供自己的意见，且鉴定人意见具有较强的主观性和判断性，法官如果完全依赖鉴定人，这种依赖就会形成鉴定

人控制法官的局面，存在错认事实的风险性，使制度走向反面，最终影响实体正义的实现。此种原因导致一些限制性程序规则出现：将鉴定人作为一种证据方法，通过正当程序过滤一些不科学的鉴定意见，让鉴定人出庭接受交叉询问，通过交叉询问发现鉴定意见科学与否，进而决定是否采信。将鉴定人作为证据方法，体现鉴定人发挥作用过程本身的正当性，使法官认定案件事实的过程获得了公正性和可接受性。鉴定人是“为使审判官确信所证明之事项而利用之方法”或“在认定事实上所可利用之人”，属于证据方法。

我国《民事诉讼法》第76条规定：“当事人可以就查明事实的专门性问题向人民法院申请鉴定。当事人申请鉴定的，由双方当事人协商确定具备资格的鉴定人；协商不成的，由人民法院指定。当事人未申请鉴定，人民法院对专门性问题认为需要鉴定的，应当委托具备资格的鉴定人进行鉴定。”这一规定确定了鉴定的启动以当事人申请为主、以法院指定为辅的模式。当事人可以就查明事实的专门性问题向人民法院申请鉴定，意味着有关当事人提出的事实主张和诉讼请求涉及专门性问题，也说明了专门性问题与当事人的举证责任有关，在一定意义上体现了当事人提出鉴定申请与其举证责任相契合的价值，淡化了鉴定人作为法官辅助人的地位，强化了鉴定人出庭的义务。刑事诉讼法和民事诉讼法在鉴定人出庭作证的基础上还存在“专家辅助人”制度，对于完善鉴定人出庭作证制度更具有实质性意义。但是，“重视现行法理念的支持者以为，法官应扮演裁判的主导者；反之，重视司法实际的反对者以为，鉴定人事实上是扮演裁判的主导者。前者的实际上困难是，法官无专门的知识，做事实上的判断；后者的理论上困难是，鉴定乃是法律问题的判断，此种法律问题的判断，与现行法的本旨相违反”。[①] 因此，在刑事诉讼中有必要改变当事人仅仅具有补充鉴定和重新鉴定的申请权的现状，赋予当事人申请鉴定的权利，以便淡化鉴定人

---

① 张丽卿：《刑事诉讼法理论与运用》，台北，五南图书出版股份有限公司1990年版，第325～326页。

职权机关辅助人的色彩,强化司法鉴定人的证人诉讼地位,使其能够适用证人出庭作证的规则,体现鉴定意见作为言词证据的证据本质。

第三节 司法鉴定人出庭作证的制度基础

由于我国《刑事诉讼法》在鉴定方面的规定存在不足、司法实践对鉴定人出庭作证的不习惯,以至于直接言词原则在审判中未能发挥作用,特别是刑事诉讼中的多数鉴定是由侦查机关的鉴定机构进行的,再加上刑事技术鉴定与作为证据使用的鉴定意见混淆不清,鉴定人始终以侦查人员的角色从事活动,致使鉴定人出庭作证寥若晨星。即使在司法鉴定制度改革后,鉴定人出庭作证问题也没有重大改观,再加上法院改革中鉴定人与专家证人的混同以及特殊案件技术调查人的制度,致使鉴定人不出庭成为困扰审判的一大难题。① 尽管《刑事诉讼法》和《民事诉讼法》有强制性规定,这种情况依然没有实质性改观,这与未将鉴定人出庭作为一项制度考虑有关。

一、质证权是司法鉴定人出庭作证的制度基础

"质证权产生于遥远的古代,它带有西方法律文化的基因。有证据表明,质证权在罗马法中就已经存在。"②质证权主要是通过"面对面的权利"来表达其本质。这种权利自进入诉讼领域后作为一项诉讼权利日益受到重视,被现代审判程序看作当事人的一项基本权利,在有些国家被看作公民的一项宪法权利或者基本人权,已经为国际公约、地区性条约和各国的宪法或刑事诉讼法所确认,并以立法的形式予以保护。

质证制度源于正义与效率的司法理念,肇始于当事人传唤自己证人到庭与

---

① 郭华:《刑事鉴定制度修改的背景、争议及解读》,载《证据科学》2012 年第 2 期。

② Coy v. Iowa,487,U. S. 1012 (1988).

指控者或不利证人当面对质的实践,借此来保证言词证据的真实性。在法律的层面上渐渐演变为被告人诉讼上的一种权利,并被提升为当事人宪法上不得剥夺的一项基本权利。国际公约、地区性条约对此作出了规定。例如,《公民权利和政治权利国际公约》第 14 条第 3 款明确规定:“在判定对他提出的任何刑事指控时,人人完全平等地有资格享受以下最低限度的保证……(戊)讯问或业已讯问对他不利的证人,并使对他有利的证人在与对他不利的证人相同的条件下出庭和受讯问……”《欧洲人权公约》第 6 条第 3 款丁项规定:“讯问不利于他的证人,并在与不利于他的证人相同的条件下,使有利于他自己的证人出庭受讯。”《美洲人权公约》第 8 条第 2 款第 6 项规定:“被告一方有权查问在法院出庭的证人,并有权请专家和其他能说明事实真相的人出庭作为证人。”这些公约或条约的规定可以作为完善司法鉴定人出庭作证制度的参照依据。

质证权包括“对质权”和“诘问权”。“对质权”是指两个人同时在场,面对面相互质问的权利;“诘问权”是指在一方询问鉴定人以后,另一方对其反询问,以求发现疑点或澄清真实的权利。质证程序中“对质权”和“诘问权”的功能在于“因当事人对案件事实认定的结果存在利害关系,由当事人自己来推敲证据、诘问专家证人,则会尽其所能,尽力而为,对于发现真实有莫大助益,目前尚未有其他方式可以替代交互诘问而将证人之证言还原至真实方向”。当事人通过交叉询问,能够对诉讼结果的预期有明显的认识,并因程序对当事人尊严的尊重,体现当事人的主体性地位,当事人也易于接受自己参与后产生的诉讼结果。交叉询问在平等机制下通过当事人有次序的主询问、反询问、再主询问、再反询问的交替进行,使法官无须积极主动就能发现真实,形成透明化、客观化的心证,从而保证了公正、超然、无私、消极的中立角色。一些法治发达国家对此也进行了相应的立法,这些规定可以作为建立司法鉴定人出庭作证制度的参照。如日本《宪法》第 37 条第 2 款规定:“刑事被告应充分予以对于一切证人询问之机会,并有用公费为自己要求强制手续求得证人之权利。”墨西哥《宪法》第 20 条第 4 款规定:“如果证人在审讯现场,被告可以对其不利供述的证人当面对质，使其能向证人提出任何有利于为自己辩护的问题。”菲律宾《宪法》第14条第2款也规定，在任何刑事诉讼中，被告都享有“同证人对质”的权利。

司法鉴定涉及专门知识问题，具有很强的专业性，保障当事人对鉴定意见的质证权不仅是践行国际公约和履行国际义务的需要，还通过当事人及其辩护人、诉讼代理人积极主动地质疑鉴定意见的相关性，质疑控方鉴定方法的可靠性及其鉴定人的可信性，尊重了当事人主体性权利的属性，充分体现了当事人的诉讼主体地位。“事实上，将特定的权利和保障载入国际文件和宪法文件，其主要目的之一在于，这些文件对公民、法院具有教育上的影响。对公民而言，公民可以得知这些权利如此的基本、如此的重要；对于法院而言，必须强化保护这些价值准则的审判工作”。[①] 我国《刑事诉讼法》第194条规定，“公诉人、当事人和辩护人、诉讼代理人经审判长许可，可以对证人、鉴定人发问……审判人员可以询问证人、鉴定人”。第195条规定，“对未到庭的证人的证言笔录、鉴定人的鉴定意见……应当当庭宣读”。我国《民事诉讼法》第68条规定，“证据应当在法庭上出示，并由当事人互相质证”；第139条第2款规定，“当事人经法庭许可，可以向证人、鉴定人、勘验人发问”。向鉴定人发问，应当先由提请通知的一方进行；发问完毕后，经审判长准许，对方也可以发问。审判人员认为有必要时，可以询问鉴定人。鉴定人出庭作证是当事人质证权得以行使的前提，也是当事人质证权的必然要求。司法实践中，往往由法官或者控方宣读书面鉴定意见而人民法院也不要求鉴定人出庭作证，这实质上是对当事人质证权的侵犯，违背了保障当事人诉讼权利的法律要求，也不符合程序正义本质要求。例如，2011年，被告人朱某某利用其在某公司开采矿石之机，私自开挖便道，将所开采铜矿石3000余吨秘密窃出，销赃于某公司，售价为100万余元，扣除加工

---

① ［意］莫诺·卡佩莱蒂等：《当事人基本程序保障权与未来的民事诉讼》，徐昕译，法律出版社2000年版，第64页。

费，被告人实得赃款61万余元。检察机关认定被告人朱某某盗窃数额为61万余元提起公诉。该案在庭审质证过程中，被告人朱某某的辩护律师提供了某价格认证中心出具的鉴定意见，该意见对本案被盗矿石价格认定为11万余元。检察机关认为该鉴定意见对被盗矿石所做的价格认定与事实不符，不具有客观性，遂建议法庭休庭，要求鉴定人出庭说明情况。法院采纳了检察机关的建议，传唤鉴定人出庭，但该鉴定人拒不到庭接受质证。检察机关提出：该鉴定意见对被盗矿石所作的价格认定，不符合客观实际，且鉴定人拒不到庭说明理由，因此其鉴定意见不予采信。最终法院采信了检察机关的意见。[①]

保障当事人的质证权，可以从制度的高度来促进当事人（控辩）双方从不同的立场与不利于本方的司法鉴定人进行必要的质疑，通过权利的本性来促使司法鉴定人能够在法庭上对其所出的意见作出合理解释，在一定程度上排除司法鉴定人提供鉴定意见的主观任意性。保障当事人的质证权有利于法官兼听则明，从中发现鉴定意见不科学之处，通过质证权的行使达到发现案件真实情况的目的；同时，通过质证权的行使为法官理解鉴定意见与案件事实之间的联系提供桥梁，并弥补证据与案件事实之间的“空白”，将普通人难以理解的专门性问题转化为能够理解的问题，从而获得对案件事实的正确认识。保障当事人的质证权还可以促使司法鉴定人更具有责任感和中立性，有利于推进司法鉴定制度的改革，特别是在目前我国刑事诉讼法没有赋予当事人启动司法鉴定权利的前提下，可以通过质证权来弥补或者导正权利（力）配置的失衡，从而使程序公正得以维护。如果司法鉴定人不出庭接受质证，鉴定意见未经过对鉴定人的质证就转化为定案的依据，法庭将书面的鉴定意见作为当然的证据予以采信，不仅“掏空”当事人的辩护权，事实上也有不尊重法庭审判权之虞。基于此，2020年12月23日最高人民法院修改的《关于审理医疗损害责任纠纷案件适

---

① 孙迎春：《白银区检察院对鉴定人拒不出庭案件建议法院不采纳其鉴定意见》，载《甘肃经济日报》2013年9月10日。

用法律若干问题的解释》第13条第1款规定："鉴定意见应当经当事人质证。"

另外，当事人(控辩)双方对鉴定意见无争议，对鉴定过程、鉴定人资格无争议的，当事人实质上放弃了自己的质证权，法官对鉴定意见不存在疑问的，鉴定人可以不出庭作证。这是当事人(控辩)双方放弃对鉴定意见的质证权的结果，但不动摇质证权作为鉴定人出庭作证的制度基础，因为权利可以行使也可以放弃，放弃权利是权利消极行使的一种方式。如果法官或法庭需要鉴定人出庭也可通知鉴定人出庭作证。

二、司法鉴定人出庭作证的实践基础

保障当事人质证鉴定意见权利的实现，除了赋予其相应权利外，还应当确立相关的制度，如专家辅助人制度，来切实保障当事人主体性权利和诉讼主体地位，体现对鉴定意见作为证据的慎重以及对科学的理性态度。据英国伦西曼皇家委员会的刑事法庭(Runciman Royal Commission's Crown Court)研究发现，在所有存在争议的起诉案件中，几乎1/3涉及专家证言。专家证言在2/5的案件中被评价为非常重要；在另外1/3的案件中被认为相当重要。[①] 美国兰德公司(RAND Corporation)的司法统计数据显示，美国86%的审判案件中使用了专家作证。[②] "据安福法院统计数字显示，该院近3年涉及鉴定的民商事案件呈逐年增加的趋势，其中2010年有24件、2011年有30件、2012年达48件。这些案件中没有一个鉴定人出庭作证。"[③]我国刑事案件的鉴定人出庭率非常低，据统计现阶段刑事案件鉴定人出庭率在5%以下，有些地区还不到1%。[④] 实践中许多专门性问题需要鉴定人、有专门知识的人出庭质证加以解

---

① [英]麦高伟、[英]杰弗里·威尔逊主编：《英国刑事司法程序》，刘立霞等译，法律出版社2003年版，第238页。

② Samuel R. Gross, *Expert Evidence*, 1991 Wisconsin Law Review 1113, p. 1119.

③ 王义善等：《鉴定人出庭作证　申请权利或将被滥用》，载《新法制报》2013年3月12日，第5版。

④ 马志文：《刑事诉讼鉴定人出庭质证制度研究》，载中国法院网2014年3月19日，https://www.chinacourt.org/article/detail/2014/03/id/1233325.shtml。

决。但是目前,两类人员出庭率还比较低,不少法院不足1%,一些法院甚至3年为零,出现了鉴定人不愿出庭、不敢出庭、不能出庭的现象。[①] 虽然我国使用鉴定意见的比例与国外相比仍较低,但鉴定意见在案件中受到的待遇及法官对依赖却是无法比拟的,有些鉴定意见不经过质证直接作为定案的根据。然而,鉴定意见本身可能受鉴定人主客观因素的影响或者其他因素的干扰,需要在法庭上核实其可靠性,尤其是当事人双方或者一方对争议鉴定意见需要鉴定人出庭作证接受质疑,接受不同理论的考验和证据的检验,保证其真正具有科学性。

实践表明,多数案件出现错误,鉴定意见具有不可推卸的责任,尤其是存在争议的鉴定意见没有在法庭上进行质证就直接作为可靠证据被采纳,其质证接受检验或者得以纠正的功能未能得到发挥,最终酿成错案。因为法官只有通过当事人和鉴定人"面对面"的质证活动及通过鉴定人对鉴定涉及事项的说明、答疑等活动传递的信息,对鉴定意见的可靠性才有可能作出正确的判断。有研究表明,人与人之间的沟通有50%以上是靠身体语言,例如,眼神、声音、小动作、身体姿势等,有关身体语言影响人们心证的生动描述。[②] 因此,鉴定意见的质证是当事人(控辩)双方对鉴定意见进行辩论而获得审查最为有效的方法之一,也是审判方式改革保证程序权利实现的重要环节。

三、司法鉴定人出庭作证的理论基础

直接言词原则作为大陆法系国家的证据原则尽管与英美法系国家的传闻规则存在不同的要求,但作为证据的要求均是诉讼应当遵循的重要原则,也是鉴定人出庭作证的重要理论基础。

1. 直接言词原则对鉴定人出庭作证的要求。基于直接言词原则的要求,法庭上的任何证据都应借助于语言符号这个载体来表达自己的意见,鉴定的客体正是借助于司法鉴定人通过言词来表明鉴定人发现的情况,当事人或者法官借

---

① 张勇、钱岩:《鉴定人、有专门知识的人出庭制度构建》,载《法律适用》2018年第19期。

② [美]盖瑞·史宾塞:《最佳辩护》,魏丰等译,世界图书出版公司2003年版,第36~61页。

助于鉴定人的意见来对案件事实或者证据进行“解码”。“因为词语标示了语言外世界中事物，词的意义就是它指称的对象”。因此，直接言词原则是司法鉴定人出庭作证的制度基础，也是现代各国审判阶段普遍适用的诉讼原则，包括直接原则和言词原则。赫尔曼（Herman）教授指出，在德国刑事诉讼中，有3项原则与传闻证据在诉讼中的使用相关，即听取陈述原则、口证原则和直接原则。[①] 在程序方面主要强调法官对言词证据的认定与采用。

直接原则又分为直接审理原则和直接采证原则。直接审理原则又称为“在场原则”，是指在刑事案件的审理中，除法官、检察官、被告人及其辩护人参与外，被害人、证人、鉴定人应当在场，而且他们在精神上、体力上均应有参与审判活动的能力。直接采证原则是指诉讼程序中证据的调查和认定以直接方式进行，法官只有直接调查并经衡量评价后所采取的证据，才能作为判决的依据。该原则对法官有两项基本要求：一是审理法官对证据的调查和认定必须亲自进行，即必须亲自与被告人、被害人、证人、鉴定人接触，不得仅就书面记载资料间接采证；二是法官必须在法庭上亲自听取被告人、被害人的陈述，证人和鉴定人的作证，检察官与辩护人的证据调查和辩论，通过此程序才能直接采证，由此认定的证据才可作为定案的依据。

言词原则，是指在法庭审判活动中诉讼各方须以言词陈述的方式进行攻击、防御等各种诉讼行为，证据的调查、提出均须以言词方式进行，证人作证必须在法庭审理活动中由鉴定人以口头陈述的方式进行，除法律另有规定外，不得以书面方式进行。后者基于前者的基础，特别强调裁判者应当以亲自在法庭上直接获取的证据资料作为裁判的基础。除法律有特殊规定外，凡是未经当庭以言词方式调查的证据资料，不得作为判决的依据。

言词原则是一些法治发达国家的通常做法。如德国、法国、俄罗斯等国家的立法对此作出了相关要求，在法条中直接规定或者体现了直接言词原则。在

① 《德国刑事诉讼法典》，李昌珂译，中国政法大学出版社1995年版，第13页。

德国,如果合议庭在评议时,请求一鉴定人说明其鉴定报告,进而获得一新的认识,不得用作定案的根据。[①] 法国《刑事诉讼法典》第427条第2款规定:“审判官只能以提交审理并经双方辩论的证据为依据作出判决。”并要求在法庭上听取证人的证言与鉴定人的说明之前,庭长不得向陪审官与陪审员交阅文件与鉴定报告。[②] 俄罗斯《联邦刑事诉讼法典》第240条“直接原则和言词原则”规定:“1.在法庭审理时,刑事案件的所有证据,除本法典第十编规定的情形外,均应进行直接审查。法庭……听取鉴定结论……3.法院的刑事判决只能以经过法庭审查的证据为依据。”

我国《刑事诉讼法》第192条规定:“经人民法院通知,鉴定人拒不出庭作证的,鉴定意见不得作为定案的根据。”同时,第951条又规定:“对未到庭的证人的证言笔录、鉴定人的鉴定意见、勘验笔录和其他作为证据的文书,应当当庭宣读。”这使直接言词原则贯彻得不彻底。鉴定意见是鉴定人运用科学知识或者专门知识对案件涉及的专门性问题进行鉴别和判断提出的意见,由于科学知识的不断发展,特别是专门知识(如法医精神病鉴定)因学派观点的不同,对同一个鉴定事项可能作出不同的结论。只有经过对鉴定意见的质证,通过法官的亲历性和鉴定人在法庭上通过言词原则表达自己的意见,使法官在直接言词原则的指引下作出判断,从而选择具有较强说服力的鉴定意见。

直接言词原则是国际普遍承认的诉讼原则,特别是对于鉴定意见这种带有一定主观性的言词证据更应当贯彻这一原则,以充分体现司法的亲历性,从而保证其为诉讼提供较高质量的服务。对于实现实体正义、程序正义和诉讼效率目标更具有特别的价值。直接原则强调证据方法的直接性,要求法官必须亲自听取鉴定人的鉴定意见;言词原则要求鉴定意见应当由鉴定人口头陈述,而非

---

① [德]克劳思·罗科信:《刑事诉讼法》,吴丽琪译,法律出版社2003年版,第430~436页。

② [法]卡斯东·斯特法尼等:《法国刑事诉讼法精义》(下册),罗结珍译,中国政法大学出版社1999年版,第742页。

是书面化的鉴定意见。这两项原则均需司法鉴定人亲自到庭才能完成,因此,直接言词原则是司法鉴定人出庭作证规则的制度基础。

鉴定意见是法庭查明案件事实的一种重要证据形式,其本身可能受鉴定人主客观因素的影响或者其他因素的干扰存在偏差,需要在法庭上予以核实,通过司法鉴定人言词说明来确定其可靠性。为了避免鉴定意见由法官的判断案件事实与证据真伪的辅助者转为制造错认案件事实的“共犯”,法律一般强调鉴定人须出庭作证,否则,其所提供的书面鉴定意见将被视为“传闻书面”证据,适用传闻证据规则,排除适用。因此,传闻证据规则可以看作是直接言词原则的消极结果以及质证权的积极维护者,它们共同构成一个完整的司法鉴定人出庭作证的制度理论体系。直接言词原则作为制度基础建构司法鉴定人出庭作证规则,能够实现程序公正、提高诉讼效率,避免重复鉴定和因鉴定意见的原因上诉等,以此作为司法鉴定人出庭作证规则的制度基础具有重要的意义。

直接言词原则要求法官、当事人和鉴定人等在法庭上直接接触,法官亲自聆听当事人及其辩护人、诉讼代理人对鉴定意见的辩论和鉴定人基于质疑的回答,直接察看鉴定意见的可靠程度,易于准确甄别其他证据的真伪以及证据与案件事实之间的联系。同时,法官、当事人和鉴定人直接见面,加之言词方式具有传达简便快捷的优点,有助于法官及时解决问题,从而推动诉讼迅速进行。通过对鉴定人鉴定意见的亲自聆听,提高发现证据与案件事实的能力和提高判断其他证据真伪的能力。对于鉴定意见除鉴定人应当当庭宣读外,还应当通过言词予以补充,通过说明阐释鉴定意见的科学性,降低了有关鉴定意见的分歧,体现了诉讼过程与结果整体结合,案件最终的判决是法官在庭审过程中客观因素和主观因素共同累积的结果。直接言词原则所体现现代诉讼的精神或价值,是证明基本理论的重要组成部分,它与公开原则、辩论原则等一并被视为诉讼制度、证据制度实现程序公正和实体公正的必要措施。

2. 传闻规则对鉴定人出庭作证的基本要求。“传闻证据,本有广狭二义,从狭义言,系专指言词而言,即证人并非陈述自己亲身经理之事实,而仅就他人在审判外所为之陈述(原供述),代为提出以作自己之供述者而言;从广义言,则除上述言词外,书面之陈述亦包括之。"[①]美国证据法学者罗特斯坦因(Rothstein)认为,"传闻证据是在法庭之外作出却在法庭之内作为证据使用的口头的或者书面的陈述,用于证明该证据本身所涉及事件的真实性。"[②]英国证据法学家麦考密克(McCormick)也认为,传闻证据是指在法院之外作出的、在法院之内作为证据使用的陈述,或者是口头的,或者是书面的,用于证明该陈述本身所声明的事件的真实性。[③] 而鉴定意见是法庭查明案件事实的一种重要证据形式,其本身可能受鉴定人主客观因素的影响或者其他因素的干扰存在偏差,需要在法庭上予以核实,通过司法鉴定人言词说明来确定其可靠性与科学性,否则,鉴定意见不得作为定案根据。

传闻证据规则最早在英国确立,与英国陪审制度的存在有密切关系,可以说是当事人主义的产物。因此,一般被评价为英美证据法中最具有特色的规则之一,对于司法系统的程序运作的贡献仅次于陪审制度。这一原则得到国际公约肯定,对此也作了相应的规定。《公民权利和政治权利国际公约》第 14 条第 3 款规定:"在判定对他提出的任何刑事指控时,人人完全平等地有资格享受以下最低限度的保证……(戊)讯问或业已讯问对他不利的证人,并使对他有利的证人在与对他不利的证人相同的条件下出庭和受讯问……"《欧洲人权公约》第 6 -3D 条规定:"任何被告人都有权询问或提请法院询问对其作有罪证词的证人,并且有权获准按照对其作有罪证词的证人相同的条件,传唤与询问对其作无罪证词的证人。"

美国、德国、日本、澳大利亚等若干国家在其刑事诉讼法典和证据法中对证人未出庭作证的法律后果作出了相应的规定。美国《联邦证据规则》第 802 条

---

① 刁荣华主编:《比较刑事证据法各论》,台北,汉林出版社 1984 年版,第 218 页。

② Paul F. Rothstein, *Evidence: State and Federal Rule*, West Publishing Company, 1982, p. 207.

③ Lempert & Saltzburg, *A Modern Approach to Evidence*, West Group, p. 348.

规定:“传闻证据,除本证据规则或其他由联邦最高法院根据立法授权或国会立法所确认的规则另有规定外,不能采纳。”德国《刑事诉讼法典》第 250 条规定:“对事实的证明如果是建立在一个人的感觉之上的时候,要在审判中对他进行询问。询问不允许以宣读以前的询问笔录或者书面证言而代替。”日本《刑事诉讼法》第 320 条规定:“除第 321 条至第 328 条规定的以外,不得以有关书面材料作为证据代替公审期日的供述,或者将以公审期日外其他人的供述为内容所作的供述作为证据。”意大利《刑事诉讼法典》第 195 条第 7 款规定:“如果证人拒绝或者不能够指出他获知有关事实的来源,不得对该证人的证言加以使用。”1995 年澳大利亚《联邦证据法》第 59 条规定:“不得采纳他人先前陈述的证据,以证明该人陈述所宣称的事实。”

我国《刑事诉讼法》第 195 条规定:“……对未到庭的……鉴定人的鉴定意见……应当当庭宣读。审判人员应当听取公诉人、当事人和辩护人、诉讼代理人的意见”。从一定意义上说,我国没有建立传闻证据规则。据湖南省娄底市中级人民法院对证人、鉴定人出庭作证的调研材料反映:证人、鉴定人出庭作证的案件数与在案卷中有证人证言、鉴定意见的案件数相差较大。但是,传闻规则作为司法鉴定人出庭作证规则的制度基础,并不排斥司法鉴定人在特殊情况下的不出庭作证,即提供书面鉴定意见。因案件的不同以及当事人对鉴定意见的态度,要求所有鉴定人都出庭作证是不可能也是不必要的。鉴定意见对案件重要事实或者定罪量刑起主要证明作用的,或者当事人(控辩)双方或者一方对其鉴定意见的可靠性有争议的,或者重大案件(死刑案件),鉴定人应当出庭作证,否则,鉴定意见适用传闻规则。传闻证据规则的理论基础之一在于保障当事人的反询问权,而当事人同意采纳书面鉴定意见的,则意味着有反询问权的当事人已放弃其反询问权,原则上应当允许作为证据。鉴定意见是以书面方式提出的,一般应在该项证据调查前征得另一方当事人的同意。当事人双方对于书面鉴定意见一致认可,对书面鉴定意见的使用均无异议,或者符合不出庭作证情形的,书面鉴定意见可以作为证据采用。如美国坚持传闻证据规则,却形成了29项例外规定。书面鉴定意见应当由司法鉴定人当庭宣读,在下列情况下法庭不得裁定宣读鉴定意见以代替鉴定人当庭作证:(1)鉴定意见直接影响案件最终处理的;(2)控辩双方提出不同鉴定人且鉴定意见分歧较大的;(3)当事人提出足够证据而对鉴定人的鉴定能力或鉴定资格产生怀疑的;(4)新出现的鉴定技术类型。

传闻规则起到了规范鉴定意见证据能力的作用,也是鉴定意见是否采纳的标准之一。以此作为鉴定人出庭作证规则的基础,可以促进鉴定人积极地出庭作证,从而抑制书面鉴定意见不经质证直接作为定案根据的趋势,维护审判的直接言词原则,同时也可以增强诉讼的对抗性,使法庭上的当事人质疑鉴定人的权利得到保障。

传闻证据规则强调司法鉴定人出庭作证,同时也为当事人质证权的行使奠定了基础,通过当事人及其辩护人、诉讼代理人等对司法鉴定人的质疑,使当事人的诉讼主体性得以张扬,使诉讼权益在证据调查程序中得到维护。虽然传闻证据规则无法依质证权来推导鉴定意见的真伪从而予以排除,它却在某些方面允许一些例外规则。如对当事人双方同意的鉴定意见,鉴定人可以不出庭,法官应当记录在案,这也是当事人作为诉讼主体使然。

传闻证据规则是直接言词规则的实际维护者。直接言词规则强调法官的亲历性,注重法官与鉴定人之间的直接关系,法官对作为定案根据的鉴定意见应当亲自调查,其审理活动才合法有效。这与我国诉讼法规定法官的客观性和关照义务基本吻合,可以起到防止法官权力滥用的作用。但是,仅仅依靠直接言词规则还难以防止法官的权力滥用,必须对滥用权力的后果作出限制,传闻证据规则则是这种权力滥用后果的"惩罚"力量,排除适用则是真正的威胁。

传闻证据规则规定鉴定人必须出庭作证,一般应当禁止鉴定人仅提供书面鉴定意见而不出庭作证。同时,对于当事人是否同意使用书面鉴定意见,在诉讼制度中也应当建立鉴定意见的告知程序。鉴定意见告知程序需要传闻证据规则支持。

第四节 司法鉴定人出庭作证的法定条件

司法鉴定人出庭作证是鉴定工作的继续和延伸,是其以诉讼参与人的身份参加案件审理的活动的内在需要,也是法庭质证、认证以及当事人(控辩)双方行使质证权的必然要求,更是法庭审查异议鉴定意见的关键性环节。

一、司法鉴定人出庭作证的程序条件

鉴定意见往往对案件事实起着关键性的作用,本身是否科学、可靠,普通人一般难以判断,这就需要鉴定人出庭对其提供的意见予以说明与解释,接受当事人(控辩)双方的质疑与证伪的考验。鉴定人对鉴定的案件一律出庭虽然能够满足法庭审查证据的需要,却不经济,在实践中往往也没有必要。为此,诉讼法仅仅规定当事人等对鉴定意见有异议或者人民法院认为有必要时,鉴定人才应该出庭作证。例如,我国《刑事诉讼法》第 192 条第 3 款规定:"公诉人、当事人或者辩护人、诉讼代理人对鉴定意见有异议,人民法院认为鉴定人有必要出庭的,鉴定人应当出庭作证。"但《刑事诉讼法》的规定在一定意义上不如《民事诉讼法》规定的科学。我国《民事诉讼法》第 78 条规定:"当事人对鉴定意见有异议或者人民法院认为鉴定人有必要出庭的,鉴定人应当出庭作证。"对鉴定人出庭作证的条件可作以下理解。

1. 当事人(控辩)双方或者当事人一方对作为证据的鉴定意见存在异议,认为鉴定意见存在错误、鉴定方法不科学、鉴定程序或者鉴定人需要回避等存在问题,鉴定人在此种情形下应当出庭作证,在法庭上对自己作出的鉴定意见从科学依据、鉴定步骤、鉴定方法、鉴定程序,以及提供意见的可靠性等方面予以解释和说明,并在法庭上接受质疑,当面回答质询和提问。这样,可以使法官更好地审查鉴定意见的可靠程度,对不同鉴定意见进行比较分析,综合判断鉴定意见与其他证据，从中采信合理的鉴定意见或者排除不适当或者有错误的鉴定意见。需要重新鉴定的，进行重新鉴定；同时，也有利于控辩双方进一步了解鉴定意见，消除疑虑，排除错误的观念，对判决更加信服。

2. 当事人（控辩）申请或人民检察院提出要求鉴定人出庭的，即使当事人没有申请或人民检察院没有提出的，人民法院根据案件情况认为鉴定人有必要出庭的，特别是存在多个不同的鉴定意见时，法庭也有权通知鉴定人出庭，要求鉴定人对鉴定的科学依据、鉴定步骤、鉴定方法、鉴定程序等方面进行说明，以免法院采信鉴定意见存在暗箱操作的嫌疑，损害判决的公正性。人民法院对于必要性判断仅仅属于程序上判断，只要当事人对鉴定意见存在异议，其异议具有合理的理由，就应当认为有必要性。有下列情形之一，人民法院可以作为有必要性的判断依据：鉴定材料的收集、提取、保管或者鉴定程序、方法等可能违反法律及相关规定的，或者存在多份鉴定意见且鉴定意见差异较大的，或者鉴定意见不明确的，或者鉴定依据、论证过程与鉴定意见存在矛盾的。

3. 司法鉴定人出庭作证属于一项法定义务，经人民法院通知出庭的，司法鉴定人应当出庭作证。《关于司法鉴定管理问题的决定》将鉴定人出庭作证提升到一项诉讼程序制度的高度，这对规范鉴定人出庭作证具有重要的意义。因为鉴定意见作为证据不仅涉及其本身的科学性，即使是DNA鉴定，其鉴定意见也不是完全客观的，它只是鉴定人对这些客观事实的认识，是从科学技术或者经验知识方面对客观事物的认识，带有一定的主观性，同时还牵扯当事人质证权的实现。只有鉴定人出庭作证，才能保障鉴定意见的质量和当事人质证权。

司法鉴定人经人民法院依法通知，应当按时出庭作证。鉴定人无正当理由，未经人民法院许可，不得拒绝出庭作证。有下列情形之一的，鉴定人可以不出庭作证：（1）庭前当事人（控辩）双方对鉴定意见没有争议的。（2）鉴定意见对案件不起直接决定作用的。（3）有权机关已经决定补充鉴定或者重新鉴定的。

二、司法鉴定人出庭作证的程序

司法鉴定人是否出庭应当以人民法院的出庭通知书为依据，人民法院的通知书是鉴定人出庭作证的法律凭证，也是规定鉴定人出庭作证义务的法律文书。委托人或者当事人的要求不是鉴定人出庭的依据。人民法院根据案件情况的需要应当依法履行通知鉴定人出庭作证的职责。

1. 人民法院通知鉴定人出庭的程序。我国《刑事诉讼法》第 192 条第 3 款规定："公诉人、当事人或者辩护人、诉讼代理人对鉴定意见有异议，人民法院认为鉴定人有必要出庭的，鉴定人应当出庭作证。"我国《民事诉讼法》第 78 条规定："当事人对鉴定意见有异议或者人民法院认为鉴定人有必要出庭的，鉴定人应当出庭作证。"最高人民法院《关于民事诉讼证据的若干规定》第 37 条规定："当事人对鉴定书的内容有异议的，应当在人民法院指定期间内以书面方式提出。对于当事人的异议，人民法院应当要求鉴定人作出解释、说明或者补充。人民法院认为有必要的，可以要求鉴定人对当事人未提出异议的内容进行解释、说明或者补充。"第 38 条规定："当事人在收到鉴定人的书面答复后仍有异议的，人民法院应当根据《诉讼费用交纳办法》第十一条的规定，通知有异议的当事人预交鉴定人出庭费用，并通知鉴定人出庭。有异议的当事人不预交鉴定人出庭费用的，视为放弃异议。双方当事人对鉴定意见均有异议的，分摊预交鉴定人出庭费用。"根据上述规定，当事人（控辩）双方对鉴定人出庭作证提出申请或者人民法院根据案件情况一般要求鉴定人作出解释、说明或者补充等答复，当事人在收到鉴定人的书面答复后仍有异议的，人民法院应当通知鉴定人出庭作证。法官在对鉴定意见进行审查时，发现了疑点或瑕疵，或者对某个专门性问题存在多份鉴定意见，或者鉴定人的意见互相矛盾的，法官可以直接向司法辅助工作部门的司法技术人员提出咨询或者技术审核，并参考司法辅助工作部门或者有关专家的意见决定是否通知鉴定人出庭作证。

最高人民法院《关于民事诉讼证据的若干规定》第 79 条规定："鉴定人依

照民事诉讼法第七十八条的规定出庭作证的,人民法院应当在开庭审理3日前将出庭的时间、地点及要求通知鉴定人。”法院决定通知鉴定人出庭的,应当依法通知司法鉴定人。通知书至迟在开庭3日以前送达。人民法院按照普通程序审理的案件,如果鉴定人在外地的,应考虑必要的在途时间。出庭通知应当采用书面形式,并注明开庭的时间、地点以及应注意的事项。

2.鉴定人接受人民法院出庭通知程序。鉴定人接到人民法院通知出庭的通知书时,应当在出庭通知书的送达回证上签字。对于逾期送达的,鉴定人可在送达回证上说明,也可以要求人民法院变更开庭日期。鉴定人签收送达回证后,应当积极准备出庭,按照人民法院通知要求的时间、地点等按时出庭作证,不得迟延。

鉴定人认为符合不出庭作证情形的,应当写出书面申请,及时提交人民法院,由人民法院决定是否出庭;对人民法院准许不出庭的,鉴定人可以通过书面形式说明或远程视频等视听传输技术等方式进行作证。但是,鉴定人不得无故不出庭,否则应当承担相应的法律责任。最高人民法院《关于审理医疗损害责任纠纷案件适用法律若干问题的解释》第13条规定:“鉴定人因健康原因、自然灾害等不可抗力或者其他正当理由不能按期出庭的,可以延期开庭;经人民法院许可,也可以通过书面说明、视听传输技术或者视听资料等方式作证”。人民法院也可以到鉴定人所在的场所进行询问,但是人民法院应当在合理的期间内通知人民检察院、当事人及其辩护人、诉讼代理人到场。

三、司法鉴定人出庭后的身份核实程序

鉴定人到庭后,审判人员应当先核实鉴定人的身份、与当事人及本案的关系,告知鉴定人应当如实提供鉴定意见和有意作虚假鉴定要负的法律责任。一般来说,核实出庭的鉴定人的身份包括以下几个方面的内容:一是鉴定人的自然身份,包括姓名、民族、出生日期、文化程度、职业、住址等;二是出庭鉴定人是否是该鉴定意见的鉴定人;三是鉴定人的资格,应查明鉴定人是否具有该专业

所涉及问题的鉴定能力，是否取得了该专业鉴定的执业证书以及是否在司法行政管理部门所核定的鉴定人名册中；四是鉴定人与案件当事人之间是否具有亲属、朋友关系或者其他特殊关系；五是鉴定人与案件是否有其他利害关系。

鉴定人出庭作证时，审判长首先核实其身份、鉴定资格、鉴定的业务范围、所在的鉴定机构以及与当事人、案件之间的关系后，告知其负有如实作证的义务。作证前，应当在如实作证的保证书上签名。

核实鉴定人身份的程序具有以下作用：一是核实鉴定人的身份，确定鉴定人是否是法庭通知的应当出庭的鉴定人，以免出庭作证的鉴定人名实不符；二是核实鉴定人的身份对于确定鉴定意见的证据能力和证明力具有决定性意义；三是核实鉴定人的身份是国际上通行的做法，也是程序公正的必然要求。

第五节　司法鉴定人出庭作证的权利与义务

司法鉴定人作为诉讼参与人提供的鉴定意见常常对当事人(控辩)双方证明的案件事实起着关键性的作用，其出庭作证应当享有一定的诉讼权利并履行相应的义务，当其权利受到损害或者威胁时，也应当受到法律的保护。无论是《关于司法鉴定管理问题的决定》，抑或是我国《刑事诉讼法》《民事诉讼法》，均对鉴定人出庭作证的权利和义务作了相应规定。但从规定的内容来看，规定多偏重于义务性限制，对鉴定人出庭的权益规定较少。尽管如此，鉴定人出庭作证仍需对其应然性的权利与承担的义务有一个较为详细的了解与认识，这对其在法庭上依法作证具有重要的现实意义。

一、司法鉴定人出庭作证的权利

1. 司法鉴定人受理鉴定委托后，有权了解案情，查阅与鉴定有关的案卷资料，如勘验笔录、检验笔录、审讯笔录等，询问与鉴定事项有关的当事人、证人等,经委托机关许可可向被告人或者其他有关人员了解情况。全面了解案件情况,是科学鉴定的基础性工作。而我国法律规定,鉴定委托机关仅向鉴定人送交有关检材和对比样本等原始材料,介绍与鉴定有关的情况。这不仅可能导致司法鉴定人对案件情况了解太少,难以作出最终结论,而且由于司法鉴定人对与鉴定有关案情的了解是通过委托人介绍的,这种介绍难免带有委托人的主观烙印而有失客观,为司法鉴定人作出正确结论制造了人为的障碍。尤其是在一些重大复杂的刑事案件中,由于司法鉴定人对案情了解得太少,难以作出排他性的、准确性的鉴定意见。因此,赋予一定的诉讼参与权给司法鉴定人,是科学鉴定的内在要求。

2. 司法鉴定人独立发表鉴定意见的权利。司法鉴定人有权独立出具自己的鉴定意见,这是在鉴定过程中十分重要的。鉴定意见是司法鉴定人运用自己所掌握的专业知识就案件中涉及的某一专门性问题作出的科学判断。这种判断可能左右审判官的判决,必须保证司法鉴定人在作出鉴定意见时的内心独立性,外界不得干扰,以免鉴定人因受案情、人情、上级或外界压力的影响而使鉴定意见偏离科学轨道。《公安机关鉴定规则》第 8 条规定:“……(三)在鉴定业务范围内表达本人的意见;(四)与其他鉴定人的鉴定意见不一致时,可以保留意见;……”在鉴定过程中,司法鉴定人或鉴定机构之间,对于不同鉴定的鉴定意见,不能以少数服从多数、下级服从上级的方式来统一鉴定的结论,司法鉴定人之间的意见也不能强求一致。司法鉴定人对自己所作出的鉴定意见负完全责任,因此在“共同鉴定”的案件中,如果经过充分讨论仍不能取得一致的鉴定意见,司法鉴定人有权保留自己的意见,并可把不同的意见及其根据写入鉴定书中。实践中,鉴定人专业语言体系与法庭表述要求存在差异,当鉴定意见是案件定罪量刑的基本依据,而作为证据本身的内容较为抽象、专业时,鉴定人出庭需要将鉴定意见中专业术语转化为通俗易懂的语言,并直接回应被告人和辩护人对鉴定人资格及鉴定过程、结论等内容的异议,以便增强鉴定意见的说服力和可采性。

3. 司法鉴定人人身不受侵犯的权利。由于鉴定意见对定案处理有着至关重要的作用,因而在司法实践中,对司法鉴定人的威胁,引诱及打击报复现象也时有发生,亟须为司法鉴定人制定严密的人身保护制度,而我国在这些方面缺少规定。建立司法鉴定人保护制度对于保障司法鉴定人严格依法鉴定,提高司法鉴定人的出庭作证率,保证鉴定意见的客观公正及维护鉴定的合法权益都具有重要的意义。实践中,还存在鉴定人因害怕遭遇打击报复不敢出庭的情况。调研发现,35.1%的鉴定人员惧怕本人或者亲属人身、财产等权益受到损害,而不愿到庭。面对伤情成因鉴定等易形成信访焦点的问题,或者对于涉黑涉恐等重大、敏感类案件,司法鉴定人仍会拒绝出庭。① 因此,我国应积极为鉴定人出庭创造条件,建立司法鉴定人人身保护制度。《联合国反腐败公约》第32条规定,各缔约国均应当根据本国法律制度并在其力所能及的范围内采取适当的措施,为就根据本公约确立的犯罪作证的证人和鉴定人并酌情为其亲属及其他与其关系密切者提供有效的保护,使其免遭可能的报复或者恐吓。保护措施包括制定提供人身保护的程序、规定允许以确保证人和鉴定人安全的方式作证的取证规则。

最高人民法院《关于民事诉讼证据的若干规定》第80条第1款规定:"鉴定人应当就鉴定事项如实答复当事人的异议和审判人员的询问。当庭答复确有困难的,经人民法院准许,可以在庭审结束后书面答复。"在交叉询问中,如果一方当事人有不当询问,另一方当事人享有提出异议的权利。异议权的范围仅限于不当询问和不当回答。异议权人应当及时提出,并简单说明理由,由法院决定。在法院决定前,鉴定人应当停止陈述,等待决定。对于法院的决定,当事人和鉴定人不得申请复议或以此作为上诉的理由。同时,在询问过程中,法官应掌握询问内容与保密之间的界限,凡是询问涉及国家秘密、鉴定人或其他个人隐私、侦查秘密的,法官应当及时予以制止,鉴定人应当不予回答或拒绝回

① 张勇、钱岩:《鉴定人、有专门知识的人出庭制度构建》,载《法律适用》2018年第19期。

答。在询问过程中，当事人应尊重鉴定人的人格尊严，不得故意通过询问来刁难鉴定人，更不能侮辱或者威胁鉴定人。

4. 司法鉴定人对侵犯诉讼权利行为有提出控告的权利。司法鉴定人作为中立的诉讼参与人，在出庭作证过程中如合法权利受到侵害，有权向人民检察院提出控告。对于职权机关的控告，人民检察院应当依法予以监督。我国《民事诉讼法》第77条第1款规定："鉴定人有权了解进行鉴定所需要的案件材料，必要时可以询问当事人、证人。"如司法鉴定人在询问当事人、证人过程受到其他组织、个人干预的，或者司法鉴定人准备出庭作证而受到阻挠的，有权向人民法院、人民检察院、公安机关提出控告。同时，这种控告权还包括在司法鉴定人行使保障自己以及近亲属的人身安全的请求权，但办案机关没有及时予以保障时，对办案机关提出控告的权利。

二、司法鉴定人出庭作证的义务

出庭作证是鉴定人的法定义务，非因特殊情况，鉴定人有违反规定情形的，由执业证书颁发机关给予警告，同时责令改正有违法所得的，处违法所得的1倍以上3倍以下的罚款，但最高不得超过人民币3万元。

1. 按时出庭作证义务。鉴定人接到人民法院通知出庭的通知书时，应当在出庭通知书的送达回证上签字。对于逾期送达的，鉴定人可在送达回证上说明，也可以要求人民法院变更开庭日期。鉴定人在签收送达回证后，应当积极准备出庭，按照人民法院通知要求的时间、地点等按时出庭作证，不得迟延。

鉴定人认为符合不出庭作证情形的，应当写出书面申请，及时提交人民法院，由人民法院决定是否出庭；对人民法院准许不出庭的，鉴定人可以书面的形式答复当事人的质询。但是，鉴定人无故不出庭的，应当承担相应的法律责任。最高人民法院《关于民事诉讼证据的若干规定》第81条规定："鉴定人拒不出庭作证的，鉴定意见不得作为认定案件事实的根据。人民法院应当建议有关主管部门或者组织对拒不出庭作证的鉴定人予以处罚。当事人要求退还鉴定费用的，人民法院应当在三日内作出裁定，责令鉴定人退还；拒不退还的，由人民法院依法执行。”

鉴定人有正当理由无法出庭作证的，可以通过视听传输技术等现代信息技术远程作证；人民法院也可以到鉴定人所在的场所进行询问，但是人民法院应当在合理的期间内通知人民检察院、当事人及其辩护人、诉讼代理人到场。司法鉴定人出庭作证既是法庭查明事实的需要，也是当事人质证权得以实现的必然要求。对鉴定意见存在分歧或者争议，且该意见对案件事实的认定存在一定影响或者起关键性作用的，司法鉴定人应当出庭，否则，其所提交的书面鉴定意见不具有证据能力，也不能作为认定案件事实的依据。

2. 说明与解释义务。鉴定人经过人民法院通知出庭后，不仅应履行依法出庭的义务，而且还应当履行出庭后解释、说明以及回答质疑、询问的义务。司法鉴定人在诉讼中接受指派或聘请，或者当事人的委托进行鉴定，除应当运用科学技术或者专门知识客观、负责地进行鉴定和提供鉴定意见外，还应当履行出庭作证的说明与解释义务。这种义务是鉴定义务的组成部分，也是基于鉴定活动而产生的“附随义务”，属于一种无须协议或者合同约定的法定义务。作为一方当事人或者职能部门委托或者指派或聘请的司法鉴定人，应当出庭作证，说明鉴定依据原理的科学性、鉴定技术方法的科学性、适用鉴定标准的正确性，以及如何得出鉴定意见的逻辑性和当然性，尤其是结论是否具有唯一性。如果仅出庭而不履行说明与解释义务，应当承担相应的责任。

3. 出庭如实作证或如实回答质询义务。最高人民法院《关于民事诉讼证据的若干规定》第 80 条规定：“鉴定人应当就鉴定事项如实答复当事人的异议和审判人员的询问。”对司法鉴定人作虚假鉴定，不如实回答质询或者故意作虚假回答造成损害的，应当予以赔偿；情节严重的，应依法追究刑事责任。根据我国《刑法》第 305 条的规定，在刑事诉讼中，证人、鉴定人、记录人、翻译人对与案件有重要关系的情节，故意作虚假证明、鉴定、记录、翻译，意图陷害他人或者隐匿罪证的，处 3 年以下有期徒刑或者拘役；情节严重的，处 3 年以上 7 年以下有期徒刑。鉴定人在刑事诉讼中故意作虚假鉴定,意图陷害他人或者隐匿罪证且虚假鉴定意见属于证明案件的关键性证据或者与案件有重要关系的,构成伪证罪。这种犯罪侵犯的客体是国家审判的安全,属于抽象的危险犯。它既不要求现实上发生侵害国家审判作用的结果,也不要求有发生这种结果的具体的危险,这对于减少和消除鉴定人作虚假鉴定的现象是具有积极意义的。因此,有必要将司法鉴定人的伪证责任扩大到民事诉讼和行政诉讼中,以遏制虚假鉴定行为的发生。

4. 接受质证或者询问的义务。鉴定人出庭作证是其应当履行的法定义务,也是帮助法院查明案件事实应当是其首要的职责。鉴定人作为当事人用以证明其事实观点的特殊证人,对法官或当事人就书面报告或口头结论提出的问题,鉴定人应进行解释说明,应当认真履行对鉴定意见内容的接受质疑与对其解释说明质问的义务。当事人聘请的专家辅助人(专门知识的人),有权代表当事人对专业问题所进行的讨论和对质,因而庭审中鉴定人与专家辅助人之间发生的争论,法庭应当让他们充分发表意见,并对发表意见的根据和理由予以说明。

5. 遵守法庭纪律和保守秘密的义务。司法鉴定人出庭应当服从法庭依法指挥,遵守法庭礼仪,不得对庭审活动进行录音、录像、摄影,或者通过发送邮件、博客、微信等方式传播庭审情况,不得旁听对作证案件的审理;应当保守在执业活动中知悉的国家秘密、商业秘密和个人隐私并履行法律、法规规定的其他义务。

三、司法鉴定人出庭作证的责任

在传唤鉴定人出庭作证时,应告知有关的责任。在传唤鉴定人时,应当告知应传不到的法律后果。对于无正当理由,经传唤而不到庭的,应当承担因此产生的费用,同时相应的法律责任。如果鉴定人及时说明应传不到的正当理由的,可以不承担责任。司法鉴定人出庭作证程序规则应当对其不出庭作证,或者出庭不作证,或者出庭作伪证等问题作出相应的规定。

司法鉴定人提供书面鉴定意见而不出庭作证在有些国家被视为传闻证据,因其影响了当事人的质证权利的实现,且其真实性难以判断,从而一般被排除适用。我国有关司法解释虽然对鉴定人出庭作证的例外情形作了原则的规定,但是没有明确规定提供书面鉴定意见而鉴定人不出庭的法律后果,以至于在我国诉讼实践中大量使用书面鉴定意见,对该问题需要予以规范。

1. 鉴定人拒绝出庭作证的责任。司法鉴定人出庭作证既是法庭查明事实的需要,也是当事人质证权得以实现的必然要求。最高人民法院《关于民事诉讼证据的若干规定》第 81 条规定:“鉴定人拒不出庭作证的,鉴定意见不得作为认定案件事实的根据。人民法院应当建议有关主管部门或者组织对拒不出庭作证的鉴定人予以处罚。当事人要求退还鉴定费用的,人民法院应当在三日内作出裁定,责令鉴定人退还;拒不退还的,由人民法院依法执行。”对鉴定意见存在分歧或者争议,且该意见对案件事实的认定存在一定影响或者起关键性作用的,鉴定人应当出庭作证;否则,所提交的书面鉴定意见不具有证据能力,也不能作为认定案件事实的依据,适用传闻证据规则排除适用。

司法鉴定人不出庭而提供的书面鉴定意见,一旦允许当庭宣读,因其未经质证而被采纳,不仅影响鉴定意见的真实性和合法性,侵害当事人的质证权,而且在一定程度上也有可能导致案件事实的错认。虽然“绝大多数鉴定人是凭着技能和良心完成任务的;而且,在很多情况下,他们的工作会使真相大白。但是他们也会出错,而这种错误将带来严重后果”。① 因此,法律应当对出庭作证的鉴定人拒绝出庭而提供的书面鉴定意见的证据效力进行规范,促使鉴定人依法出庭作证。

无论是法律还是相关规定,都可以明确规定鉴定人不出庭所提供的书面鉴定意见不得作为定案的证据,并且不规定例外的情况,即鉴定人经人民法院依

---

① [法]勒内·弗洛里奥:《错案》,赵淑美、张洪竹译,法律出版社 2013 年版,第 177 页。

法通知,拒绝出庭作证的,其提供的书面鉴定意见不得作为定案的根据。我国目前鉴定人不出庭作证的情况很普遍,特别是侦查机关的鉴定人。在此情况下,法律应当规范的是不出庭作证仅提供书面鉴定意见的证据效力问题,需要对其作出否定性的评价,对于例外的情况无须再作规定,因为法律的例外情形在实践中已普遍存在,无须规定也能使"法律规定的例外"得到充分实施。在实践中,对此做了一些变通。鉴定人由于不能抗拒的原因或者有其他正当理由无法出庭的,人民法院可以根据情况决定延期审理或者重新鉴定。最高人民法院《关于审理医疗损害责任纠纷案件适用法律若干问题的解释》第 13 条规定,无法定理由的,"鉴定人拒绝出庭作证,当事人对鉴定意见又不认可的,对该鉴定意见不予采信"。实质上,该规定是承认书面鉴定意见的证据能力,且存在其他证据来确定鉴定意见的效力问题,与有些鉴定意见甄别其他证据的真假或者揭示其他证据与案件之间的关系不相吻合,也忽略了鉴定意见与其他证据的区别。

2. 鉴定人违反出庭作证的诉讼法责任。司法鉴定人经过人民法院依法通知拒不出庭作证的,出庭后不回答或拒绝回答质询的,不如实作证或不如实回答质询的,作证时违反法庭纪律或妨害诉讼活动的,应当承担相应的法律责任。对司法鉴定人拒不出庭的,可建议有关机关予以纪律处分、停止执业或者取消其司法鉴定人资格;对司法鉴定人作虚假鉴定,不如实回答质询,导致当事人财产损害的,应当予以赔偿;情节严重的,应依法追究刑事责任。我们这里所说的司法鉴定人出庭作证的诉讼法上的责任,一般包括违反出庭作证义务的法律责任和违反如实作证义务(虚假鉴定)的法律责任。

鉴定人在诉讼中接受指派或聘请,或者当事人的委托进行鉴定,除应当运用科学技术或者专门知识客观、负责地进行鉴定和提供鉴定意见外,还应当履行出庭作证的义务。这种义务是鉴定义务的组成部分,也是基于鉴定活动而产生的"附随义务",属于一种无须协议或者合同约定的法定义务。法律对于负有出庭作证义务的司法鉴定人拒绝出庭作证,并经法庭依法传唤后拒绝出庭的,其鉴定意见除适用证据法上的排除规则外,情节较轻的,应当受到行政处分或者处罚;情节严重的,应当受到刑罚处罚。如美国《联邦地区法院民事诉讼规定》第 53 条第 4 款第 2 项规定,如果没有充分的理由,证人不出庭或不提供证言,将被处以藐视法庭罪,并且服从本规定第 37 条和第 45 条规定的诸种后果、制裁及救济方法。我国《关于司法鉴定管理问题的决定》第 13 条规定:"鉴定人或者鉴定机构有违反本决定规定行为的,由省级人民政府司法行政部门予以警告,责令改正。鉴定人或者鉴定机构有下列情形之一的,由省级人民政府司法行政部门给予停止从事司法鉴定业务三个月以上一年以下的处罚;情节严重的,撤销登记……(三)经人民法院依法通知,拒绝出庭作证的……"司法部、公安部和最高人民检察院根据该决定的规定制定了相应的规章和司法解释。

经法院通知无正当理由拒不到庭或到庭后不如实回答质询的,依不同情节作下列处理:(1)训诫、具结悔过并责令其到庭。(2)经训诫后仍不到庭或不质证者,应视具体情节建议司法行政机关作相应处理。(3)司法鉴定人故意毁损、更换鉴定材料,应承担妨碍诉讼的民事或刑事责任。国外对拒不到庭作证的鉴定人规定了罚款、拘留等强制措施,可以逮捕或以藐视法庭罪给予处罚。由于我国《刑事诉讼法》规定的强制措施适用的对象仅为犯罪嫌疑人和被告人,对于鉴定人不应存有强制措施的规定。司法鉴定人不同于普通的证人,他具有可替代性,即使不出庭作证,法庭可以通过其他鉴定人实施鉴定并出庭提供鉴定意见来达到目的。对于无正当理由拒绝出庭作证的鉴定人,法庭可以通过不采纳其提供的鉴定意见的方式处理,无须像普通证人那样采用强制措施强制鉴定人出庭。

对鉴定人拒绝出庭作证的手段和措施主要有以下三种:一是对首次收到人民法院作证通知书而不到庭提供鉴定意见的鉴定人,予以警告,责令改正。二是对经人民法院依法两次传唤无正当理由拒不到庭或者出庭后拒绝回答与鉴定有关问题的,给予停止从事司法鉴定业务 3 个月以上 1 年以下的处罚;对经人民法院依法 3 次以上传唤无正当理由拒不到庭或者出庭后经过警告后仍然拒绝回答与鉴定有关问题的，撤销登记。[①] 三是人民法院对经依法通知出庭作证的司法鉴定人没有出庭的，或者出庭后不依法作证的，除对违反法庭规则的可以依法处理外，应当将有关情况及时移送其所在的登记管理部门处理。司法鉴定管理部门在接到人民法院移送的材料后，由省级人民政府司法行政部门进行审查，情节较轻的，予以警告，责令改正；情节较重的，给予停止从事司法鉴定业务 3 个月以上 1 年以下的处罚；情节严重的，撤销登记。省级人民政府司法行政部门应当依法及时作出处理，并将处理的决定抄送人民法院。

3. 违反如实作证义务的法律责任。司法鉴定人出庭如实作证是鉴定发挥功能以及诉讼活动得以顺利进行的必要条件，也是鉴定作为服务于诉讼活动的前提。世界许多国家对鉴定人(专家证人)故意弄虚作假，隐匿事实真相，妨碍司法活动的行为，规定追究刑事责任。

司法鉴定人应当科学、客观、独立、公正地从事司法鉴定活动，遵守法律、法规的规定，遵守职业道德和职业纪律，遵守司法鉴定管理规范。司法鉴定人在民事诉讼、行政诉讼中作虚假鉴定的，不负刑事责任，可通过侵权责任或者行政制裁予以规制。《公安机关鉴定规则》第 58 条规定："鉴定人在鉴定工作中玩忽职守、以权谋私、收受贿赂，或者故意损毁检材、泄露鉴定意见情节、后果严重的，或者故意作虚假鉴定、泄露国家秘密的，依据有关法律、法规进行处理；构成犯罪的，依法追究刑事责任。"在刑事诉讼中，鉴定人故意作虚假鉴定，意图陷害他人或者隐匿罪证的且虚假鉴定意见属于证明案件的关键性证据或者与案件有重要关系的，应当负刑事责任，处 3 年以下有期徒刑或者拘役；情节严重的，处 3 年以上 7 年以下有期徒刑。

司法鉴定人在刑事诉讼中故意作虚假鉴定，意图陷害他人或者隐匿罪证，

---

① 其中的情节严重主要是指：(1)因严重不负责给当事人合法权益造成特别重大损失的；(2)完全不具备《关于司法鉴定管理问题的决定》规定的条件而伪造有关证明文件骗取登记的；(3)经人民法院依法通知，多次拒绝出庭作证的；(4)严重违反法律、行政法规规定的其他情形，影响特别恶劣的；(5)鉴定人故意作虚假鉴定，不构成犯罪的，并具备严重情节的。

且该鉴定意见属于证明案件的关键性证据或者与案件有重要关系的,构成伪证罪。这种罪侵犯的客体是国家审判的安全,它是抽象的危险犯,既不要求现实上发生侵害国家审判作用的结果,也不要求有发生这种结果的具体的危险。从一定意义上来说,健全和严格鉴定人责任制度对于提高鉴定人出庭作证率、减少和消除鉴定人作虚假鉴定的现象都具有非常重要的意义。因此,有必要将司法鉴定人的伪证责任扩大到民事诉讼和行政诉讼中,特别是虚假诉讼案件。因为民事诉讼和行政诉讼仅靠民事赔偿和行政处罚还不足以遏制虚假鉴定行为的发生。

第二章　司法鉴定人出庭作证的程序

第一节　司法鉴定人出庭作证程序的启动

司法鉴定人出庭作证在我国诉讼活动中始终是一个困扰性的问题，尽管原因各不相同，但司法鉴定人出庭作证率不高是个突出的现象。有些专家学者把鉴定人出庭作证率低的主要原因归结为司法鉴定人不愿意出庭。[①] 鉴定人出庭率低的问题并不是出现在鉴定人环节，而是出现在鉴定人出庭作证的启动上。认真分析司法鉴定人出庭作证的启动条件对于客观分析我国司法鉴定人出庭作证面临的问题有很大帮助。

司法鉴定人在什么情况下出庭？是否委托鉴定的案件都需要出庭？出庭率是否是衡量司法鉴定工作质量的标准？这些问题一直困扰着一些司法鉴定实务工作者。应该说，司法鉴定人出庭作证，具有一定的被动性。该程序的启动，应满足一定的条件。《关于司法鉴定管理问题的决定》第 11 条规定："在诉讼中，当事人对鉴定意见有异议的，经人民法院依法通知，鉴定人应当出庭作证。"我国《刑事诉讼法》第 197 条第 3 款规定："公诉人、当事人或者辩护人、诉讼代理人对鉴定意见有异议，人民法院认为鉴定人有必要出庭的，鉴定人应当出庭作证。"也就是说，只有当事人对鉴定意见有异议，人民法院认为有必要并且依法通知鉴定人出庭，鉴定人才能够出庭作证。在司法实践中，还有一些情

---

① 潘广俊：《司法行政机关对司法鉴定人出庭作证保障制度研究》，载《中国司法鉴定》2016 年第 2 期。

形，当事人虽未提出异议，人民法院在审理过程中认为有必要通知鉴定人出庭的，鉴定人也应当出庭作证。我国《民事诉讼法》第 78 条规定："当事人对鉴定意见有异议或者人民法院认为鉴定人有必要出庭的，鉴定人应当出庭作证。"最高人民法院《关于民事诉讼证据的若干规定》第 79 条规定："鉴定人依照民事诉讼法第七十八条的规定出庭作证的，人民法院应当在开庭审理三日前将出庭的时间、地点及要求通知鉴定人。委托机构鉴定的，应当由从事鉴定的人员代表机构出庭。"可见，司法鉴定人出庭作证程序的启动是有一定条件的。

一、当事人对鉴定意见有异议是启动司法鉴定人出庭作证的先决条件

鉴定意见作为我国法定的证据种类之一，往往对案件事实认定或最终的判决有着重要的作用。因为它对维护当事人的利益有着举足轻重的影响，所以，当事人通常会对司法鉴定问题非常重视。而一旦作出的鉴定意见对己方不利，多数当事人就会对鉴定意见的真实性产生怀疑，消除这种怀疑最好的途径就是要求鉴定人出庭作证。这种当事人对于己方不利证据进行质证的权利，应该是诉讼活动中当事人依法享有的一项重要的诉讼权利。

实践中，当事人及其代理人一般会从司法鉴定的主体资格、司法鉴定的程序、送检材料的真实性、合法性及充分性、鉴定方法标准的适用性及鉴定文书的规范性等方面提出质疑，其最终目的就是要否定或排除不利于自己的鉴定意见。审判机关要在诉讼过程中保障当事人对鉴定意见提出合理怀疑的权利。为此，人民法院应及时向当事人告知或送达鉴定意见，使其了解、知悉鉴定意见的内容，有充分的时间对鉴定意见进行研究，同时应允许当事人向人民法院对其已获悉的鉴定意见是否有异议表明态度并提出书面申请要求鉴定人出庭。

我国的民事诉讼法和行政诉讼法已经建立了由法官主持的庭前当事人证据交换制度，使当事人不仅在庭前有条件获知案内已有的鉴定意见，而且有机会向法官表达是否对鉴定意见有异议，这就为确定哪些案件的鉴定人应当出庭作证创造了条件。在刑事诉讼中，我国仅要求"侦查机关应当将用作证据的鉴

定意见告知犯罪嫌疑人、被害人。如果犯罪嫌疑人、被害人提出申请,可以补充鉴定或者重新鉴定”。从司法实践来看,有不少鉴定意见都是在法庭审理过程中,因一方或双方当事人提出要求,经法院委托或由法院依职权委托有关鉴定人员对有关案件事实进行首次鉴定或补充、重新鉴定。因此,解决鉴定人出庭作证问题,不仅要重视审前程序的设置,也要重视审理过程中的相关程序问题。

当事人对鉴定意见的异议及对鉴定人出庭作证的申请应当以书面形式进行,并且应当在开庭 10 日以前提出。鉴定人出庭作证申请书应包括以下一些内容:受理法院、申请事项、申请理由、申请人。其模板如下:

鉴定人出庭作证申请书

申请人:×××

通信地址:××省××市××区××路××号××大厦×座×××室

申请事项:通知鉴定人出庭作证。

申请理由:

陈某涉嫌非法行医罪一案,申请人是陈某的辩护人。

××市××区人民检察院向贵院提交了由××司法鉴定中心出具的医疗事故技术鉴定书(×医鉴××××－××号)。该鉴定书认定陈某的医疗过失行为与患者王某的死亡存在部分因果关系。申请人认为该鉴定书中存在鉴定主体资格不符、鉴定所依据的方法标准不当的问题。为了解决本案涉及医学专业方面的问题,更好地查明本案事实,根据《刑事诉讼法》的相关规定,特向贵院申请通知参与上述鉴定的专家组出庭。

请贵院同意并通知。

此致

××市××区人民法院

申请人:×××

××××年××月××日

与之不同的是,在司法实践中,还存在案件的当事人对不利于己方的鉴定意见不提出异议,或仅是在口头上提出异议,让其提供书面申请时却又放弃。进一步分析其原因,发现在很多案件中,当事人对鉴定意见是有预判的。以笔迹鉴定为例,文件物证中的字迹是否为其自己书写,当事人心知肚明,只是基于一丝侥幸的心理,在诉讼中提出鉴定的申请。一旦作出的鉴定意见与客观事实相一致,即使此时鉴定意见对自己不利,一些当事人也会尊重结果;而有些当事人即使在公布鉴定意见时口头表示不接受,但事后也往往不会再提出要求鉴定人出庭的申请。这种现象的存在恰恰是司法鉴定科学性的反映。司法鉴定的属性之一就是科学性,即鉴定所依据的原理、使用的技术和方法标准是科学的,所以绝大多数鉴定意见必然是客观准确的。而在一个诚信社会中,对客观准确的鉴定意见,绝大多数人是应该会接受的,此时不应该鼓励当事人对本已确定的鉴定意见再进行质疑。这既有助于诉讼效率的提高,也有助于和谐社会的构建。当事人对鉴定意见不提出异议,自然鉴定人就很难出庭作证了,这或许是我国目前司法鉴定出庭作证需求不高的主要原因之一。

综上所述,可以这样简单地归纳:(1)当事人对鉴定意见有异议并提出书面申请的,鉴定人应当出庭作证。(2)当事人对鉴定意见无异议的或虽口头上有异议但并未提出书面申请的,鉴定人不必出庭。可见,当事人对鉴定意见有异议是启动鉴定人出庭作证的先决条件。

二、人民法院认为有必要是启动司法鉴定人出庭作证的必要条件

在是否启动司法鉴定人出庭作证程序的问题上,案件的当事人具有申请权,而人民法院拥有最后决定权。在司法实践中,对所有的当事人对鉴定意见提出异议申请的案件是否全部同意司法鉴定人出庭作证,学界有着不同的观点。有人认为,诉讼法规定的“当事人对鉴定意见有异议”与“人民法院认为有必要”这两个启动鉴定人出庭作证的条件,前者是实质条件,后者是程序条件,实质条件决定程序条件，即只要当事人对鉴定意见有异议的，无论其提出的质疑理由是否合理，人民法院都应当无条件地通知鉴定人出庭作证。在这个问题上，人民法院没有也不应该有自由裁量权。① 也有人认为，针对当事人提出的要求司法鉴定人出庭作证的申请，法官应该发挥"守门员"的作用，最终决定权在法官。② 对那些只因鉴定意见对自己不利就提出异议或是仅想通过鉴定人出庭作证以拖延诉讼，而没有合理的理由进行的质疑，人民法院应予拒绝，从而提高诉讼效率，避免诉讼资源的浪费。在是否启动司法鉴定人出庭作证这一问题上，法官应该依职权拥有最终的决定权。

法官对启动司法鉴定人出庭作证的决定权一方面表现在法官应该对当事人针对鉴定意见提出的质疑理由的合理性进行初步判断。对于有合理怀疑依据的，应当准许其鉴定人出庭作证的申请；而对于缺乏合理依据的质疑，应通知申请人补充理由或作出不予准许其出庭申请的决定。判断当事人对鉴定意见质疑的理由是否合理，应从以下几方面进行参考：(1)针对鉴定的主体资格提出质证意见。这又表现为两个方面：一是针对鉴定机构是否具备法定的形式要件而提出质疑或质询；二是针对鉴定人是否具备具有从事所涉鉴定业务的法定形式要件及实质能力而提出质疑或质询。由于我国的鉴定机构和鉴定人实行名册制度，其资格条件由省级司法行政部门在准入时负责进行审查，只有满足法定条件的才可被授予鉴定资格，因而对于此方面的质疑可以通过要求鉴定方提供相关证书证明或由省级司法行政部门加以证明，而无须一定通过司法鉴定人出庭作证加以解决。(2)针对鉴定意见是否符合相关形式要件提出质证意见。这方面包括鉴定意见的书面格式、鉴定人的人数、鉴定人的签名或盖章等问题。(3)针对鉴定中所涉的检材及其来源提出质证意见。鉴定活动必须有

---

① 杨海云：《也谈人民法院通知鉴定人出庭作证——兼议青海高院〈关于鉴定人出庭作证若干问题的规定〉》，载新浪网，http://finance.sina.com.cn/sf/news/2015-12-23/142414510.html。

② 黄建炳、季炳均：《浅论司法鉴定人出庭质证》，载《海峡科学》2015年第11期。

供鉴定所用的检材,而检材的来源是否真实、合格、合法都直接关系到鉴定意见的正确、合法、有效。(4)针对进行鉴定所采用的技术方法和标准提出质证意见。通俗地说,所谓鉴定就是采用科学方法、技术手段对未知的、或不确定的事物的真相进行探测、分析、判断。在此过程中,方法是否科学,手段有无技术保障对鉴定意见的正确性具有重要的影响。因此,这往往是人们对鉴定意见进行质证的重要方面。(5)针对形成鉴定意见的科学原理和(或)理论依据提出质证意见。后四项的质疑决定了鉴定意见的得出是否能在程序和技术两方面符合相关规定,是否客观可靠,是否具有证据价值而被采信,因此应该启动司法鉴定人出庭作证来加以解决。

法官对司法鉴定人出庭作证启动的决定权另一方面表现在司法实践中,有一些案件的鉴定意见,当事人虽未提出异议,但人民法院在审理过程中认为有必要要求鉴定人出庭加以解释,这时法官可以依职权直接启动鉴定人出庭作证。比如,鉴定意见明显存在疑点、鉴定文书阐释不清或存在明显矛盾、鉴定意见与其他证据材料相反或存在严重分歧、重大案件中鉴定意见对案件的事实认定及法律适用具有重大作用等。这主要是基于法官对证据的主动审查责任和对鉴定书中存疑问题的甄别。

综上可见,“在诉讼中,当事人对鉴定意见有异议的,人民法院认为有必要,经人民法院依法通知,鉴定人应当出庭作证”。根据这一规定,在诉讼(包括刑事诉讼、民事诉讼和行政诉讼)中,鉴定人出庭作证取决于两个条件:一是当事人对案内已形成的鉴定意见有异议;二是人民法院依法通知。在这两个条件下,鉴定人就应当出庭作证,反之,鉴定人则不需要出庭作证或可以不出庭作证。

第二节 司法鉴定人出庭作证的通知

当事人对鉴定意见提出异议而申请司法鉴定人出庭作证,人民法院受理后认为有必要;或者当事人虽未对鉴定意见提出异议而人民法院在审理过程中认为鉴定意见可能存在问题而依职权直接决定鉴定人出庭作证,应及时通知司法鉴定人出庭作证。

一、通知的形式

对司法鉴定人出庭作证的通知,应当以书面形式进行。在司法实践中,曾存在用传票通知司法鉴定人出庭的情况,这是不恰当的。司法鉴定人作为诉讼参与人,承担着解决案件中专门性问题的任务,其诉讼地位不同于当事人。在某种意义上,他是帮助法庭来解决案件审理中遇到的专业问题的,因此在大陆法系享有"法官的科学助手"或"科学法官"的美誉。如果以传票的方式通知司法鉴定人到庭,是对其身份和职业的不尊重。应由最高人民法院统一设计专门的司法鉴定人出庭作证通知书来通知司法鉴定人出庭作证。

二、通知的内容

司法鉴定人出庭作证通知书上的内容应统一、规范。其上应注明需出庭鉴定人的姓名、鉴定文书编号、案件当事人姓名、出庭事由和拟作证事项,以及到庭作证的时间、地点、出庭的注意事项和出庭的联系人、联系方式等内容。需要注意的是通知书上应注明"拟作证事项"。法官通过庭前的鉴定材料和鉴定意见的公示,收集双方当事人发表的证据意见,对所需要证明的案件事实进行整理分类,确定双方争议的主要问题(争议焦点),使庭审活动围绕当事人双方争议的主要问题开展,保证诉讼重点突出,效率提高。这是保证当事人质疑鉴定意见并提出鉴定人出庭申请以及鉴定人准备出庭的前提,并有助保证质证效果。其另一个积极意义在于防范当事人不正当的“诉讼技巧”和对鉴定人的专业尊重。同时应该加附当事人的书面申请材料。模板如下：

××人民法院

通 知 书

（××××）××××字第××号

×××××司法鉴定所（中心）：

本院受理的×××诉×××（当事人的姓名或者名称及案由）纠纷一案，×××（申请鉴定人出庭的当事人的姓名或名称）对你单位作出的（鉴定意见书文号）鉴定意见有异议，向本院提出鉴定人出庭作证申请，本院经审查予以准许。本案定于××××年××月××日××时××分在本院××法庭进行开庭审理，请你单位指派相关鉴定人准时出庭。现将有关事项通知如下：

1. 请于开庭三日前将出庭鉴定人名单和联系方式告知案件承办人或书记员。

2. 鉴定人出庭应携带身份证或其他有效证件、鉴定机构公函等证明材料。

3. 鉴定人出庭作证应如实回答审判人员和当事人的询问，如实陈述意见。

4. 鉴定人出庭作证应遵守法庭规则，听从审判人员的指挥。

5. 出庭鉴定人的人格尊严、人身安全及其他合法权利受法律保护。

特此通知。

附：当事人提交的书面申请材料。

案件承办人：×××，联系电话：×××××××××

书 记 员：×××，联系电话：×××××××××

本 院 地 址：×××××××××××

××××年××月××日

三、通知的时机

人民法院在作出启动司法鉴定人出庭作证的决定后，应该尽快通知司法鉴定人出庭,并且至少于开庭前5个工作日通知到鉴定人。这是因为,一方面,司法鉴定人日常鉴定工作比较繁忙,经常会外出现场取证或为其他案件出庭作证,尤其目前司法鉴定的委托不分地域,所以现在异地出差的频率很高。有些高等院校或科研机构的兼职鉴定人还承担着教学和科研等任务,如果时间存在冲突需要进行调整。另一方面,出庭作证的申请往往发生在鉴定很久之后,鉴定人需要足够的时间来重新熟悉案卷,准备答辩材料,这样方能保证一定的质证效果。

四、通知的接收或延期

司法鉴定机构收到司法鉴定人出庭作证通知书后,要及时指派该案件的鉴定人做好出庭准备。由于目前法律对司法鉴定人出庭作证的人数没有明确要求,实践中有一名鉴定人代表其他鉴定人出庭的,也有署名的所有鉴定人均出庭作证的,所以应根据不同的案件情况决定出庭的人数。出庭人员一经确定,就应按要求及时与法院承办人员取得联系,获取出庭的相关信息,做好出庭的相关准备。

如果出庭时间与其他工作发生冲突,就要及时与法院联系,说明情况,征求法庭能否对出庭时间进行调整,适当后延。如果实在不便,看能否采取其他方式进行代替,如书面答复、远程视频作证等。这里有必要探讨一下鉴定人远程视频作证方式。在特殊情况下,如路途特别遥远,交通不便难以出庭的,或特殊岗位确实无法离开的,或因自然灾害等不可抗力的原因无法出庭的,在鉴定人与法庭之间通过鉴定人所在鉴定机构的双向视听传输技术进行同步质证。鉴定人通过网络视频方式作证,虽然在作证的物理空间上与法庭具有隔离性,但通过视频和音频的连接,鉴定人如同亲临法庭,可以同步作证,并接受控辩双方的交叉询问,从而减少鉴定人不出庭作证情形的发生。

第三节 司法鉴定人出庭作证应当遵守法庭规则

我国《刑事诉讼法》《民事诉讼法》以及相关司法解释对鉴定人的出庭作证均有明确的规定。我国《刑事诉讼法》第 192 条规定:"公诉人、当事人或者辩护人、诉讼代理人对证人证言有异议,且该证人证言对案件定罪量刑有重大影响,人民法院认为证人有必要出庭作证的,证人应当出庭作证。人民警察就其执行职务时目击的犯罪情况作为证人出庭作证,适用前款规定。公诉人、当事人或者辩护人、诉讼代理人对鉴定意见有异议,人民法院认为鉴定人有必要出庭的,鉴定人应当出庭作证。经人民法院通知,鉴定人拒不出庭作证的,鉴定意见不得作为定案的根据。"经人民法院通知,鉴定人拒不出庭作证的,鉴定意见不得作为定案的根据。鉴定人由于不能抗拒的原因或者有其他正当理由无法出庭的,人民法院可以根据情况决定延期审理或者重新鉴定。对没有正当理由拒不出庭作证的鉴定人,人民法院应当通报司法行政机关或者有关部门。《民事诉讼法》第 78 条规定:"当事人对鉴定意见有异议或者人民法院认为鉴定人有必要出庭的,鉴定人应当出庭作证。经人民法院通知,鉴定人拒不出庭作证的,鉴定意见不得作为认定事实的根据;支付鉴定费用的当事人可以要求返还鉴定费用。"据此,证人出庭作证对于鉴定意见被法院采信具有重要意义。若对方当事人对鉴定意见有异议,经人民法院通知,鉴定人仍不出庭作证的,其鉴定意见将被法院否定。因此,出庭义务是鉴定人首要的义务。若鉴定人出庭,作为诉讼的参与者,应当遵守法庭纪律和司法礼仪,听从法官的诉讼指挥,就鉴定意见的内容和结论向法庭作如实的说明,并根据证据法的要求接受当事人的质证。

一、遵守安检规定

为了维护法庭安全和秩序,保障庭审活动正常进行,保障诉讼参与人依法行使诉讼权利,方便公众旁听,促进司法公正,彰显司法权威。根据《人民法院组织法》《刑事诉讼法》《民事诉讼法》《行政诉讼法》《人民法院法庭规则》等有关规定,除了持有效工作证件和出庭通知履行职务的检察人员、律师可以通过专门通道进入法庭外,其他进入法庭的人员应当出示有效身份证件,并接受人身及携带物品的安全检查。

二、不得旁听庭审

为防止受到诉讼参与人、出庭的证人和其他鉴定人意见的干扰和影响,《人民法院法庭规则》第9条特别规定,证人、鉴定人以及准备出庭提出意见的有专门知识的人不得旁听该案的庭审。在法院内一般也会设有证人、鉴定人的休息室和等候区,出庭的鉴定人应根据法庭的安排,在指定的区域等候法庭的传唤。

三、遵守法庭纪律

依据法庭规则的要求,全体人员在庭审活动中应当服从审判长或独任审判员的指挥,尊重司法礼仪,遵守法庭纪律,不得实施下列行为:(1)鼓掌、喧哗。(2)吸烟、进食。(3)拨打或接听电话。(4)对庭审活动进行录音、录像、拍照或使用移动通信工具等传播庭审活动。(5)其他危害法庭安全或妨害法庭秩序的行为。此外,在庭审中,如果鉴定人有问题需要提问或发言,应当经审判长或独任审判员许可。在法庭审理中,司法警察依照审判长或独任审判员的指令维持法庭秩序,出现危及法庭内人员人身安全或者严重扰乱法庭秩序等紧急情况时,司法警察可以直接采取必要的处置措施。人民法院依法对违反法庭纪律的人采取的扣押物品、强行带出法庭以及罚款、拘留等强制措施,由司法警察执行。

四、如实陈述的义务

在庭审中,鉴定人应对鉴定意见的形成过程和结论如实陈述。在法庭或当事人就鉴定意见提问时,应如实陈述和说明。

五、遵守司法礼仪

鉴定人出庭时，应依据职业要求，注重形象仪表和司法礼仪。在庭审进行中，言语、举动、着装、用语应符合通常的司法礼仪和文明要求，不能有侮辱、诽谤、威胁性的语言或举动，更不能有危及法庭安全或扰乱法庭秩序的行为。根据《人民法院法庭规则》第 12 条的规定，出庭履行职务的人员，按照职业着装规定着装。但是，具有下列情形之一的，需着正装：(1)没有职业着装规定。(2)侦查人员出庭作证。(3)所在单位系案件当事人。非履行职务的出庭人员及旁听人员，应当文明着装。鉴定人出庭属于履行职务的行为，应着正装出庭。

第四节　司法鉴定人出庭作证的庭审程序

我国《刑事诉讼法》、《民事诉讼法》和《行政诉讼法》以及相关司法解释，对司法鉴定人出庭作证的庭审程序作了规定。在司法实践中，人民法院根据这些法律和司法解释，对各类案件的庭审有统一、规范的程序。在刑事、民事、行政三大诉讼中，庭审总体结构相仿，如都包括庭审准备、法庭调查、法庭辩论、当事人最后陈述、宣判等阶段，但每一阶段内部也有一定的差异，尤其是刑事诉讼和民事诉讼，由于刑事被告人的特殊诉讼地位，和民事诉讼的庭审有较大的不同。在司法实践中，鉴定人只参加法庭调查阶段的事实调查，并不参加法庭辩论、当事人最后陈述、宣判等环节。法庭调查是刑事、民事、行政诉讼共有的庭审重要阶段，主要任务是在法官主持下，调查案件的证据和事实问题。所有据以定案的证据，必须经过法庭调查阶段的质证，才能成为判决的基础。在法庭调查阶段、书证、物证、证人证言、鉴定意见、电子数据、勘验笔录等证据均在法庭上公提出、说明，并接受对方当事人的质证。对鉴定意见的质证就是其中的重要内容。

一、刑事庭审中司法鉴定人的出庭作证程序

刑事诉讼程序分为一审程序与二审程序。实践中,刑事一审普通程序规定最为规范、完整。二审程序的法庭调查部分基本参照一审程序进行。在刑事一审程序中,根据案件的不同情况,有的会召开庭前会议,就正式的庭审作预先的沟通与准备。

(一)刑事庭前会议与司法鉴定人出庭

我国《刑事诉讼法》第 187 条第 2 款规定,在开庭以前,审判人员可以召集公诉人、当事人和辩护人、诉讼代理人,对回避、出庭证人名单、非法证据排除等与审判相关的问题,了解情况,听取意见。案件具有下列情形之一的,审判人员可以召开庭前会议:(1)当事人及其辩护人、诉讼代理人申请排除非法证据的。(2)证据材料较多、案情重大复杂的。(3)社会影响重大的。(4)需要召开庭前会议的其他情形。召开庭前会议,根据案件情况,可以通知被告人参加。最高人民法院《关于适用〈中华人民共和国刑事诉讼法〉的解释》第 184 条规定,召开庭前会议,审判人员可以就下列问题向控辩双方了解情况,听取意见:(1)是否对案件管辖有异议。(2)是否申请有关人员回避。(3)是否申请调取在侦查、审查起诉期间公安机关、人民检察院收集但未随案移送的证明被告人无罪或者罪轻的证据材料。(4)是否提供新的证据。(5)是否对出庭证人、鉴定人、有专门知识的人的名单有异议。(6)是否申请排除非法证据。(7)是否申请不公开审理。(8)与审判相关的其他问题。审判人员可以询问控辩双方对证据材料有无异议,对有异议的证据,应当在庭审时重点调查;无异议的,庭审时举证、质证可以简化。据此,庭前会议中,鉴定人无须出席。只是在法官主持下控辩双方就出庭鉴定人的名单有无异议听取意见。如果双方对鉴定意见没有异议,则鉴定人无须在正式的庭审中出庭。

(二)司法鉴定人出庭的刑审庭审程序

依据我国《刑事诉讼法》及相关司法解释,结合法院的审判实践。在刑事

庭审程序中，主要程序如下。

1. 宣布出庭鉴定人名单。在宣布开庭阶段，审判长宣布合议庭组成人员、书记员、公诉人名单及辩护人、鉴定人、翻译人员等诉讼参与人的名单。审判长应当告知当事人及其法定代理人、辩护人、诉讼代理人在法庭审理过程中依法享有下列诉讼权利：(1)可以申请合议庭组成人员、书记员、公诉人、鉴定人和翻译人员回避。(2)可以提出证据，申请通知新的证人到庭、调取新的证据，申请重新鉴定或者勘验、检查。(3)被告人可以自行辩护。(4)被告人可以在法庭辩论终结后作最后陈述。审判长应当询问当事人及其法定代理人、辩护人、诉讼代理人是否申请回避、申请何人回避和申请回避的理由。当事人及其法定代理人、辩护人、诉讼代理人申请回避的，依照《刑事诉讼法》及司法解释的有关规定处理。同意或者驳回回避申请的决定及复议决定，由审判长宣布，并说明理由。必要时，也可以由院长到庭宣布。

2. 司法鉴定人正式出庭顺序。公诉人可以提请审判长通知证人、鉴定人出庭作证，或者出示证据。被害人及其法定代理人、诉讼代理人，附带民事诉讼原告人及其诉讼代理人也可以提出申请。在控诉一方举证后，被告人及其法定代理人、辩护人可以提请审判长通知证人、鉴定人出庭作证，或者出示证据。

3. 司法鉴定人义务的告知。我国《刑事诉讼法》第 194 条规定，证人作证，审判人员应当告知他要如实地提供证言和有意作伪证或者隐匿罪证要负的法律责任。鉴定人出庭时，亦应为同样的告知。证人、鉴定人到庭后，审判人员应当核实其身份、与当事人以及本案的关系，并告知其有关作证的权利义务和法律责任。证人、鉴定人作证前，应当保证向法庭如实提供证言、说明鉴定意见，并在保证书上签名。

4. 司法鉴定意见的质证。依据《刑事诉讼法》之规定，公诉人、当事人和辩护人、诉讼代理人经审判长许可，可以对证人、鉴定人发问。审判长认为发问的内容与案件无关的时候，应当制止。审判人员可以询问证人、鉴定人。

向证人、鉴定人发问，应当先由提请通知的一方进行；发问完毕后，经审判长准许,对方也可以发问。向证人、鉴定人、有专门知识的人发问应当遵循以下规则:(1)发问的内容应当与本案事实有关。(2)不得以诱导方式发问。(3)不得威胁证人、鉴定人、有专门知识的人。(4)不得损害证人鉴定人、有专门知识的人的人格尊严。

控辩双方的讯问、发问方式不当或者内容与本案无关的,对方可以提出异议,申请审判长制止,审判长应当判明情况予以支持或者驳回;对方未提出异议的,审判长也可以根据情况予以制止。审判人员认为必要时,可以询问证人、鉴定人、有专门知识的人。

为防止相互间的串联和不当影响,向证人、鉴定人、有专门知识的人发问应当分别进行。证人、鉴定人、有专门知识的人经控辩双方发问或者审判人员询问后,审判长应当告知其退庭。证人、鉴定人、有专门知识的人不得旁听对本案的审理。

5. 专家辅助人。由于鉴定意见多涉及专业性较强的技术问题,一般当事人可能难以提出真正有意义的问题,为保障当事人诉讼权利,我国规定了专家辅助人制度,让有专门知识的人协助当事人对鉴定意见提出意见与质疑。公诉人、当事人及其辩护人、诉讼代理人申请法庭通知有专门知识的人出庭,就鉴定意见提出意见的,应当说明理由。法庭认为有必要的,应当通知有专门知识的人出庭。申请有专门知识的人出庭,不得超过 2 人。有多种类鉴定意见的,可以相应增加人数。有专门知识的人出庭,适用鉴定人出庭的有关规定。

6. 对鉴定人的保护。为防范被告人及或相关人员对鉴定人实施报复,需要对鉴定人采用保护措施。

审判危害国家安全犯罪、恐怖活动犯罪、黑社会性质的组织犯罪、毒品犯罪等案件,证人、鉴定人、被害人因出庭作证,本人或者其近亲属的人身安全面临危险的,人民法院应当采取不公开其真实姓名、住址和工作单位等个人信息,或者不暴露其外貌、真实声音等保护措施。审判期间,证人、鉴定人、被害人提出保护请求的,人民法院应当立即审查;认为确有保护必要的,应当及时决定采取相应保护措施。决定对出庭作证的证人、鉴定人、被害人采取不公开个人信息的保护措施的,审判人员应当在开庭前核实其身份,对证人、鉴定人如实作证的保证书不得公开,在判决书、裁定书等法律文书中可以使用化名等代替其个人信息。

在实践中,法院采取证人、鉴定人作证屏蔽保护设施或系统,采取音频变声、防透视作证的方式,为出庭的鉴定人提供相应的保护,取得了较好的效果。

7. 重新鉴定。法庭审理过程中,当事人及其辩护人、诉讼代理人申请通知新的证人到庭,调取新的证据,申请重新鉴定或者勘验的,应当提供证人的姓名、证据的存放地点,说明拟证明的案件事实,要求重新鉴定或者勘验的理由。法庭认为有必要的,应当同意,并宣布延期审理;不同意的,应当说明理由并继续审理。人民法院同意重新鉴定申请的,应当及时委托鉴定,并将鉴定意见告知人民检察院、当事人及其辩护人、诉讼代理人。

8. 司法鉴定人出庭作证的庭审提纲

审判长:传鉴定人×××到庭。

审判长:鉴定人,你的姓名?

鉴定人:……

审判长:你的年龄?

鉴定人:……

审判长:什么民族?

鉴定人:……

审判长:什么文化程度?

鉴定人:……

审判长:你与被告人×××在本案中是什么关系?

鉴定人:……

审判长:鉴定人×××,本院审理被告人×××涉嫌(案由)案,通知你出庭作证。你应当如实地向法庭提供证言,根据法律规定,如故意作伪证或隐匿罪证,要负法律责任,你听清楚了没有?

鉴定人:……

审判长:鉴定人×××,你现在在如实作证的保证书上签名。

审判长:向鉴定人发问应当遵循以下规则:

发问的内容应当与本案事实有关;

不得以诱导方式发问;

不得威胁鉴定人;

不得损害鉴定人的人格尊严。

(询问鉴定人先由申请传唤的一方进行,然后由对方进行,法庭也可以询问鉴定人)

审判长:鉴定人×××,今天你在法庭上的证言,法庭已记录在案,退庭后你应当阅看庭审记录中你的证言部分,如记载有遗漏或差错,可以请求补充或更正,并在笔录上签名,鉴定人×××,你听清楚了没有?

鉴定人:……

审判长:鉴定人×××可以退庭。

二、民事庭审中司法鉴定人的出庭作证程序

1. 基本要求

与刑事诉讼类似,民事案件也是以一审普通程序为基础。在一审民事案件中,法院也会视案情召开庭前会议或庭前准备程序。在庭前会议中,法官可根据当事人的申请决定调查收集证据,委托鉴定。鉴定人无须参加民事庭前会议。在民事诉讼中,对鉴定人出庭的程序规定亦非常简略。根据《民事诉讼法》第138条的规定,法庭调查按照下列顺序进行:(1)当事人陈述。(2)告知证人的权利义务,证人作证,宣读未到庭的证人证言。(3)出示书证、物证、视听资料和电子数据。(4)宣读鉴定意见。(5)宣读勘验笔录。该法第139条规定,当事人经法庭许可,可以向证人、鉴定人、勘验人发问。当事人要求重新进

行调查、鉴定或者勘验的，是否准许，由人民法院决定。在民事庭审中，鉴定人出庭的程序可参照刑事诉讼中的鉴定人出庭程序和要求进行。在民事诉讼中，合议庭询问鉴定人的身份与当事人的关系后，依次由申请鉴定人出庭的当事人、对方当事人和合议庭向鉴定人发问。

与刑事诉讼不同的是，民事诉讼中鉴定人需要特殊保护的情形要少得多。

2. 鉴定人出庭时的庭审提纲

法官：核对鉴定人身份：姓名、出生年月、工作单位、住所、当事人的关系。

法官：鉴定人×××，本院依法对原告×××与被告×××一案进行审理，通知你出庭陈述鉴定报告。

法官：原告，向鉴定人×××发问。

法官：被告，向鉴定人×××发问。

法官：第三人，向鉴定人×××发问。

（必要时合议庭向鉴定人）

（专家辅助人出庭）

法官：依据《中华人民共和国民事诉讼法》第79条之规定，当事人可以申请人民法院通知有专门知识的人出庭，就鉴定人作出的鉴定意见或者专业问题提出意见。经原告（被告）×××申请，现法庭准予专家辅助人×××出庭提出意见。

法官：专家辅助人×××，向法庭陈述出生年月、工作单位、职务、专业职称、从事××专业的时间。

法官：专家辅助人应当遵守法庭纪律，享有查阅所涉专门性问题案件材料，对涉案专门性问题发问和发表意见等权利，同时负有接受对涉案专门性问题的询问和发问，按照法院要求提交书面意见等义务。

法官：专家辅助人×××，可以就涉案专门性问题向鉴定人发问，可以向法庭就鉴定人作出的鉴定意见或者专业问题提出意见。

法官：鉴定人×××，可以回答专家辅助人的发问，对专家辅助人提出的意见予以回答。

审判长：鉴定人×××（专家辅助人×××），今天你在法庭上的证言，法庭已记录在案，退庭后你应当阅看庭审记录中你的证言部分，如记载有遗漏或差错，可以请求补充或更正，并在笔录上签名，鉴定人×××，你听清楚了没有？

鉴定人：……

审判长：鉴定人×××（专家辅助人×××）可以退庭。

三、行政庭审中司法鉴定人的出庭作证程序

1. 基本要求

行政庭审中司法鉴定人的出庭作证程序与民事庭审中的要求相同。当事人在规定期限内申请鉴定人出庭作证的，应向法官说明鉴定人与待证事实的关系。法官认为与案件有关，应当准许鉴定人出庭作证。

法官应查明鉴定人的姓名、年龄、职业、住址及与本案当事人关系。

法官应告知鉴定人作证的义务及作伪证应负的法律责任。

对鉴定人的询问一般应运用交叉询问方式。申请鉴定人出庭作证的当事人先向鉴定人发问，其他当事人根据法官的安排发问。

合议庭认为有必要的，可以向鉴定人补充发问。

鉴定人作证完毕后，法官应当要求鉴定人退出法庭，告知庭审后应阅看鉴定人证言笔录，在确认无误后签名或盖章。

2. 鉴定人出庭时的庭审提纲

法官：鉴定人陈述鉴定人姓名、出生年月、民族、住址、职业等基本情况。

鉴定人：……

法官：本案受理的×××与×××案件中，×××申请你作为鉴定人出庭作证，你应当如实向法庭陈述你所知道的事实情况。如果你作伪证，将要承担相应法律责任。听清楚了吗？

鉴定人：……

法官:现在由双方当事人向鉴定人发问。

举证方:……

质证方:……

法官:现在法庭向鉴定人发问……

鉴定人:……

法官:鉴定人退庭,庭后阅看笔录,如有异议,可以补正,确认无误后签字。

审判长:双方当事人对鉴定人的陈述发表质证意见。

举证方:……

质证方:……

第五节　人民法院对鉴定意见的评价标准

鉴定意见作为法定证据的一种,是否能为法官所采信并成为定案的依据,除鉴定程序是否合法之外,主要取决于是否达到了我国法律所要求的证明标准。

一、鉴定意见程序的合法性

1. 司法鉴定人的资质。鉴定人是否具有相应领域内的合法资质,是鉴定意见程序合法性的首要标准。若无相应领域内的合法鉴定资质,则该鉴定意见不能采用。

2. 法定质证程序。如前所述,对于当事人有异议的鉴定意见,人民法院通知鉴定人出庭作证的,若鉴定人不出庭作证,该鉴定意见不能采用。在刑事诉讼法和民事诉讼法中,我国法律和司法解释对当事人有异议的鉴定意见的处理是不同的。在刑事诉讼中,公诉人、当事人或者辩护人、诉讼代理人对鉴定意见有异议,人民法院认为鉴定人有必要出庭的,鉴定人应当出庭作证。经人民法院通知,鉴定人拒不出庭作证的,鉴定意见不得作为定案的根据。法院就鉴定人是否出庭有裁量权,根据异议对定罪量刑的影响酌情决定。在民事诉讼中,当事人对鉴定意见有异议或者人民法院认为鉴定人有必要出庭的,鉴定人应当出庭作证。经人民法院通知,鉴定人拒不出庭作证的,鉴定意见不得作为认定事实的根据;法官对有异议的鉴定意见并无裁量权,鉴定人必须出庭。

二、鉴定意见是否符合证明要求

我国刑事诉讼和民事诉讼采取的是不同的证明标准。刑事诉讼采取的是确实、充分的证明标准。根据我国《刑事诉讼法》第55条的规定,对一切案件的判处都要重证据,重调查研究,不轻信口供。只有被告人供述,没有其他证据的,不能认定被告人有罪和处以刑罚;没有被告人供述,证据确实、充分的,可以认定被告人有罪和处以刑罚。证据确实、充分,应当符合以下条件:(1)定罪量刑的事实都有证据证明。(2)据以定案的证据均经法定程序查证属实。(3)综合全案证据,对所认定事实已排除合理怀疑。

根据我国《刑事诉讼法》第200条的规定,在被告人最后陈述后,法官宣布休庭,合议庭进行评议,根据已经查明的事实、证据和有关的法律规定,分别作出以下判决:(1)案件事实清楚,证据确实、充分,依据法律认定被告人有罪的,应当作出有罪判决。(2)依据法律认定被告人无罪的,应当作出无罪判决。(3)证据不足,不能认定被告人有罪的,应当作出证据不足、指控的犯罪不能成立的无罪判决。

其中,应当运用证据证明的案件事实包括:(1)被告人、被害人的身份。(2)被指控的犯罪是否存在。(3)被指控的犯罪是否为被告人所实施。(4)被告人有无刑事责任能力,有无罪过,实施犯罪的动机、目的。(5)实施犯罪的时间、地点、手段、后果以及案件起因等。(6)被告人在共同犯罪中的地位、作用。(7)被告人有无从重、从轻、减轻、免除处罚情节。(8)有关附带民事诉讼、涉案财物处理的事实。(9)有关管辖、回避、延期审理等的程序事实。(10)与定罪量刑有关的其他事实。认定被告人有罪和对被告人从重处罚,应当适用证据确实、充分的证明标准。

对第一审公诉案件,人民法院审理后,应当按照下列情形分别作出判决、裁定:(1)起诉指控的事实清楚,证据确实、充分,依据法律认定指控被告人的罪名成立的,应当作出有罪判决。(2)起诉指控的事实清楚,证据确实、充分,指控的罪名与审理认定的罪名不一致的,应当按照审理认定的罪名作出有罪判决。(3)案件事实清楚,证据确实、充分,依据法律认定被告人无罪的,应当判决宣告被告人无罪。(4)证据不足,不能认定被告人有罪的,应当以证据不足、指控的犯罪不能成立,判决宣告被告人无罪。(5)案件部分事实清楚,证据确实、充分的,应当作出有罪或者无罪的判决;对事实不清、证据不足部分,不予认定。(6)被告人因不满16周岁,不予刑事处罚的,应当判决宣告被告人不负刑事责任。(7)被告人是精神病人,在不能辨认或者不能控制自己行为时造成危害结果,不予刑事处罚的,应当判决宣告被告人不负刑事责任。(8)犯罪已过追诉时效期限且不是必须追诉,或者经特赦令免除刑罚的,应当裁定终止审理。(9)被告人死亡的,应当裁定终止审理;根据已查明的案件事实和认定的证据,能够确认无罪的,应当判决宣告被告人无罪。

在死刑案件中,证据审查更是采取最严格的标准。根据《关于办理死刑案件审查判断证据若干问题的规定》第5条之规定,办理死刑案件,对被告人犯罪事实的认定,必须达到证据确实、充分。证据确实、充分是指:(1)定罪量刑的事实都有证据证明。(2)每一个定案的证据均已经法定程序查证属实。(3)证据与证据之间、证据与案件事实之间不存在矛盾或者矛盾得以合理排除。(4)共同犯罪案件中,被告人的地位、作用均已查清。(5)根据证据认定案件事实的过程符合逻辑和经验规则,由证据得出的结论为唯一结论。办理死刑案件,对于以下事实的证明必须达到证据确实、充分:(1)被指控的犯罪事实的发生。(2)被告人实施了犯罪行为与被告人实施犯罪行为的时间、地点、手段、后果以及其他情节。(3)影响被告人定罪的身份情况。(4)被告人有刑事责任能力。(5)被告人的罪过。(6)是否共同犯罪及被告人在共同犯罪中的地位、作用。(7)对被告人从重处罚的事实。据此,涉及上述因素的鉴定意见,必须达到确实、充分的标准,以充分保障人权,实现刑事司法的正义。

民事诉讼的举证责任和证明标准与刑事诉讼不同。我国现行民事诉讼法及相关司法解释采纳的是“谁主张,谁举证”和高度盖然性的证明标准。最高人民法院《关于适用〈中华人民共和国民事诉讼法〉的解释》第108条规定,对负有举证证明责任的当事人提供的证据,人民法院经审查并结合相关事实,确信待证事实的存在具有高度可能性的,应当认定该事实存在。对一方当事人为反驳负有举证证明责任的当事人所主张事实而提供的证据,人民法院经审查并结合相关事实,认为待证事实真伪不明的,应当认定该事实不存在。法律对于待证事实所应达到的证明标准另有规定的,从其规定。据此,民事诉讼中的鉴定意见若要证明待证事实,达到使法官确信待证事实的发生具有高度的可能性即可。但在一些特殊案件中,司法解释规定了较高的证明标准。如当事人对欺诈、胁迫、恶意串通事实的证明,以及对口头遗嘱或者赠与事实的证明,人民法院确信待证事实存在的可能性能够排除合理怀疑的,应当认定该事实存在。此外,在涉及亲子关系认定的身份诉讼中,亲子鉴定的结论必须达到确实、充分的程度,人民法院才能以之为依据确认当事人之间的亲子关系。

行政诉讼的证明标准与民事诉讼不同,要求达到证据确凿的程度。我国《行政诉讼法》第69条规定,行政行为证据确凿,适用法律、法规正确,符合法定程序的,或者原告申请被告履行法定职责或者给付义务理由不成立的,人民法院判决驳回原告的诉讼请求。据此,支持行政行为合法的鉴定意见,结论也须达到确凿的程度。

第三章　司法鉴定人出庭作证的准备

“凡事预则立,不预则废。”所谓“预”,从一定意义上理解,有“预测”“准备”的含义。无论国家、集体还是个人,办理一件事情,都要事先进行策划、制定切实可行的方案,然后按其实施,才有获得成功的可能。“打无准备之仗”,多以失败而告终。“磨刀不误砍柴工”,就是准备意义的体现。可见,做好准备,是办好事情的一个先决条件和必经阶段。

谋事准备的范围很宽,包括基础准备与实施行动方案准备两个方面。前者属于宏观方面的长远考虑和规划,后者属于微观方面的个案行动计划和实施条件准备。两者属于基础与保障的关系。办好一件事情,如果只考虑需要,不评估可能,是难办成功的。基础准备与实施行动方案准备必须同样重视,才能实现预想的办事目标。

司法鉴定人出庭作证准备,也要按上述两个方面进行。基础准备,就是鉴定人出庭作证的思想准备。司法鉴定人出庭作证实施行动方案准备是针对个案而言的,包括鉴定人出证作证所需资料(材料)准备、鉴定人法庭证言提纲准备、鉴定人出庭作证身份和执业资格证明准备与服饰、仪表规范要求等方面的准备。

第一节　司法鉴定人出庭作证思想准备

一、司法鉴定人出庭作证思想准备的实质与范围

司法鉴定人出庭作证思想准备的实质,就是心理准备。这属于基础准备,

是长期性的认识准备。这种准备,就是要求司法鉴定人深化出庭作证的认识,明确出庭作证的必要性和出庭作证的相关规定、任务、技巧,树立敢于出庭作证的信心和培养善于出庭作证的能力。目前,我国还有部分司法鉴定人害怕出庭作证,或者在法庭上不能按法律规定和作证要求说明与解释质证主体就鉴定意见提出的质疑,其根本原因在于司法鉴定人对出庭作证的思想准备要求未达到应有高度。

司法鉴定人出庭作证思想准备的具体范围,包括广义和狭义两方面,前者就是鉴定人要深化出庭作证的认识,积极培养出庭作证能力,这是最根本的准备,也是长期不断的准备。狭义方面,就是要明确个案鉴定事项出庭作证的目的、策划作证方案、熟悉作证资料、预测法庭答疑内容、思考法庭证言、准备法庭上出现疑难提问的应对措施等方面的准备。其中重点是法庭上对鉴定事项中可能涉及的重点、难点、疑点问题发生争议的答疑思考。

二、司法鉴定人出庭作证的必要性与新要求

(一)司法鉴定人必须明确现代科技证据(鉴定意见)法庭作证的必要性

我国《刑事诉讼法》《民事诉讼法》《行政诉讼法》及其相关司法解释,对司法鉴定人出庭作证规定了明确的条件和拒绝出庭作证的严厉惩罚措施,相关司法解释中对于司法鉴定人出庭作证的必要性也作了全面阐述。根据相关立法、司法解释和部分权威论著的观点,现代司法鉴定人应当出庭作证的必要性可以归纳为五个方面。

1. 司法鉴定人出庭作证是证据审查制度的必要,是法庭审查证据的必经程序。证据必经经过查证属实,才能作为定案的根据。鉴定意见作为法定证据的一种,毫无例外地必须经历这些审查程序。鉴定人提供的鉴定意见与其他普通证人提供的言词证据一样,无论有无争议或瑕疵,都必须经过法庭质证这一必经程序。所以,鉴定人出庭作证的原因并非都是鉴定人的鉴定过错引起的。立法上之所以限定“当事人对鉴定意见有异议”或“人民法院认为鉴定人应当出庭作证的”,通知其应出庭,是为了合理限制出庭作证的范围,减少诉讼负担,提高诉讼时效。

2. 鉴定意见作为科技证据的特殊性决定鉴定人出庭作证的必要性。鉴定意见涉及较深的专门知识、具有较强的科技含量,一般人理解起来较为困难,需要鉴定人到法庭对鉴定步骤、方法、原理、依据、标准加以说明、解释,以图像或实物加以演示,或对鉴定文书中的瑕疵或错误加以更正或纠正,使各方人员增强印象,消除不解或疑虑,建立或增加对鉴定意见的可信度。

3. 司法鉴定人出庭作证是保证当事人质证权和庭审顺利进行的有效方式。抗辩式的证据审查方式,当事人双方或一方,对鉴定意见总是质疑或有不同看法的,尤其是于己不利的一方。在当事人双方举证实力相差悬殊的背景下,保证当事人及其辩护人行使对自己不利鉴定意见的质证权更为重要。此时,如鉴定人不出庭作证,当事人和辩护人对于己不利的鉴定意见无法向鉴定人发问,不能行使有效的质证权,有悖诉讼公正。实践证明,通过鉴定人出庭作证,解释鉴定流程和理由,回答控辩双方或审判人员的提问,有助于诉讼各参与方更加全面地了解鉴定意见的来龙去脉,更为信服地排除对鉴定意见的怀疑,有利于庭审的顺利进行和对案件事实的查证。

4. 法庭质证是纠正鉴定缺陷、辨明对鉴定意见质疑是非不可或缺的科学方式。质证主体和审判人员对鉴定意见的质疑和不理解的问题,通过向鉴定人提问,由鉴定人逐一进行说明和解释,特别是通过“专家辅助人”与鉴定人的专业交流与答辩,在审判长的主持下,法庭根据鉴定人的法庭证言和鉴定意见书所载明的内容,以及法庭辩论结果,可以当场确定鉴定意见有无缺陷及缺陷性质,决定对鉴定缺陷的纠正方式或对鉴定意见的取舍程度。

5. 司法鉴定人出庭作证直接接受诉讼参与方对鉴定活动的监督和评断,有利于鞭策自己,增强鉴定责任心,提高鉴定水平。鉴定人出庭作证是鉴定工作接受全面的检查和监督,也是对自己鉴定能力和作证能力的考验。鉴定过程和结果接受法庭审查、检验,并要自己当面答疑。通过质证,发现、总结自己鉴定工作的不足与存在的问题,有利于增强自己的工作责任心,提高鉴定业务水平,达到法律和科技标准规定的鉴定要求。

有不少人对于司法鉴定人出庭作证必要性的认识带有一定片面性。如认为,“鉴定意见作为鉴定人的一种主观判断,具有较强的主观性,不可能没有错误”;“由于法官缺乏这方面的知识,即使鉴定意见存在错误也难以发现”;“人民检察院和人民法院有关技术人员无权审查,即使有能力发现鉴定意见的差错,也无权纠正”;“鉴定意见不是科学判决,其本身可能存在的倾向性,未经法庭质证难以发现,将其作为定案根据,会导致案件事实的错误认定而出现冤假错案”等。这些认识虽有一定道理,但并未从诉讼法学和科学证据的高度去解释司法鉴定人出庭作证的不可或缺性,而且有些评断也并非客观、全面。“人民检察院有关技术人员无权审查鉴定意见”等观点,均是认识片面性的表现。

(二)司法鉴定人必须了解诉讼法律规定对鉴定意见法庭作证方法的新要求

我国法律对司法鉴定人就鉴定意见出庭作证的方法提出了新的、严格的要求,主要有以下几个方面。

1. 司法鉴定人出庭作证由程序性作证为主转变到程序与实体并重的作证要求。我国早期的法律,对司法鉴定人出庭作证的规定主要偏重于鉴定程序方面,至于鉴定步骤、方法、原理、依据、标准、鉴定意见的客观真实性与证明力等问题很少涉及。重程序、轻实体的作证要求是一种普遍现象。现在的规定扩大了鉴定意见的法庭质证主体,质证内容和方法有了增加和转变,将鉴定人作证重点定位为“对鉴定意见质疑的解释与说明”,明确显示出程序与实体并重的作证要求。

2. 法庭上由非专业人员向鉴定人提问为主转变为“专家辅助人”向鉴定人提问为主的新要求。质证主体有权申请“专家辅助人”就鉴定意见协助其法庭质证,意味着法庭上由外行向内行提问为主转变为更高层次的内行向鉴定人提问为主的新的质证形式。按法律规定,“专家辅助人”应是资深鉴定专家或该专业领域的权威专家,其资质一般高于鉴定人或至少与鉴定人相当。在中外鉴定领域,多称其为“鉴定人的克星”或者“对立面”,他们在法庭上是专找鉴定人的“鉴定差错的”,虽然要客观评价鉴定意见的是非,但出于为申请者一方提供技术服务的目的,其侧重点是找“鉴定的瑕疵”。这种质证方式和质证内容,无疑给鉴定人的鉴定工作和出庭作证准备提出了更多、更高的要求。过去那种作证“走过场”,三言两语“敷衍”“搪塞”,“以保密为借口”拒绝回答应该回答问题的作证形式肯定是难以过关的。

3. 各方“专家辅助人”对鉴定人的鉴定意见和法庭证言当庭进行辩驳和评断并提出审查意见的新要求——各方鉴定专家对鉴定意见和鉴定人的法庭证言进行法庭审查并作出相同或不同审查意见供法庭参考。鉴定人出具的鉴定意见书和鉴定人在法庭上的说明、答疑与解释证言,都要在审判长主持之下,由控方或者辩方、“专家辅助人”、当事人等进行辩论,明确是非,对鉴定意见和鉴定人证言提出可采信部分和不可采信部分的参考意见。如果鉴定人的鉴定意见没有大的缺陷,而法庭证言又无差错,通过辩驳获得较多共识,最终被法庭采信的可能性较大;如果鉴定人的鉴定意见有局部瑕疵,而法庭证言弥补得合法、符合科学技术要求,通过辩驳主要质疑获得解决,鉴定意见亦有被法庭采信可能;如果鉴定意见存在大的差错,或者鉴定意见存在重大瑕疵,鉴定人的法庭证言答非所问、未能弥补鉴定意见的任何缺陷,法庭辩驳分歧很大,鉴定意见很难获法庭采信。可见,司法鉴定人出庭作证准备,尤其是思想准备的重要性。

4. 司法鉴定人要由不敢、不愿、不会出庭作证转变为大胆、积极、熟练地出庭作证的新要求。我国 20 世纪 90 年代出台的法律和司法解释都有司法鉴定人出庭作证的规定,但由于立法、执法、司法方面来充分强调,加之多方面的影响,鉴定人出庭作证率难以统计。多数鉴定人对目前的规定不能从证据规则和鉴定意见证据材料的特殊性理解出庭作证的必要性和基本要求,所以,“三不”畏惧的心理状态较普遍。面对目前的严格规定和严厉的惩罚措施,司法鉴定人必须将出庭作证作为不可推卸的法律义务,勇敢面对,努力学习,积极准备,尽快适应这一新要求。

三、司法鉴定人应当熟悉出庭作证的有关法律规定

(一)司法鉴定人必须明确其在出庭作证中的立场和地位

司法鉴定人明确自己在出庭作证过程中的地位,必须首先了解与此相关的几个问题。

1. 法庭质证。鉴定意见的法庭质证,是指庭审过程中,在审判长的主持下,质证主体就法庭出示的鉴定意见证据材料的真实性、合法性、关联性问题,针对证据证明力的有无及证明力的大小,进行质疑、说明与辩驳等活动。鉴定人出庭作证是质证程序和质证内容的一个组成部分。

2. 质证主体。质证主体,是指法律规定有权对法庭出示的证据材料进行交叉询问、质疑、要求解释与说明并参与辩驳的人。我国法律规定的质证主体,主要有公诉人、当事人及其辩护人、诉讼代理人。同时,还有上述四种申请出庭并经法院许可的"有专门知识的人"(也称专家辅助人,可以行使质证主体的某些权利,如向司法鉴定人提问、参加法庭对鉴定意见的辩驳等活动)。

3. 质证客体。质证客体,是指质证主体所指向的质证证据材料及其所涉及的内容。司法鉴定意见是质证客体之一。其所涉及的鉴定原理、鉴定步骤与方法、鉴定依据与技术标准等科学技术问题与相关的法律程序问题,均属质证客体所涉及的质证内容。

4. 质证对象。质证对象,就是在法庭作证的人,包括普通证人和特殊证人(司法鉴定人)。它是质证主体对质证客体(质证证据)要求说明、答疑的对象。可见,司法鉴定意见是法庭质证客体,司法鉴定人是法庭质证对象。司法鉴定人必须明确自己在法庭作证过程中始终处于质证对象的地位。

司法鉴定人的立场是由国家诉讼制度决定的。不同法系的国家,法律对司法鉴定人的立场规定有较大差别。我国实行的是以职权主义为主的诉讼制度,鉴定人在鉴定和法庭质证过程中都必须始终站在中立立场和证人地位,不能偏

向诉讼主体或司法机关任何一方。法庭作证时，只能站在科学技术立场上，以证人的角色，客观、真实地回答问题、解释质疑。对与鉴定事项无关或涉及案情的问题，不能超出鉴定人的立场和地位进行推论、评断；以客观、科学的态度对待质证主体的提问和质疑。

(二)司法鉴定人必须明确出庭作证的任务

司法鉴定人出庭作证的任务，是由其特殊证人的地位决定的。其主要任务有以下3项：

1. 宣读司法鉴定意见书。其重点是说明鉴定(或检验)过程和结果及其与之相关的问题，而不是“照本宣科”。

2. 接受质证主体的交叉询问，同时也要接受审判人员的询问。询问的内容和范围，相关法律和司法解释是有规定的。

3. 对质证主体和审判人员提出的与本鉴定事项相关或者涉及鉴定意见有关的问题，按要求进行说明、更正(纠正)、解答。

其中，第三项任务是最本质、最核心的。司法鉴定人法庭作证证言要求与普通证人是有不同的。他们的证言要求，重点是以自己对某一特定事物、事件、现象的感知(目睹、听闻等)回答质证主体或审判人员所要求的“是什么”或“不是什么”、“有什么”或“没有什么”，而司法鉴定人的法庭证言要求，必须从科学原理、方法、依据、标准等方面回答鉴定质询的“为什么”。两者的深度要求不同。如果司法鉴定人不了解和掌握这一作证要求，就会在法庭上处于被动甚至尴尬地位。

(三)司法鉴定人需要明确在法庭作证过程中的权利

司法鉴定人在法庭作证过程中享有的权利，是根据鉴定人的法定权利和在法庭作证过程中的地位、立场决定的。根据诉讼法律关于证人、鉴定人的相关权利的规定和《司法鉴定人登记管理办法》中明确的权利，并结合各国鉴定人在法庭上享有的权利进行综合考虑，我国司法鉴定人在法庭作证过程中一般享有七项权利:(1)就质证主体对鉴定意见提出的疑问和瑕疵,进行解释、说明和纠正(更正)的权利;(2)拒绝回答质证主体提出的与本鉴定事项无关或无礼问题的权利;(3)就质证主体提出鉴定涉及的国家秘密、商业秘密、涉案侦查与技术秘密、个人隐私问题不予回答的权利;(4)对质证主体对鉴定发表的侮辱性言论和不当指责向审判长提出抗议并要求该当事人道歉的权利;(5)要求法庭对因出庭作证可能或已经遭到人身伤害危险时采取安全保护措施的权利;(6)获取出庭作证过程中所需的合理费用的权利;(7)对自己的法庭证词进行查阅、核对和对记录不实的部分进行补充、修改、订正的权利。

我国法律规定,司法鉴定人在法庭上无旁听权、鉴定意见辩论权和评断权。鉴定人作证完毕,必须听从法庭安排庭外等候。

(四)司法鉴定人需要掌握法庭证言要求,明确法庭证言的性质与作用

司法鉴定人在法庭上就鉴定意见所作的说明、解释、答疑,都要全部记入庭审笔录,作为鉴定意见的组成部分,对于鉴定意见证据的最后审查和鉴定意见是否采信具有重要意义。所以,司法鉴定人向法庭提供证词必须符合六项基本要求。司法鉴定人在法庭上说明与回答问题的内容必须围绕鉴定意见的“三性”原则(客观性、合法性、关联性),着重从司法鉴定事项的科学原理、步骤、方法、依据、技术标准和相关法律规定进行解释并阐明道理;回答问题要有针对性,直接就质证主体的提问加以说明与解答,不能答非所问、离题兜圈子;法庭证言不得使用推断性、猜测性、评论性语言;不得涉及其他鉴定机构、鉴定人的鉴定意见及其评断所使用的鉴定标准、方法;不得以其他证人的证言作为自己鉴定意见的依据,或者评论自己鉴定意见与其他证人证言的关系;回答任何提问,都要以理服人、以事服人,不得以势压人,与提问者发生顶撞、争吵。

司法鉴定人的鉴定意见书和法庭作证证言,都是鉴定意见证据材料的组成部分。前者是以文字、图表、图谱、统计数据、文献资料等形式,反映鉴定过程、方法、步骤、原理、技术标准、依据、鉴定结果的综合性证据材料;后者是鉴定人

对诉讼各方就鉴定书上主要内容提出质疑所作的说明与解释，具有补充与深化鉴定意见的作用。两者相互对照、印证，构成一个鉴定意见类证据材料的整体，是法庭最后审查、认证鉴定意见证据是否可采信的依据。可见，司法鉴定人的法庭证言，是司法鉴定意见书的后续组成部分，是鉴定意见证据材料不可分割的部分，无论鉴定意见最终是否获得认证与采信，都具有一定的证据意义。因为法庭采信或不采信某一鉴定意见，都要在判决书上载明理由。因此，司法鉴定人出庭作证必须进行充分准备，按“三性”要求提供证言。

目前，亟须纠正司法鉴定人对出庭作证所持的一些消极态度——“空手上庭”“三言两语”“请看鉴定书”。据调查统计，目前有相当数量的鉴定人出庭作证是没有准备或者是准备极不充分的。他们不带任何文件、任何图表，不制作任何视频资料，不拟制一定的发言提纲，被律师和法官们称为“空手上庭”；当质证主体向其提出一大堆问题时，他们用“两三句话”就搪塞过去了；当问“为什么”时，他们干脆地答复“请看司法鉴定意见书”。这种作证态度和作证方式，是法律不容许的，是藐视法庭的行为，应当受到职业道德、职业纪律的谴责和处罚。

四、司法鉴定人需要自觉培养与提高出庭作证能力

（一）司法鉴定人必须练好法律要求的基本功

现代司法鉴定人，除了具备法律规定的司法鉴定法律基础知识、鉴定业务素质、职业道德、思想品德、鉴定实践能力条件外，还必须积极练好制作司法鉴定文书和出庭作证两项新的基本功。根据司法鉴定管理部门和司法鉴定行业组织的调查统计，当前，在司法鉴定人队伍中这两项基本功均属“短板”，能够称得上“达标”的比例不高。所以，司法鉴定管理部门、鉴定行业组织、鉴定机构、有关鉴定教育部门都要重视对鉴定人在这方面的教育培养，而鉴定人自己更必须努力学习、认真实践，尽快掌握好这两项新的基本功，以适应诉讼实践的需要。之所以将制作司法鉴定文书和司法鉴定人出庭作证，作为现代司法鉴定

人必须掌握的基本功,在上文已作了论述。

(二)培养和提高司法鉴定人出庭作证能力

培养司法鉴定人出庭作证能力是出庭的必需,其方式很多,最主要和最常适用的方式有以下三种:

1. 司法鉴定行政管理部门和鉴定行业协会组织专题培训。这是最基本的综合培训形式,可以是全国性的,也可以是地区性的。培训对象主要针对鉴定重点专业、大中型鉴定机构的主要鉴定骨干,进行为期2~3天的出庭作证专题讲座、经验交流和现场模拟练习及总结讨论。培训内容要集中,重点要突出,要以解决实战问题为主。全国有不少省、市的司法行政机关和公安机关都采用过这种专题培训方式,实践效果较好。

2. 司法鉴定机构或相关行业,针对本鉴定机构或行业鉴定的专业特点,对所属鉴定人进行出庭作证专业培训。如环保鉴定行业、法医鉴定行业、工程建设鉴定行业、知识产权鉴定行业、产品质量鉴定行业、司法会计审计鉴定行业的鉴定人,法庭作证涉及的专业问题特殊,作证内容与方式与其他鉴定专业有较多区别,鉴定人作证能力需要针对专业特点培训。

3. 司法鉴定管理部门的岗前教育、转岗教育、定期轮训等,应增设司法鉴定人出庭作证能力培训重点课程。

除此之外,相关院校的司法鉴定专业教育课程体系中应增设鉴定人出庭作证课程,增强司法鉴定后备力量。

在司法鉴定管理工作中,中央和省级司法行政部门,在司法鉴定人的能力考核指标中,应将出庭作证能力作为一项重要指标考核计分,以促进鉴定人对此进行学习与实践。

(三)司法鉴定人出庭作证能力培养要求

判断司法鉴定人出庭作证的能力是否合格,应当有一定指标要求。根据相关法律规定精神和鉴定人出庭作证的实际需要,司法鉴定人出庭作证一般应具备六个方面的能力。

1. 鉴定人出庭作证的资料准备能力，包括熟悉与鉴定事项相关的案情与既往和本次鉴定过程、预测法庭提问的内容及拟定回答问题的提纲、制作法庭作证所需的视频资料能力等。

2. 法庭上对有关鉴定意见质疑问题的解答与说明能力。

3. 法庭上与“专家辅助人”就涉鉴问题交流与答辩能力。

4. 法庭上对于临时出现的疑难涉鉴质疑问题的应对措施能力。

5. 提供法庭证言把握证据要求能力。

6. 制作法庭证言书面意见能力。司法鉴定人具备了这些能力，就能达到“敢作证”、“愿作证”、“会作证”以及“能作证”的要求。

（四）司法鉴定人要培育自己出庭作证的良好心理素质，消除“四怕”，增强“四敢”

司法鉴定人出庭作证是一项法定义务，是鉴定人尚未“入行”而接受鉴定启蒙教育时都应了解的。我国法律规定鉴定人“应当出庭作证”是在20世纪90年代、21世纪初，最高人民法院在《关于民事诉讼证据的若干规定》和《关于行政诉讼证据若干问题的规定》中作了较细致的解释性实施规定，并在全国执行，带有全面立法和严格执法的准备意义。《关于司法鉴定管理问题的决定》对司法鉴定人出庭作证作了若干具体立法规定，并提出了鉴定人拒绝出庭作证的若干行政处罚措施。由于种种主客观原因，司法鉴定人出庭作证制度的贯彻一直未被重视，当事人申请鉴定人出庭的少，法庭依法通知鉴定人出庭的更少，鉴定人即使接到通知而未出庭的也不在少数。“三大”诉讼法修改后，强调鉴定人“有必要出庭作证”，并规定了拒绝出庭作证的直接和间接法律后果，有关诉讼各方和鉴定管理部门和鉴定机构及其鉴定人，对于这个本来是“老问题”的“新问题”才引起应有重视。在此之前，由于司法鉴定人出庭作证这项科技证据审查制度贯彻不力、不严，在司法鉴定人队伍中也未引起应有的重视，鉴定人接到出庭通知出庭与否，也未作出法律评价。司法鉴定管理部门也未将这项业务列为教育培训和业绩考核内容，因此，多数司法鉴定人对于出庭作证这项专门业务感到陌生，而新法、新规对其出庭作证的要求又较多较严，所以，较多的司法鉴定人对这个“老问题”中的“新问题”产生“四怕”是不足为奇的。所谓“四怕”，即“怕不出庭受处罚”、“怕出庭作证难以应对法庭的威严场面”（“犹如被告人一样接受审查”）、“怕在法庭上难以完成各式各样的答疑要求”和“怕在法庭上说话失误影响鉴定意见采信的不良后果和鉴定机构的威望”。这“四怕”，就是“不敢出庭”“不愿出庭”“不会出庭”“不能出好庭”的综合反映。

所以，司法鉴定人出庭作证的思想准备，首先应从广义方面作起，从主观和客观两方培育与造就良好的出庭作证心理素质，通过外部教育培训、自身学习与实践，树立与增强“四敢”：一是“敢于出庭、不畏困难”；二是“敢于接受法庭质询”；三是“敢于回答对鉴定意见的相关质疑”；四是“敢于面对和处理法庭上出现的复杂局面”。具备了“四敢”，就能达到“愿出庭”“能出庭”“会出庭”“出好庭”的要求。

五、司法鉴定人应当全面熟悉出庭作证的鉴定事项的鉴定过程，了解法庭作证的重点、难点、疑点问题

司法鉴定人出庭作证思想准备，包括广义与狭义两方面。广义的思想准备，是指司法鉴定人对出庭作证的基本认识、对出庭作证相关规定的了解与掌握、对自身应当具备的心理素质和作证能力等方面的要求，是出庭作证思想准备的基础，是认真完成作证任务的先决条件。认识先于实践并指导实践活动。司法鉴定人出庭作证没有这种思想准备，不可能提高作证能力。狭义的思想准备，是指司法鉴定人对个案鉴定事项出庭作证的思想准备。前者是思想基础，后者是每次就具体鉴定事项出庭作证的思考方向与方法设计。没有前者或前者薄弱，个案的思想准备，就是“无本之木”。所以，司法鉴定人出庭作证的思想准备，需要“前后兼顾”，不能“求近舍远”。

(一)了解个案基本情况和涉案鉴定事项的经历过程

司法鉴定人可了解的案情是有范围的,只能了解与鉴定事项相关的内容。主要限于案件性质、案件受理或侦审过程、涉案鉴定事项在案件中所处地位、鉴定意见对案件审理的意义、鉴定事项争议的引起及争议焦点,鉴定经历次数及鉴定意见争议所在等情况。

(二)熟悉出庭作证案件鉴定的全过程

无论是初次鉴定还是重新鉴定,司法鉴定人出庭作证前都要从鉴定受理开始,了解鉴定材料的审查登记、保管、使用、交接、补充、消耗、损坏、改变原样、制作图表、制作视频资料的方法与过程、鉴定中有无改变等情况;鉴定实施过程中经历的鉴定人及各自的方法与结果;集体研究讨论的次数与结果,最后出具鉴定意见的依据及对争议问题的认识与处理等情况,都要翻阅资料和查证核实,并强化记忆。这些都是法庭质疑中经常涉及的问题。

(三)分析与确定法庭作证过程中可能涉及的重点、难点、疑点问题

司法鉴定人把握住法庭上可能提出的重点、难点、疑点问题并有充分的思想准备,是完成作证任务的前提条件。不同案件、不同鉴定事项、不同鉴定事项争议、不同鉴定意见争议,“三点”问题的表现范围不完全一样,有的表现在鉴定材料方面,有的表现在鉴定原理、方法方面,有的表现在鉴定技术标准方面,要依据个案特点和鉴定涉及的一系列问题确定。指定或确定出庭作证的鉴定人,应当依据个案鉴定过程与特点进行分析、预测。必要时,所有该鉴定事项的参与人,可以集体讨论,确定预案。需要注意的是,多个鉴定人同时出庭,每个出庭鉴定人都必须熟悉该鉴定事项的全过程,掌握法庭解答 3 个重点问题的基本要求与口径。许多场合,质证主体或审判人员,为了验证出庭鉴定人是否全程参与鉴定,常常要求鉴定人分别出庭作证。如无全体准备,就会搅乱出庭作证的“阵脚”。

第二节　司法鉴定人出庭作证资料准备

一、司法鉴定人出庭作证资料准备的范围

司法鉴定人出庭作证是一项严肃、繁重、艰巨的任务，要像鉴定实施活动一样，认真做好有关的资料准备工作。司法鉴定人出庭作证的资料准备，包括出庭前需要熟悉、阅读、参考、核对与出庭接受质询问题的相关资料，以及需要带入法庭的相关资料。准备资料的种类，一般有纸质版资料、电子版资料、录音录相与声频视频资料、实物模型等。

二、司法鉴定人出庭作证的相关资料及要求

（一）司法鉴定人出庭前需要熟悉的相关资料及要求

司法鉴定人出庭前资料准备的重点，是要熟悉、核对、参阅与出庭接受质询问题相关的鉴定资料。

1. 准备和熟悉鉴定相关资料的一般要求

（1）出庭鉴定人必须全面熟悉鉴定受理、鉴定实施过程、鉴定人的个人鉴定记录、鉴定结果研究与讨论记录、鉴定中出现不同争议问题的解决方式与结果记录、鉴定意见书所载的文字和图像图表的全部内容。其中鉴定意见书的文字内容是熟悉的重点。尤其是对检材（或鉴定对象或实体物）的性质与鉴定条件判断，鉴定样本（样品、参照物）可比条件评定，鉴定步骤的程序规范，鉴定方法的可靠性、先进性、有效性，鉴定依据的客观性真实性及其数量质量总体的唯一性，鉴定意见（结果）适用技术标准的合法性、规范性、准确性等基本问题，必须每个字、每句话都能熟悉、理解，能够准确地说明其含义和依据。因为法庭质证主要是针对司法鉴定意见书和鉴定意见提问的，出庭作证的鉴定人必须全面理解鉴定书所载明的重点问题的每句话；法庭上质证主体和审判人员无论提出

何种质疑，鉴定人都应该应对自如。不少出庭作证鉴定人，由于庭前未全面熟悉鉴定资料，有的甚至对鉴定书中一些主要内容都不理解，导致“有问无答”或“答非所问”。有的出庭作证鉴定人甚至出庭前未看鉴定意见书，对其中的错字、缺字等严重错误都未能发现，当质证主体提出质疑时，他还“理直气壮”地“反驳”。有的出庭作证鉴定人，对鉴定所采用的新技术、新方法的原理和检测结果的可靠性程度不了解，庭前未熟悉鉴定书内容和参阅相关资料或请教相关专家，法庭上回答质疑时乱讲一通，引起法庭哄笑，被人讥之为“陶秀才对歌”。

(2)出庭作证鉴定人庭前必须熟悉与理解司法鉴定意见书中所附载图像、图谱、图表、比对表等形象性资料的产生、意义及与鉴定意见的关系。鉴定意见书中的形象性资料，是鉴定意见书的组成部分，是反映和显示鉴定方法和鉴定意见科学依据的直观资料，具有很强的科学证明力。鉴定人出庭前，应当看懂司法鉴定意见书中所有图片、图谱、图表、比对表，能熟练解释其科学来源、科学原理、制作方法与过程、鉴定价值等。如果是几个鉴定人同时出庭作证，至少多数人能达到这一要求。

(3)对于鉴定事项中采用某些新的鉴定方法或者有争议的鉴定方法，出庭鉴定人应当翻阅相关鉴定文献，查明各种相同与不同的学理解释与检测结果可靠性的统计数据与评断，或者向相关专家求证该项鉴定技术的效果，以便在法庭上实事求是地说明。

2. 不同鉴定专业出庭鉴定人熟悉与准备相关鉴定资料的重点要求

现代司法鉴定涉及的专业门类十分广泛，几乎包括自然科学、技术科学的各个领域和社会科学的一部分，仅司法鉴定学科就上百个，鉴定专业门类上千个，鉴定事项上万个。所以，鉴定人出庭作证资料准备在达到一般性要求的基础上，有的特殊专业还有不同要求。如法医学鉴定类、建设工程鉴定类、产品质量鉴定类、电子数据鉴定类的鉴定人出庭作证，除准备和熟悉纸质版资料、电子版资料、图像资料外，还需要对有关人体、建筑物、产品、网络系统等客体物在鉴定过程中有关的文字、图像、图表的现场勘验、检查、鉴定记录资料加以熟悉，有时还需要查看对被鉴定客体状况的现场记录资料。

(二)出庭作证鉴定人需要带入法庭的重点资料准备及要求

司法鉴定人出庭作证,不是空手上庭,仅凭记忆和理解回答质证主体和审判人员提出的质询,而是要准备相关资料带入法庭,以便自己答问时查阅和向法庭展示,增强有关人员的印象,使之加深对鉴定过程和结果的理解。

司法鉴定人出庭要准备带入法庭的资料必须选择重点,同时要随鉴定专业特点而所不同。一般要准备的有以下几项:

1. 司法鉴定业务档案全卷。这是最完整的鉴定事项纸质档案资料,它记载了司法鉴定委托,司法鉴定受理,司法鉴定受理审查,司法鉴定材料[有检材、样本(品)的数量质量、性状、来源、转移、变更、保管、使用、监督、消耗、处理等详细情况],司法鉴定的准备,司法鉴定实施方案,司法鉴定人共同和各自采用的鉴定方法和所获结果的记录资料,司法鉴定人对鉴定意见的讨论情况,司法鉴定意见及其形成过程及与司法鉴定意见有关的图片、图表、图谱和参考资料。司法鉴定人出庭作证过程中回答个别记录不准确的问题,可以翻阅档案,必要时可以展示图像资料,以佐证自己的答疑。这是任何鉴定专业的出庭鉴定人都必须准备携带的资料。

2. 根据不同鉴定专业、不同鉴定事项、不同鉴定要求,携带或制作必要的图像资料或视频资料,以静态或动态图像、图谱、图表向质证主体和审判人员进行直观展示,增强作证效果。

准备法庭作证的静态图像资料,一般是制作 PPT(常称课件),特殊鉴定事项可制作同时具有声音和图像的动态视频资料。

无论出庭作证鉴定人是准备利用原有的图像资料或视频资料,还是另外制作,一定要根据本鉴定事项的特点和预测的法庭答疑的范围,使图像资料的内容有针对性,要重点突出、简明扼要、清晰明确、剪辑恰当、特征标示与说明准确,不能照搬鉴定意见书上的附件资料。例如,制作指印鉴定、印章印文鉴定、笔迹鉴定的 PPT 图像资料或视频资料，一般要求反映检材与样本的性状与特点、数量质量的鉴定条件或可比条件、比较检验方法、鉴定意见所依据的特征显示，鉴定中对其中疑点、难点问题要进行分析与判定；如系枪弹痕迹、工具痕迹、道路交通事故痕迹鉴定，制作 PPT 或视频资料的内容范围就应更宽一些，首先要反映该种痕迹在现场客体物上的形成状态、提取方式、保存与运送方法、鉴定时复制图像的方式，然后再反映鉴定过程与结果的重点图像；制作理化检验鉴定事项法庭作证 PPT 图像资料或视频资料，应从试剂制备、仪器选择与测试、被检材料提取方式与过程、检验方法及其效果反应、出现的图像或图谱及其数据显示等情况。

制作图像资料或视频资料，应以出庭作证鉴定人为主，邀请本鉴定机构的图像制作专业人员进行指导。制作内容复杂、技术难度高的图像资料或视频资料，应以专业人员为主，出庭作证鉴定人配合。

3. 有的鉴定专业的某些鉴定事项，出庭作证鉴定人还要准备携带成品模型或制作模拟模型。如法医损伤鉴定事项的鉴定人出庭，既要准备被害人的伤痕图像资料，又要准备必要的人体模型，必要时还要准备受伤模拟模型或图像；建设工程涉案鉴定事项的鉴定人出庭，除了准备建筑设计图、施工图、建筑材料资料、建筑物损毁录像资料或照片，有时还需仿制建筑物模型等。

出庭作证鉴定人的图像资料或视频资料准备，最困难的莫过于精神疾病鉴定专业。因为被鉴定人的精神疾病状态和表现特点具有动态性、间隙性、不稳定性，发病状态表征很难捕捉，照相、录像较为困难，也不能将病人带入法庭。大多数作证场合，只能靠出庭作证鉴定人以口述方式客观地加以描述。这就给出庭鉴定人的文字资料准备工作加重了负担。准备这类作证资料时，医院精神病医生的诊治病历记录和录像照相资料具有重要参考价值。

总之，不同鉴定专业、鉴定事项的出庭作证鉴定人，都要根据自己的专业特点和法庭作证要求，以依法、科学、合情合理的方式，尽其可能地准备必需的图像或视频资料，以增强作证效果。

三、鉴定人采用视听传输技术或者视听资料作证的资料准备

（一）视听传输技术或视听资料作证的适用范围

我国《民事诉讼法》第 73 条规定："经人民法院通知，证人应当出庭作证。有下列情形之一的，经人民法院许可，可以通过书面证言、视听传输技术或者视听资料等方式作证：（一）因健康原因不能出庭的；（二）因路途遥远，交通不便不能出庭的；（三）因自然灾害等不可抗力不能出庭的；（四）其他有正当理由不能出庭的。"在刑事诉讼中，因以下几种原因无法出庭作证的，人民法院可以准许其不出庭，可通过视频等方式作证：（1）在庭审期间身患严重疾病或者行动极为不便的。（2）居所远离开庭地点且交通极为不便的。（3）身处国外短期无法回国的。（4）有其他客观原因，确实无法出庭的。

上述规定的适用范围和作证方式，也适用于鉴定人，因为鉴定人在本质上属于证人。但适用的前提条件为：鉴定人必须符合上述情形之一；鉴定人接到出庭作证通知后，必须向发出通知的人民法院申请不予出庭并经人民法院准许。否则，即被视为拒绝出庭作证。

（二）鉴定人视频方式作证需用资料的种类

根据法律的规定和最高人民法院司法解释的精神，司法鉴定人以视频作证方式，包括声频资料作证、视频声频资料作证、双向视听传输技术作证三种。严格来说，"视频方式作证"并不包括"声频资料作证"。但法律和司法解释中并未排除"声频资料作证"的可能性。因为我国《民事诉讼法》所指的是"视听资料等方式作证"，《刑事诉讼法》司法解释规定的是"视频等方式作证"。所以，司法鉴定人在特殊情形下，经通知出庭的人民法院允许，以"声频资料方式作证"也是符合法律要求的。

1. 声频资料作证，是一种较为简单的作证方式。符合法律规定不能出庭的司法鉴定人，人民法院同意其不出庭后将双方当事人对鉴定意见提出的质疑，交给该鉴定事项的鉴定人，按作证要求制作书面答疑文字材料并同时制作录音

资料递交法院，由其在法庭上或其他相应场合播放。

2. 视频声频资料作证，是鉴定人不出庭，根据质证主体提出的答疑要求，制作相关图像资料和答疑的声音资料、以文字解说和带图像显示的同步作证方式。这多适用于鉴定事项较为疑难复杂或对鉴定意见争议较大，而鉴定人又确实无条件出庭的特殊作证情形。

3. 双向视听传输技术作证，常称电视作证。该方式运用人民法院的内部网络系统，审判法院与特定的人民法院（与鉴定人居所较近的）开通内网，作证鉴定人准备好答疑提纲和相应的图像资料，在接受信息法院的视频传输室，根据对方法庭审判长的指令，按法庭作证要求逐一回答质证主体和审判人员的提问，并同步放送相应的图像资料。这是直接的对答方式作证，而不是播放录音录像带；这是对鉴定人要求最高的远距离作证方式。

（三）准备和制作视频作证资料的要求与方法

以上三种视频作证资料的作证方式有所不同，前两种是语言和图像信息单向放送，无即时问答要求，质证主体和审判人员根据视频中的语言和图像了解鉴定人对质询的说明与解释，两者间是静态交流。后一种是双向传输信息，质证主体与审判人员向鉴定人提问，鉴定人依次作答，两者间是动态交流，鉴定人如亲临法庭作证一样。司法鉴定人无论以其中何种方式作证，准备视频资料都有一些共同要求。

1. 资料的来源必须真实、合法，不能有半点虚假。纳入视频的声音和图像资料，都必须是经过法庭质证获得双方确认的。当事人一方提供或双方有争议的资料不能采用，来源不明的更应剔除。

2. 视频资料必须精选并突出重点。由于视频作证时间空间受限，网络系统的容量有限，纳入视频的声音、文字、图像资料必须是与鉴定意见和当事人质询密切相关，能够从鉴定原理、方法、依据、标准等方面证明客观真实并消除其质疑的重点内容；鉴定人的声音资料（口头语言）和书面文字语言应当言简意赅，图像资料应选择能证明鉴定条件、鉴定方法、鉴定依据中的精华部分。

3. 视频资料必须剪切恰当，画面清晰，特征标示准确。不易被人理解的图像、图谱、图表，要辅之以文字或声音资料说明。那种将鉴定意见书附件资料照搬的做法是不好的。如鉴定人是以双向视频传输方式作证，回答问题除使用口头语言外，还需在视频上辅之以书面语言文字，但要简明扼要。鉴定人在视频线上答问，口头语言应当规范、简短。

4. 视频资料要交法院存档，有的还要多次播放，应当选择该鉴定事项鉴定参与人中，鉴定能力强并有一定作证经验的主要鉴定人担任制作视频资料和现场答问的主角。

5. 鉴定人准备和制作视频作证资料需要相关方的指导与配合。由于视频作证资料近似电视图文资料，技术标准要求较高。作证鉴定人应当与本鉴定机构的视频技术人员密切合作，共同完成资料准备任务。如是采用双向视频传输方法作证，鉴定人应聘请信息传输司法机关的技术人员作指导，共同选择和制作视频资料。经过剪辑、试放、删改定稿后，交信息传输司法机关的技术人员，按传输要求制作可供传输放送的视频资料，部分资料制作后应与对方法院审判庭视频终端进行试放，以确保双向视频传输作证时资料信息顺利传送。

第三节　司法鉴定人拟制出庭答疑提纲和相关材料

一、出庭作证鉴定人拟制法庭答疑提纲和法庭书面证言材料的目的

司法鉴定人出庭作证是一项严肃的活动，作证任务虽然明确，但法庭提问的范围和内容具有不确定性。由于当事人双方各自追求的目标不同，提问涉及的内容往往超出作证任务范围，有的是鉴定人临时难以全面、准确考虑和答复的。出庭作证的鉴定人，为了顺利接受法庭质询，较好地完成作证任务，给质证

主体和审判人员就鉴定意见提出的质疑作出客观、准确的答复,为法庭审查鉴定意见证据材料提供合法、客观、真实的补充意见,必须在出庭前进行充分的书面资料准备。在全面熟悉和研究鉴定意见书和相关资料的基础上,对法庭质询的范围和内容进行预测,拟制法庭答问提纲和法庭证言材料初稿。

二、出庭作证鉴定人拟制法庭答疑提纲的方法、范围以及对疑难质询的应对准备

(一)出庭作证鉴定人拟制答疑提纲的方法

拟制回答法庭质疑发言提纲,是该鉴定事项鉴定参与人的共同任务,但应以出庭作证鉴定人为主,并由主要作证人执笔。可先召集该鉴定事项鉴定参与人,共同熟悉鉴定过程与结果,明确鉴定意见的重点、难点、疑点问题,结合当事人对鉴定意见的反馈信息,预测法庭上可能提出质疑问题的范围和重点,确定答疑要点,由主要作证人拟稿。如几名鉴定人分别出庭作证,答疑的内容和观点应基本一致,不能互相矛盾。

(二)出庭作证鉴定人拟制法庭答疑提纲的范围

司法鉴定意见的法庭质证,尽管质证主体和审判人员就鉴定意见提问的范围和内容具有不确定性,但鉴定人根据鉴定事项涉及的案情、鉴定事项和鉴定结果的特点,是可以大致预测询问和质疑问题的范围和内容的。就一般规律而言,出庭作证鉴定人拟制法庭答疑提纲的基本范围和主要内容有以下几个方面:

1. 关于该鉴定事项的鉴定过程问题。鉴定意见书上所列的鉴定人是否都直接参与了鉴定活动,分工如何,鉴定意见是否一致,出现的鉴定分歧是怎样解决的,鉴定过程中有无当事人或其他有关人员询问鉴定情况或提出要求,鉴定人是否找过当事人等。

2. 关于鉴定材料的审查与使用问题。鉴定人对鉴定材料的真实性、鉴定条件的评断;鉴定中使用鉴定材料的范围;鉴定过程中增减鉴定材料的原因与合法性。

3. 关于补充、修正、更改鉴定意见书局部内容的问题。鉴定人如发现自己出具的鉴定意见书中确有错字、漏字、个别词句或概念不当，或者鉴定文书装订上有差错，无论法庭上是否有人提出，出庭作证鉴定人都应当主动承认错误，并作出补充、更正说明。同时，还应在法庭证言材料中进行具体解释。

4. 关于鉴定方法的科学性、先进性、有效性问题。这多是法庭提出质疑的重点，尤其是在理化检测和各项鉴定新技术应用方面，“专家辅助人”出庭协助质证更要重视这一问题。鉴定人有必要进行精心准备。在前述的“三性”问题上，学术界对许多新鉴定事项、新技术、新方法多有不同主张或争议。出庭作证鉴定人拟制答疑提纲时，一定要客观、灵活、兼容，不要绝对化，不要坚持“一家之言”，要多参阅资料、博采众长。对于新原理、新技术、新方法的不同主张，可按主流观点解释；对于某些鉴定意见争议涉及的科学原理和技术标准问题，应按业已定论的观点和技术标准的层次等级进行解释。

5. 关于鉴定标准的层次性、适用性、合法性争议问题。这是法庭上争议最多、也最难解决的难点问题。我国目前使用的司法鉴定技术标准多，但多不规范，法定标准、规范性文件“标准”、传统习惯“标准”、不是标准的“标准”（“自制标准”）并用，法庭上争议颇多，又难以取得共识。但对法定标准（含国家、行业、地方）是无质疑的，主要是对评定等级不准确有争议；传统习惯标准多数无争议（如指印鉴定、枪弹痕迹鉴定、印文鉴定等）；对“规范性文件标准”的效力和层级有不同认识；自制标准争议较多，一般只能供参考。需要明确的是，地方标准只能适用于本地区范围内，不能跨地区适用。出庭作证的鉴定人，在拟制涉及鉴定标准问题的答疑材料时，一定要如实说明适用标准的名称、层级性质（是法定标准、规范文件，还是自制标准）和适用的依据和效果，以供法庭评判。

6. 关于鉴定意见的科学依据问题。鉴定意见的科学依据是否充分，是衡量鉴定意见是否客观、真实的尺度，也是解决鉴定意见分歧或争议的标准。鉴定意见的真实性与客观性是有一定区别的。有的鉴定虽真实，但欠客观。如有的鉴定意见反映鉴定要求无错误但鉴定科学依据不足；有的鉴定意见的科学依据充分、反映事实也真实,但其表述方法不符合科学与法律要求,均属不客观的鉴定意见。

鉴定意见的科学依据,一般是指鉴定意见所依据的被鉴定对象的特征、特点、事实、数据、现象等的数量质量,即被鉴定事物本质特性的种种表现。不同科学、不同专业、不同事项鉴定意见的科学依据是有区别的,但都有几条共性依据和个性依据作为鉴定意见的科学支撑。鉴定人凭借科学依据出具鉴定意见,应当把握三点:一是依据明确,可见、可重复出现,不是虚拟的、看不见摸不着的;二是该依据在科学、法律方面无争议并得到内行专家公认;三是具备一定的鉴定价值。

鉴定意见的科学依据与鉴定技术标准直接相关,一般而言,科学依据充分的鉴定意见就是符合技术标准的鉴定意见。但这仅限于法定标准,有的非法定标准,两者不能等同。许多鉴定人,无论是制作鉴定意见书、拟制法庭答问初稿还是法庭答疑时,对鉴定意见的科学依据往往表述不明确,未说明鉴定意见有哪些依据作支撑;有的虽有表述但没有条理、层次、数量质量数据说明,外行不理解,内行不信服。出庭作证的鉴定人,在拟制发言稿和法庭答问时,一定要对鉴定意见列出科学依据并评断其总体的数量质量所能反映出鉴定对象的特殊性质。鉴定意见的科学依据就是鉴定意见所依据的科学事实。许多鉴定对象,就是依据其相同与不同特征的数量质量及其总体所反映出的特性出具鉴定意见。这种科学依据,应当是不难概括的。

7.关于鉴定意见表述方法、含义、证明意义问题。鉴定意见是证据材料或者证据的书面语言概括,一般只有一句话或者两句话。是回应鉴定要求的关键所在和法庭审查证据材料的重点之一,也是法庭提问最多、争议最多、最激烈的一个核心问题。

根据鉴定的科学原理、科学方法和解决诉争事实的需要,同一鉴定事项、同一个鉴定要求,鉴定意见有不同的表述要求。有时,甚至不同鉴定机构和鉴定人,由于对科学原理和法律要求理解不同,对同一鉴定事项和同一鉴定要求,有表述不同的鉴定意见,显示出不同的含义。因此,在法庭质证过程中,常要求鉴定人对鉴定意见的表述依据和含义作出解释。鉴定人应当事先准备文字提纲。准备答疑的重点应当为以下几点:

(1)鉴定意见表述的依据。主要是根据鉴定材料的鉴定条件(检材或被鉴定客体与样本或参照物),鉴定材料的来源和法庭质证情况鉴定或检验结果综合判断情况证据材料要求决定的。鉴定材料鉴定条件不同,鉴定或检验所获得的信息不同,鉴定意见表述方法也不同;鉴定材料经过质证与否和其来源、性状不同(原件或复制品),鉴定意见的表述亦有重大差别。如鉴定有争议的签名字迹,检材字迹为复制件而样本为原件,鉴定结果发现尽管两者各方面笔迹特征相同,鉴定意见绝不能表述为"两者为同一人书写",只宜表述为"两者笔迹特征总体相同,检材字迹原件与样本字迹应是同一人书写"。因为两个载体性质不同,若认定其为同一人书写,犯有科学原理和逻辑错误,很可能事实上也有错误(复制伪造可能)。又如指印鉴定,检材为红色印油指印,样本指印是在当事人的陈旧文书上的红色印油指印,但未经本人指认和法庭质证确认,经鉴定结果,两者各方面特征相同,鉴定意见只能表述为"检材与样本指印为同一人同一手指指纹形成",不能表述为"检材指印是某人某手指所留"。因为样本指印未经确认和与该人现实指印样本比对核实,直接认定为其所留,鉴定意见不客观甚至有错。法庭质证实践中,因鉴定意见表述不科学、不客观、不符合证据要求,引起的争论和纠纷不少。鉴定人出庭前,一定要仔细审查自己的鉴定意见有无科学和证据规则方面的差错,并准备说明提纲。

(2)在法庭上经常要求鉴定人说明的问题。"鉴定意见的含义",是指鉴定意见能够说明的问题。鉴定人出具鉴定意见,自己必须明确其科学含义和证据含义,绝不能违背这两项要求随意出具鉴定意见。在法庭质证过程中,对鉴定意见的含义发生的主要质疑有:"倾向肯定"鉴定意见、"倾向否定"鉴定意见、"不能确定检材与样本两者是否同一人或同一物"鉴定意见、"不具备鉴定条件"鉴定意见、"种属一致"鉴定意见、"同一时间段(范围)"鉴定意见、"检材与样本源自同一物或同一人”鉴定意见。这些鉴定意见各有不同的鉴定标准和证明含义。

按照同一认定鉴定科学原理和中外鉴定技术标准,“倾向肯定”鉴定意见就是“基本肯定”“接近肯定条件”的意见,“倾向否定”鉴定意见则与之相反。

“不能确定检材与样本两者是否同一人或同一物”鉴定意见,就是既不能肯定又不能否定的不确定鉴定结果,具有不能排除的可能性的含义。

“不具备鉴定条件”鉴定意见,一般是指检材不具鉴定条件的可能性,鉴定前提和基础无逆转的可能,“样本条件差”多数可以弥补,一般不出具此种鉴定意见。“不具备鉴定条件”鉴定意见,在某些特定案件中具有一定证明作用,它意味着该“检材”不能作为证据材料。

“种属一致”鉴定意见,是一类压缩鉴定对象种属范围的意见,不具有特定性和唯一性,否定意见具有排除作用,肯定意见证明意义不大。

“同一时间段(范围)”鉴定意见,与“种属一致”鉴定意见含义近似,如印刷字迹、书写字迹、印章印文形成时间这类鉴定意见,只能确定检材与样本(已知)的形成时间在几个月或稍长的时间段内,至于两者具体时间差距,要依据检测的数据而定。

“检材与样本源自同一物或同一人”鉴定意见,多出现于图像、笔迹的复制件、印章印文复制件、指印的复制件鉴定,意指检材与样本两者均来自原始件。其实“源自”一词表意并不准确。不少检材或样本都是反复制作(如照片翻拍文书、多次复印文书),这种“源自”仍有不真实或不客观的可能。比较客观的,可用“检材原件”或“样本原件”加以表述。鉴定人在拟制法庭答疑提纲时,需要依据每个鉴定事项的鉴定要求的具体情况,参考前述基本观点有针对性地进行思考后,准备答疑或说明初稿。

鉴定人欲减少法庭上对鉴定意见的表述和含义提出的质疑,最关键的是要按照法律、司法解释和部门规章的规定和科学鉴定要求制作鉴定意见书。目前,有些鉴定意见书上使用一些超出鉴定人法定职权的名词,导致鉴定人法庭答疑时产生激烈争议。如有的鉴定意见认定“检材印文是伪造的”“××××

房产证是假的”“×××遗嘱是被篡改的”“××《借条》的签名不具有真实性”。鉴定人无权出具这些定性的法律结论，只有法官才有权判定。鉴定人的鉴定意见书上如有此种言词，在法庭上应当主动承认错误。

(三)出庭作证鉴定人对疑难质询的应对准备

司法鉴定人在出庭作证过程中遇到的疑难质询，是指涉及鉴定意见书以外和鉴定人一般不予回答而又与本鉴定事项有一定关联性的疑难提问，鉴定人若不回答又对鉴定意见的审查、采信有一定影响的问题。其范围多与鉴定程序的合法性、鉴定意见的规范性、鉴定意见与案件事实的关联性有关。法庭质证过程中遇到较多的疑难质询有以下六个方面。

1. 对质证主体提出鉴定材料真实性、合法性质疑的答复要点。鉴定材料来源的真实性、合法性问题，按照法律规定，应该由鉴定委托方负责审查与办理核实手续，鉴定机构和鉴定人在受理鉴定和实施鉴定时，无权也无条件进行审查核实。在《司法鉴定委托书》上委托方已对此作了承诺。在实施鉴定过程中，鉴定人首先要对委托方提交的检材与样本的数量质量及其鉴定条件进行科学审查与评估，并对两者是否出自同一物或者同一人的问题，进行细致的比较检验，在获得切实可靠的意见之后，才能进行鉴定。在鉴定实施过程中，鉴定人若发现鉴定样本局部真实性可疑，还要请求委托方再次核实并出具书面说明；鉴定中如发现样本数量不足或质量不完全具备供检要求的，鉴定机构和鉴定人有权要求委托方补充；委托方确实无条件补充的，鉴定主体有权终止鉴定，或者出具不确定性鉴定意见。

2. 法庭上对鉴定意见适用的科学技术标准发生争议的说明。我国目前有较多专业的鉴定技术标准尚未统一，部门之间、行业之间各自适用的技术标准不完全一致。由于鉴定业务管辖范围也未完全统一，鉴定机构和鉴定人适用技术标准多受业务主管部门制约，同一鉴定事项、同一鉴定要求，出具的鉴定意见可能出现微小差别，但不是重大差别，这不是鉴定主体的责任。应由审判机关与中央主管部门沟通。社会司法鉴定机构出具的鉴定意见,是按司法部《司法鉴定程序通则》规定的四个层次的鉴定标准执行的,该标准属于部门规章,具有部门或行业标准的制约作用。鉴定业务管理部门发布的司法鉴定规范性文件,可作为衡量鉴定意见是否符合鉴定标准的参考。

3. 对鉴定意见与案件事实关联性质疑的必要回答。不少质证主体,认为鉴定意见与涉案事实有矛盾,一律斥之为“虚假鉴定”或“伪科学鉴定”。鉴定人对于这种质疑应作必要的解释。鉴定意见仅是对被鉴定对象的某一局部所作的科学判断,而不是对案件事实全部作出的直接判断,其所确定的个别事实不一定与案件事实有直接或间接的关联性。鉴定意见正确与否的评断标准是科学技术标准,而不是其与案件事实的关联性,更不是当事人的主观认识。有的鉴定意见与案件事实不符,不一定是鉴定意见错误,这要从检材的来历和案件的证据链上进行考察。尤其血迹鉴定、指印鉴定、笔迹鉴定常出现鉴定意见确属客观真实而与案件事实相矛盾的现象。因为检材血迹是被鉴定人案前或案后遗留的、检材指印不是直接留在现场或留在现场与犯罪行为无关物体或部位上的、当事人的字迹是写在其他文书上而被移植于检材上的,这些都可能出现鉴定意见与案件事实的突出矛盾。有的鉴定意见虽与案件事实相符,但由于其证明力有限(种属鉴定意见),未按证明力要求采用,也会导致错误认定案件事实,甚至铸成冤假错案。“杜培武案”中泥土成分鉴定、射击残留物鉴定意见并无错误,但种属鉴定意见,其证明力太小,审判机关当作同一认定鉴定意见采用,认定其与杜杀人直接相关,这是评断与采信证据的错误。更错误的是,将警犬气味鉴别意见和测谎(司法心理测定)鉴别意见两种不能作为证据的“意见”也作为关键证据,多种错误铸成冤案。所以,诉讼有关方对鉴定意见与案件事实之间的矛盾,不从案件各种情形和证据链上进行综合考察,而单纯从鉴定意见一个方面就事论事,一律认为是鉴定意见的错误是不科学、不客观的。鉴定人在法庭上回答这个问题,只表明前述两个观点就行了。

4. 对经过几次鉴定但意见仍不一致的原因说明。出庭作证鉴定人,无论是受理初次鉴定或再次鉴定的，质证主体都可能提到本次鉴定意见为何与前几次鉴定意见根本不同的质疑，鉴定人可以准备从四个方面加以解释。几次鉴定出现鉴定意见不一致的情形，有客观和主观多方面的原因；评断几次鉴定意见谁有可采性的标准，应从鉴定程序、步骤、原理、方法、依据、标准、鉴定主体能力与经验等方面进行综合考察，如符合这些要求的，应属客观、真实的鉴定意见；本次鉴定意见在这些方面都是符合要求的；按法律规定，出庭作证鉴定人，无权也不允许评论其他鉴定机构和鉴定人的鉴定意见。

5. 对不确定性鉴定意见质疑的答复要求。司法鉴定意见，按其确定事实的程度和性质划分，分为确定性鉴定意见与不确定性意见两类。确定性鉴定意见就是肯定或否定事实的结果，不确定性鉴定意见就是既不能肯定又不能否定事实的鉴定结果。“不确定性”鉴定意见包括“倾向肯定”“倾向否定”和“不能确定”三种类型的四种可能性（“可能是”“可能不是”“不能肯定”“不能否定”）。法庭上，质疑主体向鉴定人提出疑问的多半是后一种——“为什么出具不能确定鉴定意见。”出庭作证鉴定人可准备三个说明要点：(1)鉴定人出具不确定性鉴定意见，是依据法律关于“证人应当如实提供证据”的规定进行的；(2)鉴定人出具不确定性鉴定意见，也是属于“如实提供”证据的范围；(3)出具“不确定性”鉴定意见，是受鉴定材料的数量、质量、性状、可比条件等多种因素制约决定的，符合鉴定技术标准和鉴定规范的要求。

6. 对于“鉴定意见与证人证言不一致”质疑的答复。对于涉案的同一个问题，鉴定机构和鉴定人的鉴定意见与证人证言不一致甚至完全不同的情形是常有的，法庭质证过程中当事人和辩护律师常常要求鉴定人作出解释。对于这种情况，出庭作证鉴定人应作以下说明：因为鉴定人和证人，各自对同一事物采用的认识原理、方法、手段、依据、标准和认识主体的认知能力、经验不同，对其所作的判断结果可能有差别；涉及诉讼的科技问题（专门性问题），多数是不能凭调查、侦查、司法人员或证人的感知和经验直接查明的，否则，科学技术鉴定就没有存在的必要了；鉴定人的鉴定意见与证人证言不一致的矛盾现象，应通过鉴定专家共同鉴定并由司法人员从案件证据链上进行综合判断，确定谁是谁非。

三、出庭作证鉴定人法庭证言材料的准备

（一）出庭作证鉴定人提供证言材料的必要性

司法鉴定人的法庭作证，既有录音录像，又有书记员进行即时记录，鉴定人的法庭证言可以完全被记录于电子版和纸质材料之上。但由于鉴定人的发言和“专家辅助人”的提问，及其两者间的交流，需要涉及一些专业性较强的科技理论问题，记录遗漏或记录不准确，可能导致证言失实，给法庭审查鉴定意见和鉴定人的法庭证言造成困难或产生差错。所以，许多出庭作证的鉴定人，都要事先准备法庭证言材料初稿。尤其是重大、疑难、复杂案件中涉及的鉴定事项，在鉴定人作证完毕之后，审判长会明确要求鉴定人在规定时限内提供书面证言材料。

（二）司法鉴定人法庭证言材料的性质与意义

司法鉴定人向法庭提供的书面证言材料，是证据材料的组成部分，它与司法鉴定意见书、鉴定人法庭证言三者共同构成完整的鉴定意见证据材料，是法庭审查鉴定意见证据的必要参考资料。

（三）出庭作证鉴定人法庭证言材料与法庭答疑提纲的相同点与不同点

两者都是出庭作证鉴定人对法庭就鉴定意见提出质询的说明与解答，内容、概念、观点、重点必须一致，对有争议问题的说明不能出现矛盾之处。法庭证言材料是在法庭作证之后，根据法庭提问和答疑内容，对答疑提纲进行修改补充而成的。它应当将法庭答疑的主要内容反映出来，重点突出、观点明确、条理清晰、论述有依据和事实；对于法庭上有争议和鉴定书上反映不明确或欠妥的问题，要有理有据地解释清楚，切忌使用空话、套话。

（四）出庭作证鉴定人提交法庭证言材料需要说明的问题

法庭闭庭时，书记员要通知出庭作证鉴定人核对自己的法庭证言笔录，如

发现被遗漏的简短内容和不当词句,鉴定人可在法庭笔录上添加、修正,如果错漏较多,可注明“以法庭书面证言材料为准”。

司法鉴定人在法庭上回答质询问题时,无论遭遇什么疑难和风险,都应持客观、公正、中立立场,坚持科学正义与法律正义底线。对于鉴定意见中确属正确的部分必须坚决维护,确实存在遗漏、不足的部分应当补充与说明,对错误的地方即时纠正。法庭上口头证言如此,准备和提交书面证言材料亦不例外。

第四节　司法鉴定人出庭作证证件和服饰准备

一、司法鉴定人出庭须带相关证件及其文件

(一)人民法院出庭通知书

司法鉴定人出庭携带的人民法院通知书必须是原件。如通知书中指定的鉴定人不能出庭而由其他鉴定参与人出庭,未到庭的鉴定人应当在通知书上说明理由。

(二)司法鉴定人执业证书或资格证书

社会鉴定机构的鉴定人出庭,必须携带司法行政机关颁发的司法鉴定人执业证书。侦查机关鉴定机构的鉴定人出庭,须携带侦查机关印发的资格证书。无论是执业证书还是资格证书都必须是原件,而且其上的姓名、照片必须与司法鉴定意见书上所载的一致,证件日期必须在有效期之内。在接受法庭的资格审查时,如果鉴定人的证件与鉴定意见书上的姓名、照片完全不符,可能会被劝退出庭。

(三)司法鉴定人相关身份证明文件

鉴定人出庭应携带居民身份证。有时司法鉴定人出庭还要求携带专业技术职称证书。如有的鉴定意见书上未注明鉴定人技术职称的;鉴定专业鉴定人

技术职称要求较高的;重新鉴定必须要求正高职称鉴定人参加的。

总之,鉴定人出庭携带的证件,必须真实、有效,与鉴定人相符,技术职称要达到规定要求。

二、司法鉴定人出庭作证的唯一性与可选择性

1. 出庭的司法鉴定人只能是该涉案鉴定事项具有法定资格的鉴定活动参与人,而且是实际参与鉴定活动,并在司法鉴定意见书上载有名字并签名的鉴定人。有的鉴定事项,参与鉴定活动的鉴定人很多,但未在该鉴定意见书上载名和签名,也无资格出庭。鉴定助理、其他鉴定辅助人员不能代替鉴定人出庭。有的鉴定事项,由于涉及的专业技术多,鉴定人出庭作证时需要调试、放映视频影像资料或展示模型、图表,可以申请法庭同意相关技术辅助人员进庭协助作证鉴定人工作,但他无作证资格和权利,辅助活动完毕即离开法庭。

2. 司法鉴定人出庭作证的可选择性,是指在涉案鉴定事项的司法鉴定意见书上所载并签名的鉴定人,如人民法院未指名通知鉴定人出庭,该鉴定事项鉴定参与人之间,可全部或选择部分相应的鉴定人出庭。所谓"选择部分相应鉴定人"是指要选择专业对口、具有较强作证能力的鉴定人出庭。如果人民法院出庭作证通知中指定鉴定人出庭,被指定的鉴定人必须出庭,如因故不能出庭,要向法庭说明理由并选择该鉴定意见书上其他相应鉴定人代替。

3. 司法鉴定人出庭作证的唯一性和可选择性,都是有条件限制的。"唯一性",是指不是参加该项鉴定活动的法定鉴定人决不可以出庭作证。"选择性",并不是在本机构鉴定人中或本鉴定事项鉴定参与人中任意选择。

三、司法鉴定人出庭的服饰要求与仪表规范

(一)司法鉴定人出庭的着装要求

不同性别、不同年龄、不同职业、不同地区、不同民族的司法鉴定人出庭,着装都应与法庭气氛相符。要求通俗、大方、庄重,符合法庭着装规范。一般要求着正装,职场通用的便装也可以,但不要"奇装异服"。侦查机关鉴定机构的鉴

定人出庭，服装不宜显示其职业特点，宜大众化装束，反映自己的证人立场。

（二）司法鉴定人出庭仪表规范

司法鉴定人在法庭上要显示出“专家证人”的气质。外貌要清爽，仪表要端庄、大方、严肃，与律师的仪表规范要求相同。服装要清洁、整齐，化妆要适度，头发、胡须要修剪，表情要和蔼、严肃，坐姿、站姿要端正。要遵守法庭一切行为准则。

四、司法鉴定人法庭证言的语言要求

司法鉴定人法庭作证，应尽量要求讲普通话，特别是跨省、区出庭作证。地方语言，只能在一定地域内（本省区）使用，但要避免土话和粗俗俚语，涉及专业用语要尽量通俗化，必要时应用大众语言加以解释。鉴定人法庭作证时，无论使用何种语言，都要放慢速度，字音要清楚，以法庭书记员能够记录为基本要求。

汉族司法鉴定人到少数民族地区出庭作证，或者少数民族鉴定人到汉族地区出庭作证，要事先向法庭申请通晓鉴定的翻译，获得批准后，将司法鉴定意见书复印件送交翻译。

第四章　司法鉴定人出庭作证的任务和应答范围

司法鉴定作为诉讼中的一项重要活动,尽管不是所有诉讼案件都涉及,但一旦涉及就必须严格遵守相关法律法规,鉴定人出庭作证更是如此,必须依法依规进行。依据《刑事诉讼法》《民事诉讼法》《司法鉴定程序通则》等法律规章以及相关规范性文件之规定:鉴定人经人民法院依法通知,应当出庭作证,回答与鉴定事项有关的问题。

第一节　司法鉴定人出庭作证的任务

鉴定人出庭作证既是法律规定,更是其应尽的义务;回答与鉴定事项有关的问题,是鉴定人出庭作证的主要任务。

一、宣读司法鉴定文书

司法鉴定文书是司法鉴定机构和司法鉴定人依照法定条件和程序,运用科学技术或者专门知识对诉讼中涉及的专门性问题进行分析、鉴别和判断后出具的记录,以及反映司法鉴定过程和司法鉴定意见的书面载体。通常包括司法鉴定意见书和司法鉴定检验报告书两种:(1)司法鉴定意见书是司法鉴定机构和司法鉴定人对委托人提供的鉴定材料进行检验、鉴别后出具的记录司法鉴定人专业判断意见的文书,一般包括标题、编号、基本情况、检案摘要、检验过程、分析说明、鉴定意见、落款、附件及附注等内容。(2)司法鉴定检验报告书是司法鉴定机构和司法鉴定人对委托人提供的鉴定材料进行检验后出具的客观反映司法鉴定人的检验过程和检验结果的文书，一般包括标题、编号、基本情况、检案摘要、检验过程、检验结果、落款、附件及附注等内容。司法鉴定文书是“鉴定意见”诉讼证据的具体表现形式，因此鉴定人出庭作证首先应向法庭宣读司法鉴定文书内容。尽管在法庭上所有诉讼参与人可能最关注的是鉴定结果，但通常情况下，鉴定文书在法庭质证前，基本已经送达所有诉讼参与人，或者诉讼参与人已经知晓鉴定结果，因此宣读司法鉴定文书时，不能只简单宣读鉴定结果，而应充分体现鉴定全过程，即鉴定程序的规范性、合法性在宣读时应有所体现。何时接到鉴定委托、作出鉴定受理决定并正式启动鉴定程序，应作为宣读内容的第一部分；利用何种仪器设备、在何种条件下、采用何种标准、如何进行检验鉴定，应作为宣读内容的第二部分；何时形成鉴定意见、意见如何、依据如何等应成为宣读内容收尾。总之，无论是司法鉴定意见书，还是司法鉴定检验报告书，其核心内容包括检验过程、检验结果和鉴定意见，因此宣读时，对检验所利用的仪器设备、作出检验结果和鉴定意见的依据等应作重点介绍，决不可以照本宣科。

二、接受质证主体的交叉询问

司法鉴定人出庭作证，当宣读完司法鉴定文书后，在审判人员的主持下，应当开始接受质证主体的交叉询问。诉讼活动不同，司法鉴定人面对的质证主体各异。在刑事诉讼活动中，以公诉案件为例，司法鉴定人出庭作证面对的质证主体主要是代表控方的公诉人和代表辩方的辩护人；刑事自诉案件，司法鉴定人出庭作证面对的质证主体则多为原、被告双方。在民事诉讼活动或行政诉讼活动中，司法鉴定人出庭作证面对的质证主体同样多为原、被告双方。另外，我国《刑事诉讼法》第 197 条第 2 款规定：“公诉人、当事人和辩护人、诉讼代理人可以申请法庭通知有专门知识的人出庭，就鉴定人作出的鉴定意见提出意见。”《民事诉讼法》第 79 条规定：“当事人可以申请人民法院通知有专门知识的人出庭,就鉴定人作出的鉴定意见或者专业问题提出意见。”因此,鉴定人出庭作证的质证主体也应包括代表原、被告(控辩)双方的专家辅助人。

司法实践中,鉴定意见有三种情形:(1)对原、被告(控辩)双方一方有利、一方不利。(2)对原、被告(控辩)双方都有利。(3)对原、被告(控辩)双方都不利。不同的质证主体或不同的鉴定意见情形,司法鉴定人出庭作证接受质询的内容和针对内容进行答复的难易程度会不同。

刑事诉讼活动中,当鉴定意见已作为控方(公诉)认定犯罪事实的重要依据时,司法鉴定人接受公诉人的质询,公诉人一般会针对鉴定程序、使用的标准和方法等进行逐一核实,力求在法庭通过质询,证明鉴定意见的合法性、客观性和科学性等,鉴定人只需要做到配合应对即可。但是,在此种情况下,对来自辩护人的质询可能会较为复杂。辩护人通常情况下是取得从业资格的执业律师,有着较强的法律知识背景,辩护人会充分发挥自己的法律知识优势,让鉴定人陷入被动,因此质询内容通常具有法律特征,即针对鉴定意见提出的问题通常会表现在证据的合法性方面。例如,主体资格是否合法,鉴定机构、鉴定人是否取得了执业许可和执业资格,是否均在有效期或执业范围内;鉴定程序是否合法,是否签订司法鉴定协议书,鉴定所使用的标准、规范和依据等。辩护人质询问题的特点,要求司法鉴定人不仅做好技术专家,更应很好掌握司法鉴定相关法律法规。当然,辩护人的质询有时也会涉及实体问题,即专业技术方面的问题;对此,司法鉴定人沉着应对即可。以上情形,同样适用于民事、行政诉讼活动。

随着公民法律意识的增强以及立法的不断完善,专家辅助人已成为鉴定意见法庭质询的热词,司法鉴定人出庭接受专家辅助人的质询将会越来越普及。依据法律规定,公诉人、当事人和辩护人、诉讼代理人都可以申请法庭通知有专门知识的人出庭,就鉴定人作出的鉴定意见提出意见。因此,在某专业领域具有专门知识的人都有可能成为专家辅助人,专家辅助人的人数问题当前立法并没有明确规定,因此司法鉴定人接受来自专家辅助人的质询,不仅会受到来自同一专业领域同行专家的挑战，也会在人数可能处于劣势下面临多位专家辅助人的轮番询问。司法实践中，专家辅助人作为质证主体，往往表现出与鉴定意见相左的情形，有别于律师质询问题“重技术轻法律”，问题多集中于鉴定方法、鉴定标准和鉴定依据层面，法庭上会针锋相对，这种博弈会直接影响庭审法官的内心确信，甚至法官对案件自由裁量权的行使，因此司法鉴定人出庭接受质询必须做好充分的准备工作。

三、接受审判人员的询问

随着“推进以审判为中心的诉讼制度改革”的深化，司法鉴定人接受审判人员的询问自然也成为其出庭作证的主要任务。在诉讼活动中，审判活动是焦点和关键，审判人员作为审判活动的主体将面临诸多挑战。在面对涉及专门性问题需要鉴定才能解决的诉讼活动中，如何及时且准确地行使自由裁量权，审判人员必须通过鉴定人出庭作证来实现，询问鉴定意见作为诉讼证据的合法性、客观性和关联性等，询问不解的相关技术问题和规范标准等，询问鉴定意见的证明力和证明标准等。审判人员是法庭裁判案件的主体，任何案件的最终判决都离不开证据，鉴定意见的诉讼证据向来被认为技术含量高，甚至有“证据之王”之美誉，因此受到广泛关注。未经查证属实的一切证据均不能作为定案的依据，此乃诉讼法律之明确规定，鉴定意见同样如此，司法鉴定人出庭接受法庭质询的过程，本身就是在履行对鉴定意见诉讼证据查证属实的过程。司法实践中，审判人员对鉴定人的质询可以同其他质证主体的质询穿插进行，也可以在质证最后阶段单独进行。无论何种质询方式，一般都会事先制订周密的质询计划，然后按计划有序进行。质询计划内容包括：质询的步骤、质询的方式方法、拟质询的问题等。质询步骤通常会选择先由当事人双方、各自诉讼代理人和专家辅助人进行质询，再由审判人员最后单独质询。由其他质证主体进行质询时，审判人员可以穿插询问，主要以对不明白的地方进行追问为主，以解答内心之疑惑，等其他质询主体质询完毕后，审判人员在进行最后单独询问时，除了进一步解决不解或疑惑外,另一项重要任务就是对前述所有法庭陈述进行固定记录。审判人员对司法鉴定人的质询内容主要以鉴定意见诉讼证据的客观性为核心,即鉴定意见是否科学、可靠、客观真实等。鉴定人对此应如实陈述,以保证庭审的客观公正。

四、对质证主体和审判人员的质询进行说明与解释

司法鉴定人出庭作证的过程,本身就是履行三大诉讼法对鉴定意见诉讼证据进行查证属实的过程,鉴定意见能不能作为裁判案件的依据,必须经过查证属实,只有科学可靠且客观的鉴定意见,才能作为定案的依据。因此,针对质证主体和审判人员的质询,司法鉴定人出庭作证时必须分别进行说明和解释。

根据鉴定意见的不同情形,司法鉴定人出庭作证时解释和说明的侧重点也会各异。鉴定意见对己有利的一方当事人或控辩一方作为质证主体,往往可能没有质询的问题或者问题相对简单,鉴定人一般只需作简单说明即可,需要详细解释的情形较少,容易应对。但是,鉴定意见对己不利的一方当事人或控辩一方作为质证主体,往往质询的问题较多或者相对尖锐,鉴定人需要沉着应对、厘清思路、耐心且平和地解释,并始终保持中立,说明和解释不能具有倾向性,有时为了把质询的问题解释得更清楚,可以借助辅助手段,比如,引经据典提供相关参数、播放鉴定时的录影资料、制作幻灯片和投影等,以此证明鉴定意见的科学可靠性。

专家辅助人作为质证主体,由于质询的问题专业性、技术性较强,鉴定人会与质证主体形成激烈的辩论、对抗,因此要求鉴定人必须在出庭前做好充分的准备,在平时应做好对专业知识的储备,除了借助如前述必要的辅助手段外,对专家辅助人质询的问题应认真记录并解释,力求做到有条不紊、有理有据,以达到较强的证明力。对审判人员质询的问题,鉴定人在解释和说明时,要简洁明了,通俗易懂,使自己的解释和说明能够达到鉴定意见最终被采信的目的。

五、提供与鉴定意见相关的法庭证言

鉴定意见能否最终成为定案的依据,通过鉴定人出庭作证能否影响行使审判权的法官之内心确信,使法官从内心认为作为鉴定意见的诉讼证据是科学可靠的,是所有鉴定人所关心的。司法鉴定人除了通过宣读司法鉴定文书,接受质证主体和审判人员的质询,并予以解释和说明外,鉴定人出庭作证时还可以适时提供与鉴定意见相关的法庭证言等。司法鉴定人在英美法系国家通常被称为“专家证人”,其法庭证言效力一定优于一般证人证言,尽管我国诉讼制度有别于英美法系国家诉讼制度,但鉴定人出庭提供与鉴定意见相关的法庭证言,有利于佐证鉴定意见的证明力和增强法官采信鉴定意见的可能。因此,提供与鉴定意见相关的法庭证言也是司法鉴定人出庭作证的任务之一。

第二节　司法鉴定人在法庭上应当回答的质询问题

一、司法鉴定人明确出庭接受质询的目的

司法鉴定人法庭作证既包括程序性问题,也应回答质证主体和审判人员对鉴定意见质疑的实体性问题。通常,实体性问题更能体现出庭作证的意义,并对鉴定意见能否顺利采信产生根本性影响。

鉴定人回答鉴定意见质疑的证言,是对鉴定意见的补充和完善,也是鉴定意见证据材料的组成部分。当事人或人民法院,之所以申请或要求鉴定人出庭作证,就是要让鉴定人通过亲自到庭陈述,解答他们对鉴定意见的疑虑或不理解,无论是鉴定依据原理的科学可靠性,还是本次鉴定意见得出的充分性,也许仅要求对一些关键词或几个数据的解释。通过鉴定人有效的解答,法官对鉴定意见更加依赖,当事人对鉴定意见的理解使其对鉴定意见更加信服。所以鉴定人要以实现出庭目的为宗旨,对于庭审各方在开庭期间提出的问题,在不违反法律规定、不违背社会伦理道德的情形下,应尽可能运用自己的专业知识帮助庭审各方全面理解鉴定意见。

当然,鉴定人也要明白法律对鉴定人出庭接受质询的问题范畴有着原则性规定是有其科学依据的,鉴定人只在合法范畴内回答质询,对于超越范围的应当拒绝回答。准确判断问题属性从而合理运用法定的拒绝权,是鉴定人出庭必备技能。拒绝权不仅保护鉴定人不被无关问题纠缠而引发不必要的纠纷,而且对质询人有法律上的约束力;可以减少质询人提问的盲目性,避免其将有限的质证时间花费在与鉴定活动无关的事务上,对无关问题的剔除有利于庭审中各方对鉴定意见的正确理解,使庭审更有效率。

司法鉴定人回答法庭质询,与普通证人法庭证言形式上相似,但具有独特的要求。普通证人回答法庭质询,是对案件中某一情节以自己的感官,直接目睹、听闻或参与的情形作出陈述,凭自身的观察感受、记忆为基础,重在对感受全过程的陈述,回答的问题更多的是对关键内容的重复,或者是对相关内容的精确化,回答的内容对当事人或法官来说,没有理解上的难度,也不容易形成误解。

鉴定人在法庭上回答质询,要从科学技术高度和法律规范要求解释质询者的提问,重点回答其"为什么",详细解说科学原理、方法、标准、依据与法律规定。在有些鉴定依据的专业原理相对冷僻艰深,没有一定的专业基础难以听懂时,鉴定人解说时必须要考虑当事人、法官乃至参与庭审的其他人员的理解力,尽可能用浅显通俗的表达解释鉴定意见形成的过程和依据,让质询者明白其想要了解的问题,实现法庭陈述的意义,还要避免比喻不当的浅显化解释让当事人产生误解,并由此衍生新的歧义。

二、司法鉴定人回答法庭质询应当把握的原则

1. 司法鉴定人回答法庭质询应坚持合法性原则。法庭质询中对鉴定人提问的主体应当是法律规定。按照法律规定,在刑事诉讼中,公诉人,被告人、辩护人以及审判人员有权在庭审过程中向鉴定人就鉴定意见及其相关的事项进行发问,被告方邀请的有专门知识的人征得法院同意的情况下出庭,也可以发问。民事诉讼中原被告及其诉讼代理人,庭审人员以及原告或被告所请的有专门知识的人,行政诉讼中原被告及其诉讼代理人,庭审人员以及原告或被告所请的有专门知识的人向鉴定人提问应当回答。法庭中参与旁听的当事人的朋友或亲属、无关旁听人员等的提问可以不予回答,除非这个问题被有质询权的人作为问题提出。鉴定人在庭审期间,就上述有质询权的人的提问进行回答,开庭前和庭审后以及庭审休息期间可以不回答与鉴定意见相关的提问,即使鉴定人自愿为当事人或旁听者提供解释,也不能作为在正式开庭期间记录在案的内容。在回答质询的内容上,法律规定鉴定人出庭是就鉴定意见作出解释,因此应当回答与鉴定意见相关的质询,如是对他人或组织可能构成中伤或诽谤的问题、损害他人合法权益的问题可以拒绝回答。

2. 司法鉴定人回答法庭质询应坚持客观性原则。由于质询人的素质、专业能力和质询出发点的不同,对鉴定意见的质疑可能基于客观认知,也可能出于主观猜疑,甚至可能为了某种恶意目的。如果质询人事先有所准备,问题表达相对专业且易于理解,鉴定人可以直接给予回答,如果事先没有准备或对鉴定意见理解力较差,提的问题比较模糊,鉴定人应当与提问人确认意思后再予以回答。质询人可能会提出带有主观猜疑的问题,例如,以鉴定人所在的鉴定机构规模较小或案件量较少,推定鉴定人技术水平不高,本次鉴定意见不准确。对于这种想当然的推论,鉴定人完全可以根据客观事实坦诚回答,避免当事人以无中生有的理由作为启动重新鉴定的依据。

3. 司法鉴定人回答法庭质询应坚持关联性原则。关联性是鉴定事项之所以成为证据的必备要件。对证据的有效质询也应当围绕关联性展开。因此,对鉴定人的质询必须与本次鉴定事项有一定的联系,可以是鉴定人或鉴定机构、鉴定的过程、鉴定所使用的仪器设备、鉴定所参照的标准等。对于与本次鉴定无关的问题,例如,要求回答其他案件鉴定问题,或者超出本次鉴定的技术范畴的问题,包括有的当事人或专家辅助人向鉴定人提出一些专业问题旨在进行水平考核的,鉴定人可以不予以回答。鉴定人在回答问题时同样坚持关联性原则，针对质询的问题直接回答，尽可能在形式上与提问方的提问方式相协调，对于简单明了的提问给予简单明了的回答，对于追根溯源式提问给予耐心的回答，但无论哪一种提问方式，都应当紧扣本次鉴定这个核心主题。

4. 司法鉴定人回答法庭质询应坚持诚实信用原则。诚实信用原则不仅是民事法律的要求，也是我国《民事诉讼法》的基本原则，诉讼双方当事人以及诉讼参与人都有义务遵守这一原则，用以指导自己在诉讼中的行为。简单来说，诚实信用原则就是恪守信用，诚实不欺，正当行使权利和履行义务。诚实信用原则是证据制度中的重要原则之一，鉴定人在所有的诉讼活动中都应当恪守。在从事鉴定活动中应当遵守诚实信用原则，在法庭回答质疑时也不例外，如实回答法官、当事人和专家辅助人的提问，无论问题是对鉴定意见的肯定还是质疑都一视同仁，对于超越自己能够回答范围的问题，可以明确说明有些内容自己回答不了，不能为掩盖回答不了的事实故意歪曲理解对方的问题加以回答，或者说着貌似回答实则回避的内容，用以搪塞对鉴定意见的审查。对于质证人明确指出自己鉴定活动中或鉴定意见书中存在的问题，要坦诚对待，若问题的确存在，对鉴定结果的科学可靠性存在影响，不能强词夺理或用谎言掩盖，要以科学求实的精神和诚实信用的态度来解决。

三、司法鉴定人在法庭上应当依法回答的问题的范围与要求

（一）对鉴定主体法定资格质询的回答

我国对《关于司法鉴定管理问题的决定》规定的司法鉴定的管理采用的是鉴定权主义，鉴定人和鉴定机构资质是要经过法律授权管理部门行政审批取得机构许可证和鉴定人执业证之后才能为诉讼提供鉴定服务。因此，有关鉴定主体资格的审查是鉴定意见具有证据效力的前提，通常也是质询人首先要质询的问题。例如，关于鉴定人和鉴定机构法定资质问题，何时审批，是否在有效期内，鉴定机构批准的资质中是否包含有受理本次鉴定事项的资质，鉴定人是否有资质从事本鉴定事项的鉴定，是否存在超范围受理鉴定情况，鉴定机构和鉴

定人资质是否经过相应的年度审查等;鉴定机构和鉴定人开展此项鉴定业务的年限,鉴定事项是否在鉴定人研究领域范畴;鉴定人和鉴定机构与案件的关联性,与诉讼双方是否存在特殊的关系,是否属于应当回避的范畴。

由于我国当前鉴定机构主体资格比较复杂,法医、物证、声像(包含电子数据)以及环境损害鉴定类属于司法行政机关审批。除此之外,其他类型的鉴定机构的管理各地做法不统一,有的已纳入司法行政机关统一管理,有的尚未纳入统一管理范畴。对于经过司法行政机关审批的鉴定机构和鉴定人,在回答主体资格时相对简单,只需要按照资质许可证批准的内容加以说明。对于尚未经过司法行政机关审批的机构,在回答主体资格时,首先要说明其鉴定机构或者鉴定事项不属于法律规定的司法行政部门许可范围;其次说明其经过何种业务主管部门许可或者备案;最后说明其所在鉴定机构的鉴定检测能力、鉴定人的资质和鉴定年限。基于此,对机构资质和基本情况的了解也是鉴定人需要掌握的业务范畴。

(二)对鉴定委托事项质询的回答

委托鉴定的事项是鉴定申请方根据证明的需要,对诉讼中存在争议的事实或物品,委托专业机构的专业人士给予鉴别判断的请求。委托事项与申请方的证明需求紧密相关,也是决定鉴定意见能否有效发挥证明作用的关键。因此法律规定鉴定机构和鉴定人应当根据委托方的要求开展鉴定,不得擅自变更委托,也不能自主增加或删减鉴定项目。但由于委托方的委托要求大多比较口语化,字面上看似乎与鉴定意见的表述不一致,容易产生鉴定机构单方面变更了鉴定委托事项的疑惑,或者委托的鉴定事项由于受鉴定技术或鉴定材料等条件的限制,只能完成部分鉴定要求,看起来鉴定机构或鉴定人有选择地作鉴定,没有遵从委托人的要求。因此,有质询资格的质证主体可以就鉴定委托事项与最终鉴定意见是否一致及不一致的原因等问题开展质询;如果存在变更委托事项,应就是否经过与委托方沟通和确认程序等问题作答。由于鉴定机构内部存在有业务分工,负责与委托方进行沟通的不一定是鉴定人,可能是机构行政工作人员或业务助理,这个沟通的详细过程鉴定人不一定全部得知,但对于沟通的主要过程,鉴定机构应当留存记录材料,特别是委托事项的变更应当有相应的文书往来,鉴定人在出庭前必须有所了解,尤其对委托鉴定事项的变更,变更的内容和前因后果等问题做好接受质询的准备,不能以不是自己负责的流程为理由拒绝作具体说明。

如果鉴定实际上已经完成当事人的委托,也满足了证明的需要,只是表述上与当事人的表述有差距,要向法庭和当事人解释鉴定意见的表达与委托事项所陈述的意思上的共性,并简要说明不能如申请方期待的表述的理由,消除误解。

(三)对鉴定材料相关事项质询的回答

涉及鉴定事项的鉴定材料是鉴定人出具鉴定意见的客观依据。鉴定检材和样本的来源、数量、质量、包装以及保管运输条件等都会对最终的鉴定意见产生一定的影响。在民事诉讼和行政诉讼中通常对鉴定中涉及的鉴定检材和样本都应当先行质证,质证完毕再提交鉴定机构。刑事案件或非诉案件由于举证要求不同而形成单方委托形式,无法在鉴定前对鉴定材料先行质证,通常在对鉴定意见进行质证时再对鉴定材料进行重点审查。在委托过程中鉴定材料可能是一次性提供齐全,也可能根据鉴定人的要求进行多次补充,还有可能是由鉴定人借助一定的设备前往现场提取检材和样本,无论是哪一种,鉴定人应当在鉴定意见书中根据鉴定委托事项或委托鉴定类型的不同,对上述委托材料来源和方式进行简要的描述。但由于这不是鉴定意见的核心部分,对鉴定材料的描述通常都比较简单,如果质询人还想了解更详细的内容,例如,希望从源头开始审查鉴定意见的严谨性和科学性,了解鉴定材料与鉴定意见的关系等,鉴定人应当予以详细说明。

(四)对鉴定程序和步骤质询的回答

鉴定意见的出具应当遵循相应的流程:(1)管理流程。从受理委托、鉴定材料的流转、检测样品的留存、鉴定器材的使用到鉴定意见的出具，在鉴定机构内部都有一套完整的管理流程，以保证鉴定材料在鉴定过程中不被人为地替换、丢失或毁损，保证鉴定意见和涉及的案件内容不被泄露，在法定的时限内交出符合法定形式要求的鉴定意见书，并按照委托合同的约定归还鉴定材料。(2)鉴定的技术流程。每种鉴定技术都有其独有的操作规范，统一的技术流程和操作步骤，目的在于减少因随意性操作影响结论的准确性，保证鉴定意见客观真实。鉴定意见书对主要的鉴定流程都应当有相应的陈述，如采用的鉴定方法、使用的设备、鉴定的基本步骤等。如质询人对鉴定管理流程或操作流程有质询的意见，特别是鉴定意见书中没有写出但在技术规范中列出的步骤，鉴定人应当解释没有写出的原因，并明确说明情况。

（五）对鉴定意见所依赖的科学依据质询的回答

鉴定意见的得出建立在充分的科学依据基础之上，鉴定意见书必须对主要的鉴定依据作出明确陈述，对出具鉴定意见的分析推理过程进行必要的说明。即使是专业人士也主要是通过对鉴定依据的审查来确定鉴定意见是否客观准确。正是由于鉴定的依据和分析推理具备鉴定意见核心的属性，通常也是质询方审查和质疑的重点，质询人如对鉴定依据的科学原理、技术标准、推理依据等提出质询，对依据的科学属性及其数量质量标准提出疑问，鉴定人应该用浅显易懂的语言予以说明，对于基础原理尽可能简约。如果质询人聘请有专门知识的人参与质询，鉴定人应当按照自己的专业水平进行陈述。

（六）对于鉴定使用的仪器设备和方法质询的回答

鉴定过程中使用到的仪器设备是鉴定检测的依据来源，检测结果对鉴定意见质量有着至关重要的影响，特别是法医毒物、微量物证等这类主要依赖检测数据的鉴定。按照规定，在鉴定意见书中应当写明所使用的仪器设备种类。精密仪器还应当写明型号，并附有本次检测得到的数据、谱图等。质询人可以对鉴定使用到的仪器设备性能、检定校准、保养情况等提出质询，对检测人的检测资质提出质疑,对检测使用的标样、催化剂、添加剂等辅助设施的来源、保管情况等进行询问,对检测出的数据的可靠性提出质疑。鉴定方法选用的是否恰当也决定着鉴定意见是否准确,鉴定人对鉴定使用的方法在鉴定意见书中可以归纳式说明,也可以通过具体使用过程的描述来说明。对本次鉴定采用的方法和设备是否科学合理可靠、是否具有先进性等问题提出质疑,鉴定人应当如实告知,不得以保密或当事人听不懂为由拒绝回答。

(七)对鉴定意见含义质询的回答

鉴定意见书中最后的鉴定意见表达是鉴定意见书的关键所在,就缺乏相关专业知识的人而言,对鉴定意见书的阅读基本上就停留在对最后鉴定意见的理解上。最后的鉴定意见表述是诉讼各方重点审读的内容,是法官用以采信来判断事实或证据真伪的依据,也是申请质证一方重点要说的内容。由于鉴定种类的差异,有的鉴定意见表达的浅显易懂,不易产生歧义,有的由于专业性难度无法表述得非常简单,造成诉讼各方及审判人员对最终的鉴定意见不能完全理解,甚至产生分歧,需要鉴定人对鉴定意见的内涵和外延给予明确的解释和确认。也有的鉴定意见由于表述的不是很明确,或者给予的是倾向性意见,质询人可能要求鉴定人对形成倾向性的理由作出解释,对倾向性的可能程度作出量化,对倾向性与肯定性之间的差距进行解释,包括它们之间相互转化的条件等,上述问题都在鉴定人应当解答的范畴中。

(八)对鉴定相关法律法规质询的回答

司法鉴定人是为诉讼和非诉讼事务提供专业技术服务的人员,虽然非法律专业人士,由于服务的对象是法律活动,而自己所从事的活动也与法律相关联,因此,对与鉴定人及鉴定机构相关的法律法规,应当有所了解,对涉及鉴定人和鉴定机构权利义务的法规应当掌握,特别是禁止性规定必须熟知,对于本次鉴定所适用的方法、标准、鉴定材料获取程序等相关法规应当了解,包括后期陆续增加的司法解释。遇到对于这类问题的质询也应当予以回答,而不能以与专业技术无关为理由加以拒绝。

第三节　司法鉴定人在法庭上依法不予回答质询的范围和依据

一、司法鉴定人法庭上可以不予回答质询问题的法律依据

司法鉴定人在法庭作证过程中，是否回答质证主体的质询，都必须有相关法律依据。鉴定人不予回答质询问题的法律依据有以下几类。

1. 向证人发问应当遵循发问的内容与本案事实有关。该款规定适用于对被告人、被害人、附带民事诉讼当事人、鉴定人、有专门知识的人的询问、发问。控辩双方的询问、发问方式不当或者内容与本案无关的，对方可以提出异议，申请审判长制止，审判长应当判明情况予以支持或者驳回；对方未提出异议的，审判长也可以根据情况予以制止。

2. 经法庭许可，当事人可以向证人、鉴定人、勘验人发问。询问证人、鉴定人、勘验人不得使用威胁、侮辱及不适当引导证人的言语和方式。

3. 当事人应当围绕证据的关联性、合法性和真实性，针对证据有无证明效力以及证明效力大小进行质证。经法庭准许，当事人及其代理人可以就证据问题相互发问，也可以向证人、鉴定人或者勘验人发问。当事人及其代理人相互发问，或者向证人、鉴定人、勘验人发问时，发问的内容应当与案件事实有关联，不得采用引诱、威胁、侮辱等语言或者方式。

4. 鉴定人有权拒绝解释、回答与鉴定无关的问题。

二、司法鉴定人法庭上依法不予回答问题的范围和要求

（一）不能公开的国家秘密、商业秘密

国家秘密是指案情或案件性质涉及我国《保守国家秘密法》第 9 条规定的

七种事项以及政党秘密事项中关系国家安全、利益依法定程序确定为国家秘密的事项。保守国家秘密是中国公民的基本义务，作为服务于法律的专业鉴定人更应该懂得并严格遵守这一规定。对于质询问题涉及国家秘密的，鉴定人可以明确以涉密为理由拒绝回答。由于国家秘密属于法定事项，鉴定人不得擅自作扩张解释，将不属于国家秘密的内容纳入用以对抗当事人的知情权。按照我国《反不正当竞争法》的规定，商业秘密是指不为公众所知悉、具有商业价值并经权利人采取相应保密措施的技术信息和经营信息。因鉴定需要，鉴定人在委托材料中或鉴定过程中可能获悉企业或机构组织较多的商业秘密，对此，鉴定人应当具备保密意识，懂得区分哪些是可以说的，哪些说了以后会暴露商业秘密，如企业的销售渠道、产品配方、低价原料的来源等，在回答质证时尽可能避开可能涉及商业秘密的内容。需要强调的是这里的商业秘密主要是指鉴定对象的商业秘密，在质证过程遇到涉及具体鉴定技术模式、操作方法及基本流程，以及设备自有还是共享等问题时，不能以涉及鉴定机构商业秘密为由拒绝回答。

（二）依法运用技术侦查手段获取的鉴定材料

我国《刑事诉讼法》规定刑事案件侦查可以使用技术侦查手段获取证据及证据材料，但由于技术侦查手段内容需要保密，一旦公开可能被别有用心的人用来研制反侦查手段，从而消弭技术侦查的功效，因此，无论是公安部门内设的鉴定机构还是社会鉴定机构的鉴定人，对于采取合法的技术侦查手段获取的鉴定材料，鉴定人应该对采用的侦查技术手段、方法以及涉及的人员等内容保密，对于其他刑事案件或个别特殊民事案件，用规定的技术方法显示的物证、书证材料，对于其中保密范围的技术方法也属案件秘密，如居民身份证、证券、护照鉴定所设防伪措施等，对其秘密方法的质疑，也不能回答。但鉴定材料的数量、质量、保管条件等客观情况属于可陈述范围，鉴定使用的方法、设备和鉴定流程，以及鉴定材料与鉴定意见的因果关系等均不在保密范畴中，如果庭审中被告对此提出质疑，鉴定人不能将其扩展到保密范畴而拒绝回答，更不能对自己不想回答或难以回答的问题以保密为借口欺瞒质询人。

（三）涉及案件中的个人隐私

个人隐私，是指公民依法享有的个人生活不为他人公开或知悉的情况。随着社会文明程度的进步，信息传播方式和速度的迅猛发展，人们开始越来越注重个人隐私的保护。并非所有的个人隐私都是不能说的范畴，这里所讲的个人隐私主要是指某些一旦暴露，会直接毁损当事人或其家人正常的公众形象，或给当事人及其家人正常工作学习生活带来明显困扰的内容。鉴定人在审阅鉴定材料和开展鉴定活动过程中会获知当事人某些个人隐私，如果该隐私虽然与案件的审理存在关联性，但与本案鉴定意见的形成没有直接的关系，至少不是其中的关键要素，也不影响当事人及审判人员对鉴定意见的理解，鉴定人有权拒绝回答针对隐私问题的提问；如果该隐私是鉴定材料的组成部分，或者是鉴定意见形成的主要依据之一，鉴定人对此问题是否会侵犯隐私没有把握的情况下，在回答问题之前，可以先就这个问题答案可能会暴露当事人隐私的情形告知法官，如果法官认为有必要回答，再予以回答，如果认为没有必要，可以拒绝回答。隐私的保护同样适用于针对鉴定人个人隐私的提问，除非庭审法官认为这是影响鉴定意见书效力的问题。

（四）与本鉴定事项没有关联的问题

鉴定人出庭只需回答本次鉴定意见书所涉及的相关问题。与该鉴定无关的技术和法律问题、其他案件鉴定问题，未在委托事项的鉴定请求范围内，其他鉴定机构的鉴定人所出具的鉴定意见等，均不是鉴定人应当解答质疑的范畴。这也是为了保证庭审的效率，实现程序上的公正。但有些问题看似与鉴定有关，如询问鉴定人对本案的第一次鉴定意见为什么与第二次鉴定意见不同，别的鉴定机构的鉴定人为什么使用不同的鉴定方法，为什么别人的鉴定人人数比你们多等类似这样的问题。因其他的鉴定机构鉴定人的鉴定行为应当由其本人解释，鉴定人并不承担解答的义务。也有些问题看似与本次鉴定无关，例如，仪器设备的保管情况和检定记录等，目的在于质询鉴定所依赖的检测设备的精准度，特别是专家辅助人的提问，可能采取由远及近的问话策略。对于这类拐弯抹角式的提问，鉴定人可以要求其明示问话的意义，否则，也可以认为与本次鉴定无关而拒绝回答。

（五）已经回答过的重复提问

鉴定人有义务回答质询人提出的疑问，如果是质询人因专业难度不能理解，鉴定人应该尽可能浅显易懂地解释，以免造成误解。但对于已经按照要求明确回答过的提问，质询人仍反复纠缠，甚至不停变换角度进行提问的，鉴定人可以说明是回答过的问题不再予以回答。

（六）威胁、谩骂或诱导式提问

鉴定人依法享有公民的基本权利，包括人身安全和人格尊严，并不因作为鉴定人而丧失。对于当事人因心情激动而出现的一时失言可以谅解，但对质询中出现威胁式语言的发问或谩骂式质问，都可以不予回答。对于质询中夹杂谩骂语言，可以要求当事人除去谩骂内容重新提问，如果威胁或谩骂内容大于提问，可以要求法庭制止这种行为的继续。对于诱导鉴定人按照提问人意愿回答的问题，鉴定人可以要求质询人改变提问方式，也可以明确指出不能按照其预设的答案进行回答。

（七）审判人员认为与案件无关的提问

庭审法官是法庭秩序的维护人，也是审判进程的掌控者，同时还负有保障诉讼各方庭审中的职责，有权对现场诉讼当事人和诉讼参与人的发言提出要求或加以制止。对于质询人的提问，如果审判人员认为该问题与本次鉴定无关，或者认为该问题属于重复性提问，鉴定人可以不予回答。

鉴定人对不予回答的法庭提问，都应简要说明法律依据或理由，不能任意扩大不予回答的范围。

第四节　司法鉴定人出庭作证的证言规则与要求

司法鉴定人的出庭证言必须严格遵守相关规则和要求。

一、司法鉴定人出庭作证的证言规则

规则,即运行、运作规律所遵循的法则。司法鉴定人作为诉讼活动的参与人,出庭作证既是法律规定,即司法鉴定人应尽之义务;又是鉴定意见诉讼证据发挥其证据效力之使然。因此,司法鉴定人出庭作证活动理应遵循应有的法则,鉴定人在法庭上就鉴定意见所作的所有陈述同样应遵循必要的法则,这些法则就是司法鉴定人法庭作证的证言规则。主要包括以下规则。

(一)合法性规则

合法性规则要求司法鉴定人法庭证言必须依法提供。法庭审判是一项严肃的工作,诉讼参与人必须遵守庭审纪律,依法提供证词,并对自己的陈述负责。审判机关的书记员会对诉讼参与人的所有陈述进行全面记录。司法鉴定人作为具有专门知识的技术专家参与诉讼活动,在法庭上回答的与诉讼有关的技术问题会全部记录在案,出庭作证结束后会有专人负责,让鉴定人进行签字确认。因此,司法鉴定人出庭作证,其法庭陈述必须谨言慎行,符合法律规范要求,依法提供法庭证言。

(二)科技证据规则

司法鉴定人的鉴定意见与法庭证言共同构成鉴定意见证据材料整体,法庭证言应当符合科技证据规则。“鉴定意见”是法定的诉讼证据,所有证据必须经过查证属实才能作为定案或认定事实的根据。司法鉴定人的鉴定意见是法定的诉讼证据,但能否成为法官最终裁判案件的依据,即发挥其证据效力,必须经过法庭查证属实。司法鉴定人出庭作证活动其实就是法官在严格执法、履行

查证属实的过程。通过诉讼当事人或控辩双方对司法鉴定人的质询和审判人员的询问,以及司法鉴定人对各方质询和审判人员询问的答疑、解释,来查证鉴定意见诉讼证据的科学可靠性,进而确定鉴定意见诉讼证据能否成为裁判案件的依据。所谓科技证据规则,是指鉴定人的证言必须有科学原理、科学依据、科学方法、科学数据、科学实践作支撑。由此可见,司法鉴定人在法庭上的证言,从某种程度上讲,共同构成了鉴定意见诉讼证据材料体系。

(三)客观性规则

客观性规则要求司法鉴定人的法庭证言必须客观真实。司法鉴定人的法庭证言,既然从某种程度上讲是鉴定意见诉讼证据材料体系的一部分,决定鉴定意见诉讼证据能否被查证属实以及能否成为裁判案件的依据,因此,鉴定人应针对鉴定对象的具体特点和条件,回答鉴定质疑涉及的焦点问题,解除提问者的疑虑。司法鉴定人在回答质询双方和审判人员的询问时,应当实事求是,尊重客观事实,重点回答与质询问题相关的技术问题,即从技术层面解决法庭需要查证的专门问题,而不回答法律事实问题。因为,法律事实问题是由法庭来进行推断和认定的,而司法鉴定人作为技术专家,在诉讼活动中仅对专门技术问题进行鉴定。

为了保证司法鉴定人法庭证言客观真实,司法鉴定人的证言不得使用推测、猜测或评断性语言。司法鉴定活动是科学技术实证活动,解决诉讼中涉及的专门问题应当体现技术含量,所得结论即鉴定意见属科学证据范畴。因此,对待科学问题容不得推测,任何推测仅代表某种可能,推测的法庭证言在与鉴定意见诉讼证据形成证据链时也显得苍白无力。评断性语言,往往属于个人观点。虽然,鉴定意见本身就是司法鉴定人的观点,但是,司法鉴定人出庭作证的目的就是要通过在法庭上对质询双方和审判人员的答疑、解释,来证明自己观点的正确性。如此一来,如果司法鉴定人在法庭答疑时也同样使用评断性语言,便不能保证鉴定意见诉讼证据通过质询查证具有科学可靠性,因此,司法鉴定人的法庭证言不得使用评断性语言。

（四）职业规则

职业规则的基本内涵，是指司法鉴定人法庭证言不得涉及其他鉴定机构和鉴定人的鉴定意见、方法、标准，不得涉及其他证人证言或者以其他证人证言作为自己鉴定意见的依据，不得评论自己的鉴定意见与其他证人证言的关系。司法鉴定人法庭证言必须客观真实，与司法鉴定人法庭证言不得使用推测、猜测或评断性语言，其实也是一个问题的两个方面，是辩证统一的。除此之外，司法鉴定人法庭证言也不得涉及其他鉴定机构和鉴定人的鉴定意见、方法、标准。司法鉴定人出庭作证是因鉴定人出具了鉴定意见，而鉴定意见需要查证属实，而在履行法律义务。因此，任何司法鉴定人法庭证言只能就自己所出鉴定意见进行答疑解释，其他鉴定机构和鉴定人即使出具了与己不同或相同的鉴定意见，对其所用方法、适用标准及规范等均不得发表评价。在诉讼活动中，裁判案件的证据类别可能会很多，包括证人证言、当事人陈述、书证和物证等，鉴定意见类诉讼证据仅是涉案证据的一种而已，但由于鉴定意见类诉讼证据技术含量高，普遍被认为证明力高于其他涉案诉讼证据，其实证明力与证明标准密切相关，并非技术含量高就证明力强。鉴定意见作为科学证据，其得出的依据必须符合技术规范要求和标准，不能以其他证人证言作为得出鉴定意见的依据。证人证言诉讼证据与鉴定意见诉讼证据可以作为证据链成为裁判案件或定案的依据，但绝不能成为鉴定意见的依据。即绝不允许以被鉴定人承认与否作为鉴定意见的依据。因此，司法鉴定人出庭作证，其法庭证言不得涉及其他证人证言或者以其他证人证言作为自己鉴定意见的依据。由此，关于自己的鉴定意见与其他证人证言的关系也不能在法庭进行评论，因为这都属于事实认定问题，是审判人员行使自由裁量权范畴。

二、司法鉴定人出庭作证的证言要求

司法鉴定人法庭作证的证言规则，是司法鉴定人出庭作证活动必须遵循的行为法则。要求,就词条本意而言,是指明示的、通常隐含的或必须履行的需求或期望。司法鉴定人法庭证言要求,就是指针对司法鉴定人出庭作证时提出的具体愿望或条件、希望做到或实现等。主要包括如下几方面。

(一)司法鉴定人法庭上回答问题或发言,应当征得审判长同意

司法鉴定人出庭作证的过程,本身就是人民法院审判人员履行诉讼证据规则,对鉴定意见类诉讼证据进行查证属实的过程。因此,司法鉴定人出庭作证应在人民法院审判人员的主导下有序进行。审判长是整个法庭审判活动的负责人,在其主持主导下司法鉴定人按规定程序进行出庭作证,什么时间可以自由发言或者回答质证主体所质询的问题,必须在法庭审判长的主导下进行,未经审判长同意,司法鉴定人不得回答问题或发言。此项要求,是司法鉴定人出庭作证时首先必须做到的。

(二)司法鉴定人法庭上回答问题要以理服人,不得与质询人、发问人对抗

司法鉴定人出庭作证接受质询,遇到的问题层出不穷、千奇百怪,有些问题是司法鉴定程序问题,有些问题则可能是司法鉴定本身所涉及的实体问题,甚者有些问题可能具有挑衅性等。由于司法鉴定人法庭证言会被全部记录,且与鉴定意见诉讼证据等共同构成法官裁判案件的证据体系,司法鉴定人回答问题时必须以理服人,不得与质询主体或其他诉讼参与人发生对抗。对于司法鉴定程序问题,用相关法律法规予以解释;对于司法鉴定自身所涉实体问题,用专门知识或技术耐心予以回答和解释;对于具有挑衅性的问题,可以用专业术语予以纠正或整理,然后再作回答和解释等。

(三)司法鉴定人法庭证言必须通俗、易懂,说话清晰、频率应控制在能被记录的范围内

依据法律规定,司法鉴定,是指在诉讼活动中鉴定人运用科学技术或者专门知识对诉讼涉及的专门性问题进行鉴别和判断并提供鉴定意见的活动。鉴定意见作为法定的诉讼证据,必须经过法庭查证属实才能成为定案的依据。鉴

定人的法庭证言是查证鉴定意见诉讼证据是否属实的依据。因此，司法鉴定人的法庭证言必须通俗、易懂，从而获得双方当事人（或控辩双方）及审判法官的认同，使查证属实的过程变得更容易，增加鉴定意见成为裁判案件依据的可能，从而实现司法鉴定人出庭作证的目的。司法鉴定人法庭证言必须通俗、易懂，往往是针对用语专业性而言。其实，通俗、易懂的要求还暗含司法鉴定人法庭陈述必须吐字清晰、说话频率应控制在能被记录的范围内。

（四）司法鉴定人对法庭证言应逐字逐句进行核对无误后签名

从某种程度上讲，司法鉴定人法庭证言是鉴定意见诉讼证据材料的一部分。司法鉴定人在法庭上的证言都会被法庭书记员如实记录，但有时可能会因辩论激烈、语速过快或语言不清等原因，记录得不完整或者出现错位。为了避免此种情况，便要求司法鉴定人在出庭结束阶段，对法庭证言逐字逐句进行核对，如果有误，则进行修正；如果无误，则签字确认。司法鉴定人如发现法庭审判笔录对自己证言的重点内容记录不全或关键部分记录有错漏，可向法庭请求提交法庭书面证言材料。

第五章　司法鉴定人出庭作证与相关诉讼主体的关系

司法鉴定人出庭作证作为一项司法制度，不仅涉及司法鉴定人，还涉及其他相关诉讼主体，处理好司法鉴定人出庭作证与相关诉讼主体的关系，不仅是其出庭作证必须具备的知识，也是出庭作证的基本要求。

第一节　民事诉讼中司法鉴定人出庭作证与相关主体的关系

在民事诉讼中，鉴定意见的产生并不一定都发生在诉讼中，也可能发生在诉讼前。因为各个案件情况不同，对于有的案件，由于立案需要一定的证据，当事人必须先行委托鉴定机构就案件损害事实或后果出具鉴定意见，也有的当事人为了确认自己手中已有证据的真实可靠，单方委托鉴定机构对相关证据材料进行检测检验，将获得的鉴定意见书作为证据提交，即使在诉讼过程中，也可能出现当事人单方委托鉴定机构对争议事项或证据材料进行鉴定的情况。

对于单方委托鉴定意见书的出示，法庭上通常会出现以下几种情况：(1)诉讼双方对鉴定意见没有争议。(2)对方当事人及其代理人对鉴定意见坚决不予承认，认为诉前鉴定是对方当事人的单方行为，鉴定机构的选择缺乏公开透明，鉴定材料也未经过己方的审核，真伪难辨，认为该鉴定意见书不具备证据能力，不予以质证，若要鉴定就应该通过法院按照法定的程序重新委托。(3)对方当事人及其诉讼代理人认为可以接受诉前鉴定或当事人单方委托的鉴定,但对鉴定意见存疑,要求通过质证进行审查。(4)此外还有可能出现的情况是,庭审法官认为鉴定意见是一方当事人举出的证据,不能因单方委托就失去证据资格,需要通过庭审来质证,另一方当事人有义务对鉴定意见发表质证意见。后两种情况都会引出鉴定人出庭接受质证的事项。鉴定人只要出庭就必须面对庭审中的各方,如何使诉争双方对鉴定意见心悦诚服,使审判者安心采信鉴定意见,鉴定人在出庭接受质证过程中正确处理好各方关系是实现这一目的的关键。

一、与申请司法鉴定人出庭一方当事人及其代理人关系的处理

鉴定人出庭绝大多数是基于对鉴定意见存疑的一方当事人的申请。由于鉴定意见在诉讼中独有的证明能力以及对其他证据的审查功能,不利的鉴定意见可能导致整个诉讼形成对其不利的结局,申请方希望通过对鉴定人的质询来解决自己的疑惑,或者发现鉴定中存在的问题以否定该鉴定意见效力,所以质询的问题主要来自申请方。他们可能否定全部的鉴定意见,也可能只质疑其中一项或几项。

由于案件当事人及其诉讼代理人基本素质和专业能力的不同,鉴定人遇到的情况也不尽相同,在关系处理上要因人而异。根据当事人及其代理人对质证的准备程度,划分成以下三种类型,建议鉴定人依据情况的不同分别对待。

(一)质证准备充分,提问比较理性

这类当事人及其诉讼代理人对鉴定意见的质证作了充分的准备,可能通过广泛阅读专业资料获得与鉴定内容相关的知识,或请教专业人员发现问题所在,或邀请有专门知识的人共同参与质证。这类当事人及其诉讼代理人因对鉴定意见进行细致研读,甚至对一些疑问咨询过相关专家,其质证的准备相对比较充分,其对鉴定意见的质证相对理性,发问的问题多针对鉴定意见的核心问题展开,不会偏离鉴定意见的专业问题,而且对鉴定人的回答会认真聆听,不会曲解鉴定人的解释。即使鉴定意见书存在一些非实质的瑕疵,一般也会容忍,

不会反复纠缠。他们对法官也特别尊重,对其指挥质证的进度或者控制质证的方式不会提出过分的要求或者进行指责。对这样的质证主体,鉴定人首先要以尊重的态度,认真聆听对方提出的每一个问题,耐心听取对方的意见表达,包括可能存在的误解,虚心接受合理的批评,切忌因对方外行而嘲笑指责,或故意用大量的专业术语来显示自己专业知识的高深莫测,甚至利用专业知识来回避问题。对待质询问题的回答要立足专业角度,兼顾对法官和质询人理解力,从科学视角作深入浅出的解答,概括地说,即用谦虚的态度作专业性的回答。

(二)有了初步准备,提问随机性大

这类当事人及其诉讼代理人庭前准备工作不如第一类人细致,缺乏专业性基础,通常是代理人按照自己对鉴定意见的分析或结合以往出庭经验,大致拟定几类常见的问题,如鉴定人资质、鉴定程序以及鉴定依据与结论之间的因果关系等问题,更多的是根据鉴定人的回答随机追问。质疑的问题表达比较含糊,对鉴定人的回答缺乏有效的辨识能力,很少进行专业上的追问。有的会想方设法制造提问陷进,引导鉴定人按照自己的预想进行回答,比如,要求鉴定人只能用是或否来回答问题,或要求经验判断型鉴定人对鉴定依据进行量化等,一旦等到预设答案便滔滔不绝发表议论,不给鉴定人辩解机会;有的会根据道听途说的依据对鉴定人的人格、专业水准进行攻击,并以此来否定鉴定意见的科学可靠性。鉴定人对待这一类型申请方的问题要细心倾听,对程序性问题和实体性问题一视同仁,对质询问题立足于全面理解和确认的基础上认真解答;对含糊的问题在确认提问意思后再回答;对不合理的提问要先予以纠正再回答;对反复提问的问题尽量不回答;对与鉴定意见无关的问题说明拒绝回答的理由和依据。概括地说,即鉴定人用严谨的态度作专业性回答。

(三)基本没有准备,随性提问

这类当事人及其诉讼代理人申请鉴定人出庭的目的多样,对鉴定人到庭进行质证的结果并不期待,对庭审质证的问题基本没有什么考虑,随意提问,有的案件可能只有当事人进行质询,问题少怒气多,对鉴定人持有怀疑乃至敌对情绪,发问的方式及对话的态度往往不太友好,对鉴定意见书中存在的如错别字类的瑕疵紧抓不放,并将后果无限放大。多数对鉴定意见专业性问题不甚了解,所提问题只能围绕鉴定的公正性主题,特别是针对当事人单方委托的鉴定心存怀疑,或者质疑鉴定机构和鉴定人与委托的当事人之间存在秘密交易关系,或者质疑鉴定中使用的鉴定材料存在造假的可能,质疑鉴定人的鉴定能力和鉴定立场等。有的是按照自己的思路来曲解鉴定依据,并要求鉴定人给予符合自己意愿的解答。有的甚至采取谩骂方式故意激怒鉴定人,搅乱庭审秩序,或采用诱导式提问混淆鉴定人思维,以获得自己期待的答案从而实现推翻鉴定意见的目的。不利一方的当事人甚至可能对鉴定人做出不理智的行为。对这一类型的质询人,鉴定人在听取问题时要理性,回答问题的用词上尽量避免主观色彩;不要为迁就提问方的理解而使用不恰当的比喻;不要被当事人不理智的行为所激怒;更不能与当事人形成相互攻击态势。概括地说,即用坦荡的态度作简洁的回答。

以上三种类型并不绝对,也可能会出现一定程度的交叉,或跟随质证的深入而发生变化,有的当事人与其代理人可能分属不同类型。质证过程中鉴定人保持冷静和理性非常重要。如果当事人委托了代理人或律师,通常相对理智,易于沟通,不会被案情左右情绪,极少做出不理智的举动,鉴定人在回答问题时尽可能与律师或代理人交流。如果当事人情绪过于激动,甚至出现开口谩骂等过激举动,可以提醒代理人帮助当事人保持理智;同时鉴定人也应及时提醒庭审法官制止当事人过激语言和行为,而不要与当事人直接冲突。

二、与未申请司法鉴定人出庭一方当事人及其代理人关系的处理

未申请鉴定人出庭一方当事人及其代理人通常是鉴定意见有利的一方,特别是单方委托鉴定机构开展鉴定的当事人,对提交的鉴定意见一定是认可的。故其在庭审中很少提问,多半只是通过提问来肯定鉴定意见的科学可靠性,或

者是强调一下鉴定意见的客观公正性。对待鉴定人的态度也会非常友善。少数案件的诉讼代理人也会准备些专业问题,用来询问有专门知识的人,以便声援鉴定人,达到维护鉴定意见效力的目的。

三、与法官关系的处理

在民事诉讼中,鉴定人通常是基于当事人的申请而到庭接受质证,也可能应法官的要求到庭就专业问题加以说明,并接受双方当事人及法官的质询。鉴定启动主体不同,产生的问题也不尽相同,尽管在所有案件中法官作为诉讼最终裁判者的地位不变,鉴定人作为诉讼参与人的角色不变,但审查鉴定意见证据的视角和标准可能会因鉴定启动者而不同。法官是质证意见的倾听者,也是案件证据的审查者。鉴定人在出庭时必须充分考虑不同类型委托之间存在的差异,了解法官审判案件的需求,配合法庭做好证据的审查工作和证明过程。

(一)当事人单方委托形成鉴定意见的质证

当事人单方委托形成的鉴定意见,也是当事人提供的证据材料,因为法院委托鉴定并不是鉴定意见具备证据力的必备条件,如果一方对另一方当事人提供的鉴定意见予以认可,法官可以基于诉争双方无异议而予以采信,无须再通过法院二次委托鉴定。如果另一方对该鉴定意见有异议,可以通过质证来确认鉴定意见的证据力和证明力。由于单方委托鉴定意见的形成与法院委托相比,缺乏前期的审查质证程序,用于鉴定的材料未经双方当事人质证,鉴定机构也是单方选定。鉴于此,另一方当事人和法官对鉴定意见存有疑惑也是常态,可以通过鉴定人的出庭质证解决质证程序应当解决的问题,例如,鉴定材料与案件的关联性和可靠性,鉴定机构是否存在回避事项,与委托方当事人之间是否存在有可能影响公正鉴定的关系等。对当事人单方委托形成的鉴定意见,法官需要进行比诉讼中委托形成的鉴定意见更加谨慎的审查,对可能存在的疑问必须要做合理的排除。因此,鉴定人不仅要认真回答鉴定采用的技术方法和设备等专业问题,回答鉴定的依据等实体性问题,也必须认真回答鉴定的委托流程、材料的审查等程序性问题,甚至包括本次鉴定的费用问题。即便是当事人提问过的问题,法官可能再度确认,鉴定人不能以前面已经回答过为由拒绝,而应当通过重复回答再度强调自己的观点。

(二)当事人申请对法院委托形成鉴定意见的质证

一方当事人对鉴定意见不服,申请鉴定人出庭实现对鉴定意见的质证,鉴定人不要简单地认为只有当事人参与质证,虽然鉴定人是在回答当事人及其诉讼代理人提出的问题,但这些问题同样也可能是法官的疑问,法官对证据的采信首先要征询双方当事人对证据的意见,包括对鉴定意见的观点,通过庭审质证中了解双方对鉴定意见认识的分歧,听取各自认可或否定的理由,通过鉴定人的回答,排除疑惑,形成自己的内心确信来决定采信与否。因此,鉴定人在回答问题时,不仅要说服当事人相信,更要说服法官相信自己出具的鉴定意见是客观、公正和科学的,这就要求鉴定人认真回答当事人提出的问题,除非法官认定该问题与本次鉴定无关,否则,鉴定人仍然要对此问题作出回答。

法官虽然是居中裁判,但负有对证据的审查职责,同样需要对鉴定意见进行查证,对于鉴定意见存在疑问的地方,或者认为有必要要求鉴定人解答的问题,有权向鉴定人提问。特别是当事人对鉴定意见存在严重分歧的案件,以及不利一方当事人试图跳过质证程序坚决要求启动重新鉴定的案件,法官会通过亲自质询关键问题以确定鉴定意见的科学可靠性,甚至可能包括重新鉴定的必要性。鉴定人应当理解法官的工作需求,尽量予以理解和配合。

(三)法院直接委托形成的鉴定意见的质证

民事诉讼中,虽然由负有举证责任的当事人举证而对方质证,但法官对案件证据的真实性同样负有审查义务,即使是双方当事人都认可的证据,如果存在可疑之处,如可能存在恶意串通或虚假诉讼的案件,法官可以依职权启动鉴定程序,委托鉴定人员对可疑的证据进行审查。对于法院基于审查案件事实的需要直接委托形成的鉴定意见,若当事人对此证据提出异议,同样需要经过庭审质证程序。鉴定人出庭可能基于双方当事人的申请,也可能来自法官审判的需要。对于存在恶意串通虚假诉讼类型的案件,双方当事人可能都对鉴定意见存有异议,为了否定鉴定意见的效力,对鉴定意见的质疑会形成合力,力度可能远超单方当事人,鉴定人需要认真对待。因为是法官依职权启动的鉴定,为了能让当事人心服口服,法官对鉴定意见的质证也可能变得相对细致全面,从委托程序、鉴定技术到鉴定意见的依据等,鉴定人对此应有超然的态度,不能因为委托方的不同或质证人的变化而变化,在庭上要认真回答提问人的每一个问题,不能因为提问人的身份不同而改变态度。在做庭前准备时不仅要重温技术性内容、鉴定意见形成的依据,还要清楚委托的程序性内容,特别是可能会影响鉴定意见公正性的程序问题。

四、与专家辅助人关系的处理

根据我国《民事诉讼法》第 79 条的规定,当事人可以申请人民法院通知有专门知识的人出庭,就鉴定人作出的鉴定意见或者专业问题提出质证意见。最高人民法院《关于审理医疗损害责任纠纷案件适用法律若干问题的解释》第 14 条规定:“当事人申请通知一至二名具有医学专门知识的人出庭,对鉴定意见或者案件的其他专门性事实问题提出意见,人民法院准许的,应当通知具有医学专门知识的人出庭。”有专门知识的人就是习惯称谓上的“专家辅助人”。

(一)对专家辅助人出庭质证要有理性的认识

当诉讼当事人对鉴定意见存在异议但又碍于专业难度无法有效质证时,可以邀请对该项鉴定技术有研究的专业人士帮助质证。邀请专家辅助人出庭质证是法律赋予当事人的权利,旨在通过对双方当事人诉讼能力上的平衡来实现民事审判上的公平公正。专家辅助人接受当事人的聘请,依据自己的专业能力对鉴定意见提出质疑,并针对鉴定人的回答向法庭提出自己的评判意见。虽然专家辅助人由当事人出资聘请,对鉴定意见的观点符合当事人的需求,质证上会有利于聘请方当事人,但并不意味着专家辅助人一定会无视客观事实误导审判方,或者从专业角度给鉴定人制造难堪以推翻鉴定意见。专家辅助人参与质证,一定程度上会增加鉴定人出庭接受质证的工作难度,但从诉讼能力平衡角度讲,专家辅助人的确更能有效表达质证意见,帮助当事人实现对鉴定意见的质疑;从监督角度看,专家辅助人的质证有助于帮助鉴定人发现工作中存在的问题,促使鉴定人更加谨慎对待鉴定,注重完善鉴定意见的表达,避免误会。同时,鉴定人与专家辅助人专业性的对话,解答了当事人及法官对鉴定意见的疑惑,不仅有助于法官对鉴定意见的理解和采信,同样有助于当事人对鉴定意见信服。诚然,专家辅助人的出庭必定增加了鉴定人出庭的复杂程度,对此,鉴定人必须在思想上给予重视,在行动上做好应对的准备。

(二)了解专家辅助人在庭审中的权利和义务

专家辅助人应当事人的邀请并经法庭同意参与庭审的质证,与鉴定人一样属于诉讼参与人,享有诉讼参与人的权利并承担相应的义务。与其他诉讼参与人不同的是,其拥有对鉴定人就鉴定意见及其相关问题提出质证的权利。对专家辅助人的提问,只要是与鉴定意见相关的,鉴定人就有回答的义务,如果与鉴定意见无关,或者说鉴定人认为与鉴定意见无关,可以拒绝回答,但庭审法官认为与案件有关的除外。专家辅助人作为诉讼参与人有遵守法庭纪律的义务,未经法官许可不得随意提问或发言,对于未经许可的提问可以不予回答。专家辅助人虽然没有像鉴定人那样明确有着立场中立的要求,但作为民事诉讼参与人,必须遵循诚实信用原则,忠于科学,尊重事实,可以有不同学术观点,但不能故意混淆视听。作为诉讼参与人,专家辅助人也有被尊重的权利,鉴定人不能使用人身攻击或道德评价的方式来贬低专家辅助人的人格,以此来降低其在法庭上的信誉,更不能用指责作为回答问题的方式。此外,鉴定人要明确专家辅助人出庭的目的是质证不是答疑,对鉴定人的提问或反问没有回答的义务,鉴定人不可以反客为主,用提问的方式扭转被发问的态势,当然,专业性辩论中的提问和发问则不在此例。

(三)做好针对专家辅助人出庭前的准备

通常情况下质证方都是聘请专家辅助人后再申请鉴定人出庭,专家辅助人出庭也须征得法庭的同意,因此鉴定人接到法庭出庭通知后,首先,要向法庭询问是否有专家辅助人出庭质证,如果有,请法庭将专家辅助人姓名、年龄等基本情况告知,鉴定人在出庭前应当对专家辅助人职业、研究领域、技术专长等有所了解,以减少出庭的盲目性。其次,在出庭前请法庭转交对方计划质询的问题提纲,便于鉴定人做好质询的准备。当然,有的专家辅助人会拒绝这样做,认为只有问题突袭才能发挥提问的功效。鉴定人可以说服法庭帮助实现鉴定人的要求,因为鉴定人有了准备,问题回答得更有针对性,避免双方形成专业辩论态势,减少在无关问题上的纠缠,从而使庭审更有效率,对鉴定意见质证得更加透彻。鉴定人也必须知晓的是,专家辅助人的提问并不受之前质询提纲的约束,鉴定人不能以超越提纲范围为由拒绝回答。

(四)把握回答质证问题的技巧和节奏

鉴定人和专家辅助人的对话往往被形容为“高手过招”,由于专业的难度,双方当事人、代理人乃至法官都可能无法完全理解对话内容,因此在回答问题时,既要保持专业水平,又要顾及法官和当事人及其代理人的需求,尽量用通俗易懂的表达方式回答问题,用理解赢得当事人和法官的信任。

每个案件专家辅助人的质证范围各不相同,质证的深度和广度也有差异,有的专家辅助人只针对某关键性问题进行质证,如仪器设备的性能、鉴定依据的科学原理等,通常问题比较尖锐;有的则是根据自己了解和审查到的问题,逐一提问,既有程序性的也有实体性的;也有的采取广泛提问的方式旨在从鉴定人回答中发现问题;还有的直接亮出自己的鉴定意见要求鉴定人评判,鉴定人回答时要区别对待。

通常情况下,对程序性的问题可以简要地如实回答,表明鉴定过程由程序规范掌控,由此得出鉴定意见准确可靠;对实体性问题则具体回答,表明鉴定过程态度认真、技术扎实、分析有据,结果可验;对于有深度的专业性辩论,尽量简答,用浅显的表述,避免过度专业化,保持稳定的情绪和适中的语速,不因专家辅助人的情绪或态度变化而改变。对于专家辅助人的问题,尽量提问完后一起回答,以便鉴定人了解对方的想法,理顺答题思路,合理安排回答顺序,掌握答题节奏。所有的问题必须听明白后再回答,同时要防范专家辅助人设置提问陷阱,回答时保持谨慎。但对于问题如无正当理由无论深浅都不能回避,要做到有问必答,若鉴定过程或鉴定意见中确实存在专家辅助人指出的过错或失误,也应当坦率承认,无须遮掩,更不能编织谎言来掩盖。对专家辅助人明显违背科学原理或客观事实的发言,鉴定人可以从维护科学诚信的角度当庭指出。

第二节 行政诉讼中司法鉴定人出庭作证与相关主体的关系

一、行政诉讼中需要进行鉴定及鉴定人出庭作证的情形

行政诉讼俗称“民告官”,是指公民、法人或者其他组织认为行政机关作出的行政行为包括行政决定、行政处罚等违反法律或缺乏法律依据,侵犯其合法权益,而向法院提起旨在撤销、变更、行政行为或确认行政行为违法的诉讼。它是推进行政机关依法行政的重大举措,也是维护公民、法人或其他组织的合法权益免受行政机关不法侵犯的重要保障。

与民事诉讼、刑事诉讼一样,行政诉讼活动中也需要司法鉴定的介入和鉴定人出庭作证的情形,因此也要解决好行政诉讼中鉴定人出庭作证与相关主体之间的关系。为此,首先要了解在行政诉讼中需要进行司法鉴定进而需要鉴定人出庭作证的情形有哪些,其后才能进一步回答、阐释鉴定人出庭作证时,应当怎样处理好与相关主体的关系。

根据我国《行政诉讼法》及司法解释的有关规定，在行政诉讼中需要进行鉴定及鉴定人出庭作证的情形主要有以下五种。

（一）在行政赔偿诉讼中，原告应当对被诉具体行政行为造成损害的事实提供证据

行政诉讼在一般情况下，应由被告即被诉行政机关承担证明其所做行政行为合法的举证责任。但是，对于一些特殊的行政诉讼案由，也需要原告在提起行政诉讼时就应承担相应的举证责任。如行政赔偿诉讼要求原告承担举证责任。因为既然原告提起的是行政赔偿诉讼，要求被诉行政机关对其行政行为给原告造成的损害结果进行赔偿，那就必须由原告提出相应的证据，以证明被告的行政行为给其造成损害的事实，否则，原告的起诉难以被法院受理。而在原告提出的证明被告的行政行为给其造成损害事实的证据中，不可避免地会包括有关鉴定证据。譬如，工商行政机关查扣、变卖原告的货物给其造成损害的，公安机关对原告进行行政拘留给其造成人身损害的，就可能需要有关价格、质检部门或医疗机构、司法鉴定机构对损害事实及伤害事实进行鉴定，原告据此提出行政赔偿的具体数额。

此类鉴定一般有以下特点：(1)鉴定一般发生在行政诉讼提起之前，可以说是一种诉前的鉴定。(2)通常由原告在诉前单方委托有关部门或机构作出，是其提出行政赔偿诉讼的重要依据。(3)此类鉴定虽然是在诉前形成，但在行政诉讼中往往成为原被告双方诉争的焦点，因而也成为法院关注的焦点和法庭审理的重点，往往需要鉴定人出庭作证。

（二）被告对作出的行政行为负有举证责任，应当提供作出该行政行为的证据和所依据的规范性文件

被告在向法庭举证时，如果其在行政程序中采用了鉴定意见作为其作出具体行政行为的证据的，就应当向法庭提供该鉴定意见。

显然，这种鉴定证据也是在原告提出行政诉讼之前就已存在的，而且是在行政机关作出行政行为过程中由行政机关委托或指定有关部门或鉴定机构作

出的。此种鉴定证据一旦在行政诉讼中作为被告的证据向法庭提供,势必也将在庭审中成为法庭调查的重点证据,往往也需要鉴定人出庭作证。

(三)在诉讼过程中,人民法院认为对专门性问题需要鉴定的,应当交由法定鉴定部门鉴定;没有法定鉴定部门的,由人民法院指定的鉴定部门鉴定

这种鉴定既不是原告提出的,也不是被告提出的,而是由人民法院在诉讼过程中根据审理案件的需要依职权决定委托或指定有关鉴定部门进行的,由此产生的鉴定意见也将在法庭审理中进行调查,必要时鉴定人也将被要求出庭作证。

(四)原告或第三人有证据或者有正当理由表明被告据以认定案件事实的鉴定意见可能有错误,在举证期限内书面申请重新鉴定的,人民法院应予准许

如果鉴定不是初始鉴定,而是在诉讼过程中由原告或第三人针对被告提供的其庭前作出行政行为依据的鉴定意见而向人民法院申请进行的重新鉴定,并且该重新鉴定的前提是认为之前被告提供的鉴定意见是有错误的,因此,该重新鉴定一旦形成新的鉴定意见必将成为法庭审理的重点,鉴定人势必要出庭作证。

(五)当事人对人民法院委托的鉴定部门作出的鉴定意见有异议,申请重新鉴定,能够提出证据证明存在上述所列四种情形之一的,人民法院应当准许重新鉴定

由于鉴定不是初始鉴定而是重新鉴定,并且是由当事人包括原告、被告、第三人共同或单方提出来的,而且针对的是此前人民法院委托的鉴定部门作出的鉴定意见,由此决定了它必然是当事人与法院关注的焦点,也是法庭审理的重点,因而鉴定人出庭作证成为必经程序。

以上五种情形就是行政诉讼中需要进行鉴定及鉴定人出庭作证的主要情形,从中可以看出,其中有的是诉前进行的鉴定及形成的鉴定意见,如第一种、第二种情形;有的是在诉讼中进行的鉴定及形成的鉴定意见,如第三种、第四种、第五种情形。有的是原告、被告单方委托进行的鉴定及形成的鉴定意见,如

第一种、第二种情形。有的是经法院同意或由法院决定进行的鉴定及形成的鉴定意见，如第三种、第四种、第五种情形。这就使鉴定人与诉讼中的各种主体形成错综复杂的关系，鉴定人应当处理好与相关主体的关系。

二、司法鉴定人与当事人及其代理人关系的处理

在行政诉讼中，当事人包括原告、被告及第三人，此外他们各自都会委托代理人。因此，在通常情况下，鉴定人不仅要处理好与当事人的关系，而且要处理好与当事人委托的代理人的关系。尤其代理人往往都是富有诉讼经验的律师，比起委托他们的当事人，诉讼代理人更专业，鉴定人更要重视处理好与他们的关系。但是，由于诉讼代理人是在当事人授权范围内从事诉讼代理活动，他们的诉讼立场是一致的，因此，可以将他们视为一体处理。此外，原告和被告是行政诉讼中必须存在的当事人，第三人则不然，大多数案件中并不存在第三人，因此，鉴定人处理与当事人的关系主要是处理好与原告和被告及其诉讼代理人的关系。下面按照第一部分所列举的行政诉讼中需要进行鉴定的五种情形，分别从原告和被告的角度，分析、论述鉴定人出庭作证如何处理与他们的关系。

（一）第一种情形下鉴定人与当事人及其代理人关系的处理

1.第一种情形是指在行政赔偿诉讼中原告应当向法庭提供被告的行政行为对其造成损害事实的证据，其中包括原告委托有关鉴定机构对其受到的损害事实包括损害行为与损害结果，以及二者存在因果关系进行的鉴定而产生的鉴定意见。该鉴定意见往往是原告提起行政赔偿诉讼的事实依据，同时也是原告向被告主张行政赔偿的数额依据，对原告来说至关重要，对被告来讲也非常重要，因为它既关系行政赔偿诉讼能否提起，也关系行政赔偿请求的具体数额能否实现。

在行政诉讼中，如果被告及其代理人对该鉴定意见提出异议，往往需要鉴定人出庭作证。在此过程中，鉴定人应当处理好与双方当事人及其代理人的关系。

2. 由于此种鉴定意见是原告在提起行政诉讼之前单方委托有关鉴定机构进行鉴定而形成的,并且是原告作为起诉的事实依据和主张行政赔偿的数额依据,那么,在客观上它应当是对原告有利的。如果对原告不利,原告可能弃之不用,不会作为其起诉和主张赔偿的依据。由此决定了在这种鉴定意见下,鉴定人与原告及其代理人并无冲突而是相互一致的关系。因此,鉴定人出庭时,应当用自己扎实的专业知识、丰富的鉴定经验和充分的科学依据向法庭说明其出具的鉴定意见是能够成立的。而对于被告及其代理人来讲,鉴定人往往是他们质疑、挑战的对象。尤其这是诉前原告单方委托形成的鉴定,他们会从如鉴定机构的资质、鉴定人的专业资格、鉴定的过程、鉴定的材料、鉴定的方法、鉴定的技术等方面向鉴定人进行质证。可见,在此情形下,鉴定人要处理好与各方的关系,不仅要有出庭作证的临场能力和经验,更要在诉前为原告进行鉴定时做到客观、中立、理性,尊重事实,尊重科学,实事求是。只有这样,才能达到鉴定人出庭作证的目的。

(二)第二种情形下鉴定人与当事人及其代理人关系的处理

1. 第二种情形是指被告在作出具体行政行为时,如果在行政程序中采用鉴定意见作为其认定案件事实的依据,当原告提起行政诉讼后,被告就应当将其采用的鉴定意见在举证时提供给法庭。此种情形下的鉴定意见与第一种情形下的鉴定意见都是诉前形成的鉴定意见,都是单方委托有关鉴定机构进行鉴定并出具的鉴定意见。不同的是,第一种情形下的鉴定意见是支持原告诉讼立场的,是原告提起诉讼和主张赔偿的事实依据,而此种情形下的鉴定意见是支持被告诉讼立场的,并且这种支持可以追溯到原告提起行政诉讼之前,被告作为当初的行政机关正是依据包括该鉴定意见在内的相关证据,对当初还不是原告的行政相对人作出了行政行为包括行政决定或行政处罚。可见,此种情形下的鉴定意见对被告是有利的,对原告是不利的,由此势必在诉讼过程中要求鉴定人出庭作证。

2. 鉴定人出庭作证的首要任务是要在法庭上充分说明当初作出该鉴定意见的有关依据,充分论证其作出的鉴定意见是正确的、可靠可信的。这一过程实际上是与被告相互配合完成的。因为,早在行政程序中,被告已经接受并采纳了该鉴定意见,因而将其作为作出行政行为的依据之一。不仅如此,有的案件在诉讼之前可能还经历了行政复议、行政听证,鉴定人不同程度地参与了该过程以支持被告已作出的行政行为。总之,无论何种情况,此种鉴定意见是被告作出行政行为的依据之一,鉴定人出庭作证时与被告的关系比较容易处理,只需用事实、科学向法庭说明、论证鉴定意见的正确性和可信性。只要鉴定意见能够成立,很大程度上被告的行政行为也会成立。

但是,在此种鉴定情形下,鉴定人与原告的关系则不容易处理好。因为原告提起行政诉讼本身就意味着其对作为被告作出行政行为的依据之一的鉴定意见是不认可的。因此,可以说原告对于被告出具的鉴定意见是戴着“有色眼镜”的。为此,原告及其代理人在诉讼前乃至开庭前会针对鉴定意见进行充分的分析、研究,进而在法庭上提出有针对性的、“有杀伤力”的质证意见。不仅如此,对被告在行政程序中采纳的鉴定意见,原告或者第三人提出证据证明有下列情形之一的,人民法院不予采纳:(1)鉴定人不具备鉴定资格。(2)鉴定程序严重违法。(3)鉴定意见错误、不明确或者内容不完整。针对这些情况,鉴定人在庭前要客观地分析自己出具的鉴定意见,理性地寻找其中是否有不足或薄弱之处,富有远见地预测在庭审中原告及其代理人对该鉴定意见将会如何进行质证,进而做好充分的准备。在法庭上,一方面要尊重原告及其代理人的质证权,另一方面要充分发挥自己的专业优势,有理有据地回答原告及其代理人的质证,科学、扼要地论证鉴定意见的正确性和可信性。

(三)第三种情形下鉴定人与当事人及其代理人关系的处理

第一种、第二种鉴定情形都是在行政诉讼提起之前,分别由原告和被告单方委托鉴定的，第三种鉴定情形则完全不同，它是在行政诉讼启动之后，由法院依职权启动并委托或指定的鉴定，其缘由是“在诉讼过程中，人民法院认为对专门性问题需要鉴定的”。在此种鉴定情形下，鉴定人一旦出庭作证，则与当事人及其代理人的关系较前两种复杂一些。

由于此种鉴定是在诉讼过程中由法院依职权启动的，其本身对于当事人双方“是吉是凶”难以预料，从当事人心态上分析，应该是既希望又担心。作为鉴定人不应受当事人双方心态和诉讼立场的影响，而应本着独立的立场和科学的精神进行鉴定并出庭作证。当然在此过程中鉴定人也要注意，如果此前原告或被告已经有单方委托的鉴定并形成了对其有利的结果，而此次法院委托或指定鉴定形成的鉴定结果与前者不一致，甚至否定了前者的鉴定结果，鉴定人在出庭前应当做好充分准备。在庭上一方面要从正面阐述、论证鉴定结果的科学依据；另一方面则要对当事人一方或双方对鉴定结果提出的质疑作出积极回应，答疑解惑，并从专业角度和科学依据指出并论证之前当事人单方所作鉴定结果存在的问题或不足，使其理解并接受新的鉴定结果。

（四）第四种情形下鉴定人与当事人及其代理人关系的处理

前述第二种情形下作出的鉴定，是在行政诉讼之前，被告在行政程序中单方委托鉴定部门进行鉴定并出具的鉴定意见。当提起行政诉讼后，被告根据举证责任的要求就要将其当初据以认定案件事实的鉴定意见提交法庭。对此，原告或第三人可能会提出质疑甚至反对。当他们有证据或有正当理由证明被告的鉴定意见可能有错误，并在举证期限内书面申请重新鉴定时，依照我国《行政诉讼法》第29条的规定，人民法院应予准许。这就是第四种情形下的鉴定，它不是初始鉴定而是重新鉴定，而是根据原告或者第三人的请求，由法院同意所作的重新鉴定。这一背景决定了鉴定人出庭作证时与当事人的基本关系。

由于此种鉴定是由原告或第三人针对被告原有的鉴定意见提出请求并经法院同意而启动的重新鉴定，原告或第三人对此鉴定从主观心理上是有期待的，他们希望新鉴定结论能够推翻原来的鉴定意见。而被告一方面希望新的鉴定意见能够支持其原来的鉴定意见，另一方面又担心新的鉴定意见推翻其原来的鉴定意见。面对这种情形，鉴定人出庭作证前应当明确，尽管这次鉴定是由原告或第三人申请启动的，但自己既不是为原告或第三人进行鉴定，也不是为被告进行鉴定，而是为事实真相进行鉴定。无论鉴定的结果对原告、第三人有利还是对被告有利，在出庭作证时都要保持中立的立场，以超然的心态，用事实、科学阐释重新鉴定形成的结论。在此过程中要特别注意处理好与新的鉴定意见产生不利的一方当事人的关系。如果对方用质疑甚至挑衅的口气、姿态进行挑战，鉴定人也应当不急不躁，心平气和地回答问题，讲清道理，使对方能够接受新的鉴定意见，即使不愿接受也难以提出确有依据的反对意见。

（五）第五种情形下鉴定人与当事人及其代理人关系的处理

第五种情形下的鉴定是由法院依职权决定启动的，对于由此产生的鉴定意见，当事人有权提出异议并要求重新鉴定，如果其提出证据证明存在以下情形的，人民法院应当准许进行重新鉴定：（1）鉴定部门或鉴定人不具有相应的鉴定资格的。（2）鉴定程序严重违法的。（3）鉴定意见明显缺乏依据的。（4）经过质证不能作为证据使用的其他情形。

进行这种鉴定并出具鉴定意见的鉴定人无论在鉴定过程中还是出庭作证中应当了解该鉴定是在何种背景下进行的，此前鉴定存在的问题和不足，并有意识地避免发生同样的问题和不足，出庭作证时要特别注意对原鉴定意见提出异议，要求重新鉴定的一方或双方当事人的意见。新的鉴定意见与之前的鉴定意见相一致或不一致时，更要充分说明相一致或不相一致的原因、理由，以及在鉴定程序、鉴定方法、鉴定技术等方面与此前有无区别、为何有区别等问题。

三、司法鉴定人与法官关系的处理

以上所述行政诉讼中需要进行鉴定的五种情形，从与法官的关系看，又可分为两类：（1）第一类包括前述第一种情形、第二种情形和第四种情形，都是由当事人单方启动的初始鉴定或者原告或第三人针对被告的初始鉴定申请法院启动的重新鉴定。(2)第二类则包括第三种情形和第五种情形,是法院在诉讼过程中依职权启动的鉴定和当事人针对该鉴定提出申请并经法院同意启动的重新鉴定。在这两类情况下,法官所处的地位、作用不同,决定了鉴定人与法官的关系也有所不同,鉴定人应当掌握这一特点,处理好与法官的关系。

1. 在第一类情形下,鉴定人实质上都是在当事人的委托下进行的鉴定,尤其是在行政诉讼之前原告、被告分别委托的鉴定与法官毫无关系,而且这些鉴定形成的鉴定意见往往是原告提起诉讼或被告进行应诉必须提出的主要证据。

鉴定人出庭作证的立场当然是站在原告或被告一方,向法官说明、论证其原来所出具的鉴定意见是正确的、可信的,希望法院能够接受并采纳。至于,原告或第三人针对被告原有的鉴定意见提出申请并经法官同意而进行的重新鉴定及出具的新的鉴定意见,其出发点是支持原告或第三人的请求的,但其结果则不一定:可能是对原告和第三人有利的,动摇甚至推翻了被告原来的鉴定意见;也可能是对被告有利的,支持、加强了被告原来的鉴定意见。无论何种情形,法官都是完全超脱的,鉴定人对其与法官的关系应当保持平常心;在作证时,按照法官的程序安排,客观、理性,有理有据地回答原被告以及法官提出的问题就行。

2. 在第二类情形下,这两种鉴定,一种是由法官依职权委托的,另一种是当事人针对前一鉴定提出异议而要求进行的重新鉴定。表面上看这两种鉴定似乎与法官的关系要"亲密"一些。但是,无论哪种情形,鉴定人都要本着独立精神、科学态度进行鉴定并出庭作证。鉴定人不能因为鉴定是法官依职权委托的,就揣摩法官的"想法"进行初始鉴定和重新鉴定,在出庭作证时迎合法官的"想法"发表意见,阐述鉴定依据。事实上,无论是法官委托的鉴定还是针对法官委托的鉴定,法官都更希望鉴定人坚持原则、尊重科学、实事求是地进行鉴定并出庭作证。人民法院对委托或者指定的鉴定部门出具的鉴定书,应当审查是否具有以下内容:(1)鉴定的内容。(2)鉴定时提交的相关材料。(3)鉴定的依据和使用的科学技术手段。(4)鉴定的过程。(5)明确的鉴定意见。(6)鉴定部门和鉴定人鉴定资格的说明。(7)鉴定人及鉴定部门签名盖章。而以上审查过程并不是法官闭门造车,而是在庭审过程中,在法官的主持下,按照法定程序在当事人共同参与下进行的。无论是进行鉴定的外在条件,还是鉴定意见的内容和依据,都必须逐一经受当事人各方的审查甚至质疑。因此,鉴定人唯一的选择就是坚持原则、尊重科学、实事求是。

第三节 刑事诉讼中司法鉴定人出庭作证与相关诉讼主体的关系

一、司法鉴定人出庭作证与公诉机关及公诉人的关系

(一)刑事诉讼中需要进行鉴定及鉴定人出庭作证的情形

1. 在刑事诉讼中,司法鉴定活动主要是在侦查阶段侦查机关为了查明案情,针对案件中某些专门性问题而指派、聘请有关司法鉴定人员出具鉴定意见。当然,在审查起诉阶段,必要时检察机关也会委托或指定有关司法鉴定人员进行鉴定活动,包括对之前未进行过鉴定的专门问题进行初始鉴定和针对侦查机关的已有鉴定进行重新鉴定。至于犯罪嫌疑人、被告人、被害人及其辩护人、诉讼代理人是难以独立委托或组织司法鉴定的。他们在侦查、审查起诉过程中可以向办案机关申请对某些专门性问题进行鉴定,也可以申请对办案机关已作出的鉴定意见进行补充鉴定或重新鉴定。但是,他们的申请能否获准完全取决于办案机关。

此外,在法庭审理过程中,合议庭对证据有疑问的,可以宣布休庭,对证据进行调查核实。人民法院调查核实证据,可以进行勘验、检查、查封、扣押、鉴定和查询、冻结。其中就包括了法院为了核实证据委托有关司法鉴定人员进行的

鉴定活动。

以上就是在刑事公诉案件中,通常需要进行鉴定的几种主要情形。当这些鉴定活动形成的鉴定意见成为诉讼证据时,如果符合法定的条件,鉴定人就应当依法出庭作证。我国《刑事诉讼法》第192条第3款规定:“公诉人、当事人或者辩护人、诉讼代理人对鉴定意见有异议,人民法院认为鉴定人有必要出庭的,鉴定人应当出庭作证。经人民法院通知,鉴定人拒不出庭作证的,鉴定意见不得作为定案的根据。”根据该规定,人民法院一旦通知鉴定人出庭作证,鉴定人应当出庭作证,如拒不出庭作证,则其出具的鉴定意见不得作为定案的依据。

2. 与《刑事诉讼法》关于证人出庭作证的规定相比,对鉴定人出庭作证的要求更严:(1)只要控辩双方对鉴定意见有异议,人民法院认为有出庭必要的,就要通知鉴定人出庭作证,而证人出庭的条件除以上两点外,还要求控辩双方对证人证言的异议“对案件定罪量刑有重大影响”。(2)如果鉴定人拒不出庭作证,其出具的鉴定意见就不得作为定案的根据。而证人不出庭作证的,并没有规定其证言不得作为定案的根据。法律之所以对鉴定人与证人出庭作证区别对待,主要是因为鉴定意见作为“科学证据”,在司法实践中往往比证人证言的证明力更强,被法院采信的程度更高。(3)鉴定意见一般都出自专业司法鉴定机构及专业司法鉴定人。从某种意义上讲,司法鉴定人就是“职业证人”,他们的工作主要是为司法活动服务。让鉴定人出庭作证,一方面可以增强他们的责任心;另一方面可以使鉴定人直接面对控辩双方的询问或质证,亲身感受法庭调查对鉴定意见的审查把关,有利于提高鉴定意见的质量。

(二)鉴定人出庭作证怎样处理与公诉机关及公诉人的关系

在刑事诉讼中,由于当事人及其辩护人、诉讼代理人不能直接启动司法鉴定活动,只能申请办案机关针对有关专门问题启动司法鉴定活动,而这种申请能够获得办案机关同意的机会也很有限,这就决定了在刑事诉讼中特别是法庭审理中需要进行调查的鉴定意见证据,主要是来自侦查机关和检察机关委托或指定有关司法鉴定人员进行的鉴定及出具的鉴定意见，而且这些鉴定意见通常都是经公诉机关及公诉人将其作为控方证据向法院移送，在法庭上进行调查。但是，鉴定人只有当被告人及其辩护人、被害人及其诉讼代理人对控方的鉴定意见提出异议，申请鉴定人出庭作证，被法官同意并通知鉴定人出庭时，鉴定人才能得以出庭作证。

在经公诉机关委托或指定鉴定人员进行鉴定时，出庭作证的鉴定人实际上属于控方阵营，因为既然鉴定人出具的鉴定意见被公诉机关作为指控证据移送法院，那么，就意味着公诉机关及公诉人是相信该鉴定意见的，并以此作为指控被告人的证据之一。在此情形下，鉴定人出庭作证实际上是在支持、配合公诉机关及公诉人的工作。一旦鉴定人出庭作证不力，其出具的鉴定意见被质疑、被否定，势必动摇公诉机关的指控和公诉人出庭支持公诉。例如，在福建念某案件中，检察机关指控被告人念某在被害人家的食物中秘密投毒，致使一名被害人中毒身亡，构成故意杀人罪。检察机关指控被害人投毒的重要证据之一就是有关鉴定人员出具的关于被害人中毒死亡的鉴定意见。该案历经八年之久，被告人念某四次被有关法院判处死刑立即执行，但终被最高人民法院不予核准死刑发回重审。在此过程中，被告人念某及其辩护人质证的重点就是上述鉴定意见，他们认为该鉴定意见是错误的，不能作为定案依据。最高人民法院发回重审后，福建省高级人民法院在主持的最后一次庭审中，被告人及其辩护人主攻的重点仍然是此前认定被害人中毒死亡的鉴定意见及相关证据。为此他们还从我国香港特别行政区聘请了毒物专家在庭审中作为“有专门知识的人”出庭对该鉴定意见进行质证，提出意见，面对种种专业性的诘问，鉴定人难以从容、圆满回答，暴露出不少问题，最后法院认定有关鉴定意见及相关证据不能作为定案依据，判决被告人无罪。

在此背景下，鉴定人出庭作证的第一要务就是为公诉机关及公诉人作证而且必须作好证。所谓“作好证”就是要把庭前向法庭提交的鉴定书的内容特别是把形成鉴定意见的依据在法庭上充分阐述清楚，使辩方难以提出有效的质疑或反对,使法官能够理解、接受和采纳。在此过程中,鉴定人与公诉人应当是相互配合、相互支持的关系。鉴定人与公诉人在庭审前要进行充分的准备,包括对鉴定意见的内容在法庭上如何充分展示的准备和双方在法庭上如何相互配合的准备。在这个问题上,鉴定人要消除一种不必要的顾虑,即担心自己与公诉人走得太近,被指责有失公正或中立立场。如前所述,当鉴定人出具的鉴定意见被公诉机关采信为指控证据时,鉴定人与公诉机关及公诉人就已经站在同一阵营了,在其后的诉讼中双方必须互相配合,互相支持,不必介意双方走得太近。

当然,诉讼立场上鉴定人与公诉人应当互相配合、互相支持,并不等于在话语内容上鉴定人与公诉人完全一样。鉴定人对公诉人的配合、支持主要表现在专业知识和科学依据上。鉴定人作为某一专业技术领域的专家参与诉讼包括出庭作证主要是靠专业知识和专业技能配合、支持公诉人,也就是针对案件中的专门性问题,从专业技术上阐述、论证所出具的鉴定意见是有充分、可靠的科学依据的,使公诉人的指控建立在扎实的科学依据之上。

但是,回顾以往的司法实践,特别是近年来司法机关陆续纠正的一系列冤错案件,导致冤错案件产生的一个重要的原因就是鉴定意见出了问题。例如,在佘祥林故意杀人冤案中,司法机关认定佘祥林杀害了妻子张在玉,该案中就有法医人员对被害尸体进行检验并认定被害人是张在玉的尸检结论。但事后证明张在玉并没有死。又如,在云南杜培武故意杀人冤案中,杜培武根本没有作案时间,也没有到过案发现场,有关鉴定人员出具的鉴定意见却认定杜培武到过案发现场,实施了开枪杀害他人的行为。然而,最后意外发现该案的真凶另有其人。

可见,鉴定人对公诉人的配合、支持首先要把鉴定意见建立在扎实的科学依据之上,从而在出庭作证时能够真正配合、支持公诉人。如果鉴定意见本身问题突出,难以成立,鉴定人出庭作证就经不起被告人及其辩护人有力的质证,非但不能配合、支持公诉人,而且对公诉人将起到“拆台”作用。

当然，在诉讼过程中特别是在庭审过程中，被告人及其辩护人可能会申请法庭对已有鉴定意见进行补充鉴定或重新鉴定，或者对以前没有鉴定过的专门问题进行鉴定，进而得出对公诉机关和公诉人不利的鉴定意见。此时无论是鉴定的启动还是鉴定意见的内容，应该说对公诉人都是不利的。鉴定人出庭作证就不再是配合、支持公诉机关及公诉人，而是在质疑、否定公诉机关及公诉人的控诉主张或具体意见。在此情形下，鉴定人应当解除顾虑、坚持独立立场和科学精神，在出庭作证时充分阐明鉴定意见，特别是对于其中不同于以前鉴定意见的内容重点说明，以供法庭对案件事实作出正确的认定。

二、司法鉴定人出庭作证与被告人及其辩护人的关系

在刑事诉讼中，鉴定人出庭作证通常有两个特点：一是出庭作证的主要是控方的鉴定人，因为无论是被告人还是辩护人很难直接启动鉴定程序，他们只能向办案机关提出鉴定申请，但获得办案机关同意或批准的情况是很有限的。二是控方的鉴定人出庭作证并非控方主动作出的安排，而主要是被告人及其辩护人对其出具的书面鉴定意见提出异议并向法庭提出要求，获得法庭同意后被通知出庭。从这个意义上讲，鉴定人对此要有充分的心理和工作准备，主要应当把握好以下几点。

1. 虽然控方鉴定人是应辩方要求出庭作证的，但不能敌视被告人及其辩护人，应当尊重他们依法享有的诉讼权利。并且辩方之所以要求控方鉴定人出庭作证是以对其之前出具的书面鉴定意见存有异议为前提的。因此，从某种意义上讲，鉴定人要借此出庭机会充分阐述鉴定意见，利用自己的专业优势和技术特长，从正面论证鉴定意见的正确性和科学性。这一过程其实是在为控方作证，用事实和科学依据支持控方的诉讼立场和主张。

2. 常言道，凡事预则立，不预则废。面对“来者不善”的被告人及其辩护人，鉴定人出庭前要从多方面预测对方可能提出的问题，有针对性地做出相应准备，在出庭时才能应对自如。从司法实践来看，辩方针对鉴定人提出的质证意见主要有:(1)鉴定人的专业资格和其所在鉴定机构的资质问题,鉴定人的专业经历和业务背景问题。(2)鉴定人与本案的关系问题。(3)鉴定人接受委托、指定及获得检材的问题。(4)鉴定人是否到过案发现场及对案情的了解程度问题。(5)鉴定的过程及程序问题。(6)鉴定的方法、技术、设备、依据等问题。(7)鉴定意见如何得出的问题。(8)其他。如果鉴定人准备不足,在出庭作证时就比较被动,鉴定意见就很难被采信。

以黄某故意杀人案为例。检察机关指控被告人黄某于 1998 年 10 月 24 日凌晨 1 时左右,杀害了与其同居的女朋友刘某。检察机关提供的证据中最重要的是经四家鉴定机构的鉴定人员对被害人死亡时间的鉴定,起诉书据此认定被告人杀害其女朋友的时间是凌晨 1 时左右。此外还有侦查人员对现场勘查得出的结论,未发现他人入室作案的线索和证据,被告人承认当晚没有他人入室,但他没有关于杀害女朋友的供述与辩解。该案开庭时,辩方要求鉴定人出庭对其进行质证。在此过程中,辩护人从多方面针对死亡时间的鉴定提出了质疑,包括人体死亡后的种种尸体现象与死亡时间长短的相互关系,以及鉴定人如何判断、确定死者的尸僵、尸斑、尸温的程度等。面对这些问题,鉴定人并不能对答如流、充满自信,而是躲躲闪闪,不敢正面应对。经法庭审理,法院没有采信鉴定意见,也没有支持检察机关的指控,而是根据疑罪从无原则判决被告人无罪。此案后来意外发现真凶,证明被害人死亡的时间并非当日凌晨 1 时左右,而是次日上午 9 时左右,被告人离家后,真凶从室外进入屋内对被害人实施了强奸杀人。由此证明原来四家鉴定机构有关人员对被害人死亡时间的鉴定意见都是错误的。

其实,司法实践中类似黄某案件,由于鉴定人作出错误鉴定意见而导致冤假错案的并不鲜见。如前面提到的云南杜培武案,鉴定意见是被告人杜培武到过案发现场并实施了枪杀他人的行为,但最后证实杜培武根本没有到过案发现场,另有真凶杀害了两位被害人;湖北佘祥林案中,鉴定意见确认死者是佘祥林的妻子张在玉,但十余年后张在玉却“死而复生”出现在村里。当然也有本来已作出了正确的鉴定意见,可以避免冤假错案的发生,但办案机关对此视而不见,弃而不用,以致铸成冤案的事实,如浙江杭州发生的张高平、张辉故意杀人案。在该案侦查过程中,已经对死者十个手指缝内的提取物进行了DNA检验排除与两位被告人相关,被告人及其辩护人据此并结合其他证据提出控方的指控不能成立,被告人应当无罪的辩护意见,但是办案机关一律不采信,对两位被告人定罪判刑。数年后,当初对死者手指缝提取物所作的DNA鉴定与另一案件比对后证明该案真凶另有他人,并不是两位被告人。这些血淋淋的教训告诉我们:司法鉴定尤其是涉及命案的司法鉴定本身就是攸关他人生命的大事,鉴定人万不可疏忽大意或随心所欲,而应当慎之又慎,高度负责。这里面就包括了鉴定人应当勇于出庭,接受被告人及其辩护人的质证,经受法庭审理的检验。

3. 在法庭审理中,也不排除经由法庭委托或指定的鉴定人作出鉴定后出庭作证的情况。这类鉴定人不同于由侦查机关和检察机关委托或指定的鉴定,鉴定人出庭作证不仅是面对被告人及其辩护人的,同时也是面对公诉机关和公诉人的。他们对于此类鉴定都有质证权。鉴定人出庭作证时,一方面要从接受法院的委托或指定并向其负责的角度,对鉴定意见作出正确阐述;另一方面则要从接受控辩双方质证的角度,回答他们的问题,消解他们的质疑。

三、司法鉴定人出庭作证与被害人及其代理人的关系

根据我国《刑事诉讼法》的规定,在有被害人的刑事案件中,被害人作为当事人之一,有权委托律师担任其诉讼代理人参加诉讼。在诉讼过程中,被害人及诉讼代理人依法享有多方面的诉讼权利:(1)像被告人及其辩护人一样,对鉴定意见有异议,可以申请人民法院通知鉴定人出庭;(2)在鉴定人出庭作证时向鉴定人发问;(3)在法庭审理过程中,也可以向法庭申请通知有专门知识的人出庭,就鉴定人作出的鉴定意见提出意见;等等。可见,鉴定人出庭作证也涉及并需要处理好与被害人及其诉讼代理人的关系。

虽然,被害人是当事人的一种,并且其依法可以独立聘请诉讼代理人,但在刑事诉讼的控、辩、审三方关系中,总体上讲,被害人及其诉讼代理人属于控方,与公诉机关及公诉人同属于一个阵营,都是依法行使控诉权,请求人民法院依法追究被告人的刑事责任。此外,如前所述,由于刑事诉讼中的鉴定意见主要源于侦查机关和检察机关并且一般都是证明被告人有罪的证据,因此,被害人及其诉讼代理人对鉴定意见的立场和态度在一般情况下与公诉机关及公诉人是一致的,都是把鉴定意见作为指控被告人的重要证据。在此情形下,鉴定人与被害人及其诉讼代理人的关系并不难处理,鉴定人不必担心被害人及其诉讼代理人会提出刁钻的问题"为难自己"。只要能够回答公诉人的问题,就能通过被害人及其诉讼代理人的"质证关"。

上述情况虽是主流,但也不能排除在以下两种特殊情况下,被害人及其诉讼代理人同样也会向鉴定人发起挑战:(1)被害人及其诉讼代理人不同意公诉机关及公诉人的诉讼主张及所依据的鉴定意见,对被告人的定罪量刑提出与公诉机关及公诉人不同的主张,于是对鉴定意见提出异议,不仅主动要求鉴定人出庭作证,而且在鉴定人出庭作证时,会从质疑、挑战的角度向鉴定人提出问题,进行质证。甚至可向法院申请聘请有专门知识的人出庭,协助其对鉴定人质证。对于此种情形,鉴定人事先要有所准备。通常在接到法院通知出庭时,应当了解是谁向法庭申请鉴定人出庭作证的,如果是被害人及其诉讼代理人,就应当预测,被害人及其诉讼代理人申请鉴定人出庭作证的原因,对鉴定意见会提出什么异议,然后有针对性地做好准备。(2)法庭依职权或者同意当事人、辩护人、诉讼代理人的申请,对案件中控方已提供的鉴定意见进行重新鉴定或者对原来没有鉴定过的专门问题进行初始鉴定。在此情形下,鉴定人通常都要出庭作证,并且在理论上处于被公诉人、被告人及其辩护人、被害人及其诉讼代理人共同质证的诉讼地位。因而,鉴定人与各方的关系比较复杂、敏感。但是,如果透过现象抓本质的话,处理起来也不是那么复杂。关键取决于新的鉴定意见与此前的鉴定意见是否一致,与各方的诉讼主张关系如何。凡是相一致的,关系就比较好处理,凡是不相一致的,就要有关系不太好处理的思想准备。但是无论何种情况,作为鉴定人特别是作为法庭委托或指定的鉴定人,出庭作证要心情放松,尊重事实,尊重科学,坦然面对各方的质证,充分说明并论证自己鉴定意见的正确性和可信性,特别是在不同意甚至推翻之前已有鉴定意见的情况下更应如此。

四、司法鉴定人出庭作证与专家辅助人的关系

(一)刑事诉讼中的专家辅助人

专家辅助人在大陆法系国家被称为“技术顾问”。技术顾问的出现,强化了诉讼过程控辩双方的对抗,为双方当事人有效参与诉讼提供了可能性,是诉讼活动走向公正、民主的一个标志。

1. 我国刑事审判中,鉴定人出庭率低是学界的基本共识。为改变这种现状,我国《刑事诉讼法》第 192 条第 3 款规定了比证人出庭要求更高的鉴定人出庭条款:“公诉人、当事人或者辩护人、诉讼代理人对鉴定意见有异议,人民法院认为鉴定人有必要出庭的,鉴定人应当出庭作证。”《刑事诉讼法》之所以对司法鉴定人出庭提出更高的要求,主要是基于鉴定意见审查判断方面的两大特点。一是专业性决定了对鉴定意见进行审查判断有很高的难度。在刑事诉讼中,鉴定意见对被告人的定罪量刑往往具有关键性影响,这便对鉴定意见的审查提出了更高的要求。二是法官需要对专业的鉴定意见进行判断,并据此认定案件事实。为了让法官更好地行使这一权力并适当约束其灵活性,鉴定人出庭就显得尤为必要。

2. 尽管鉴定人出庭对控辩双方实现质证权相当重要,但是前者对于后者只是必要条件而非充分条件。由于缺乏相应的专业知识,公诉人、当事人或者辩护人、诉讼代理人很难对出庭的鉴定人提出有力的质证意见。同样,法官也因此很容易被专业的鉴定人所左右。在此基础上,为了增强诉讼的对抗性和公平性,我国《刑事诉讼法》第 197 条确立了专家辅助人制度。可以说,专家辅助人

制度的增设有利于强化对鉴定意见的质证效果,将案件涉及的专门性问题展示在法庭上,通过控辩双方的有效质证得以将问题阐明;有利于审判人员对案件涉及的专门性问题作出科学的判断,摆脱对鉴定意见的过分依赖甚至轻信;有利于在一定程度上减少重复鉴定的发生,避免了使简单问题烦琐化,提高了审判的准确性。由此可见,专家辅助人制度的引入是为了完善司法程序,同时,也对鉴定人提出了更高的挑战,鉴定人的鉴定意见将直接接受来自同样“有专门知识的人”的质证。

3. 我国《刑事诉讼法》第 197 条第 4 款也规定:“……有专门知识的人出庭,适用鉴定人的有关规定。”我国司法解释规定了大量共同使用的规则。我国的刑事诉讼法,一方面试图区分司法鉴定人与专家辅助人的制度,另一方面又将二者等同起来。这是一个新制度建立背后的相关理论的混淆与机制的不完善,有待司法实践的完善。

(二)司法鉴定人和专家辅助人的相同点

1. 鉴定人和专家辅助人均为有“专门知识的人”。根据我国《刑事诉讼法》第 128 条的规定,“侦查人员对于与犯罪有关的场所、物品、人身、尸体应当进行勘验或者检查。在必要的时候,可以指派或者聘请具有专门知识的人,在侦查人员的主持下进行勘验、检查”。这种“有专门知识的人”包括通常意义上的鉴定人,如刑事案件中公安机关委托“有专门知识的人”对死者的死亡原因进行鉴定等。这些对案件中涉及专门知识的相关问题进行分析并给出专业意见的有“专门知识的人”即为鉴定人。而我国《刑事诉讼法》第 197 条第 2 款规定:“公诉人、当事人和辩护人、诉讼代理人可以申请法庭通知有专门知识的人出庭,就鉴定人作出的鉴定意见提出意见。”这种“有专门知识的人”则被称为“专家辅助人”。专家辅助人并没有参与案件的实际鉴定工作,只是公诉人、当事人和辩护人、诉讼代理人为了解决案件鉴定意见中存在的问题或疑问而单方面邀请的具有专门知识的人。可见,鉴定人和专家辅助人均为在某些方面具备

“专门知识的人”，其专业知识、专业技能和专业领域存在共通性。简单来说，鉴定人与专家辅助人同样受到过专业教育，在涉及法医司法鉴定的案件中，专家辅助人与鉴定人同样具有一定的实践经验。

2. 司法鉴定人和专家辅助人均应根据案件事实推定鉴定意见。鉴定人作出鉴定意见必须基于案件事实，通过对案件材料、检验过程等的全面分析，最终作出鉴定意见。根据事实合理分析、准确判断，最终作出正确的鉴定意见是一名合格的司法鉴定人必备的基础条件，只有基于事实的鉴定意见才能保证鉴定意见的中立、公平、公正。专家辅助人虽然是基于一方的邀请从而对鉴定意见提出意见和建议，但是，专家辅助人作为“有专门知识的人”，在对鉴定意见提出自己见解的同时，同样必须基于案件事实。只有基于案件的事实，作出合理的推断和看法，专家辅助人的意见才能更有说服力，才能符合法律的基本要求。

（三）司法鉴定人和专家辅助人的区别

鉴定人和专家辅助人都是有专门知识的人，同时，其发表和出具意见的根据都是案件事实，但是，专家辅助人和鉴定人也有很大的区别。

1. 鉴定人和专家辅助人的诉讼地位不同。在诉讼地位方面，鉴定人是独立的诉讼参与人，而《刑事诉讼法》并没有将专家辅助人列为诉讼参与人，其只是协助当事人进行质证。因而在刑事诉讼法中，只有侦查机关和法院有权决定是否聘请司法鉴定人进行鉴定，当事人和辩护人、诉讼代理人则无权决定，只能申请补充鉴定或重新鉴定；而对于是否聘请专家辅助人，公诉人、当事人和辩护人、诉讼代理人均可自行决定并提出申请。

2. 鉴定人和专家辅助人鉴定意见的法律效力不同。鉴定人参与了案件的整个鉴定过程，其出具的鉴定意见属于证据，因此，鉴定人出庭时是作为证人出庭，具有证人的本质属性。一般来讲，鉴定人出具的鉴定意见是具有法律效力的证据，是作为案件定性的重要依据。如果法庭没有对鉴定报告存在巨大争议和质疑，鉴定意见一般都会被法庭采纳，作为案件审判的重要依据。而专家辅助人没有参与实际案件的鉴定,没有提供具有证据性质的书面意见和材料,从法律意义上讲,专家辅助人不属于证人。在我国,由于“有专门知识的人”出庭是个新生事物,法院在案件庭审时对于将专家辅助人放在什么样的地位还存在分歧。有的法院庭审时将专家辅助人放在特殊的位置,如在鉴定人出庭时其也在庭上,可以当面对鉴定人的意见进行询问和提出意见,这种出庭方式可以理解为专家辅助人不是证人,而是为法庭解决一般知识的“有专门知识的人”;有的法院则将鉴定人和专家辅助人分开来,单独上庭,对鉴定意见发表意见,不能进行当面质证,这种出庭方式虽然类似于证人,但其意见也仅是作为参考。从这种意义上讲,专家辅助人的意见在法律效力上与鉴定意见书存在很大的差距。

鉴定人提供的鉴定意见具有证据法上的独立地位,属于法定的证据种类,而专家辅助人的意见不具有独立的诉讼地位,在民事诉讼中被视为当事人陈述。

3. 鉴定人与专家辅助人的鉴定资质、管理制度不同。鉴定人有明确的资格要求和名册,而专家辅助人只有宽泛的所谓“有专门知识”的要求。其可以是同样具有鉴定资质的司法鉴定人,也可以是在某些特定领域具有专门知识的人。根据《司法鉴定程序通则》的规定,司法鉴定机构应当加强对司法鉴定人执业活动的管理和监督。司法鉴定人违反本通则规定的,司法鉴定机构应当予以纠正。因而,司法鉴定人需要在特定的鉴定机构执业并接受司法行政部门的管理,而专家辅助人并不是专门的职业,也缺乏相应的管理机关与机制。从这一层面讲,专家辅助人缺乏相应的监督机制,也无法如同司法鉴定人一般对其进行定期的考核。

4. 司法鉴定人和专家辅助人的立场不同。鉴定人在作出鉴定意见时,必须是中立的。这就要求鉴定人在检查、检验及作出鉴定意见的过程中,必须排除各方因素的干扰,只对事实负责,基于案件的事实给出客观、公正的鉴定意见。简单地说,鉴定人只对事实负责,如对死者尸体所呈现的各种现象以及伤者的损伤本身负责。鉴定人是中立的角色,仅是解决案件需要而出具鉴定意见的有专门知识的人。

专家辅助人则不同,根据需要,“公诉人、当事人和辩护人、诉讼代理人均可申请法庭通知有专门知识的人出庭”。这就决定了专家辅助人是为了解决各方对鉴定意见存在的异议,其意见是对某一方有利的意见。因此,根据各方的需求,专家辅助人会因为立场不同而对鉴定意见提出不同的意见和建议。这种意见可能与鉴定人的意见相同,也可能不同。如公诉人聘请专家辅助人可能是想加强原鉴定意见的可信程度,而辩护人则是让专家辅助人找出原鉴定意见中的瑕疵从而能够得到对当事人有利的推断。简言之,专家辅助人会运用“专门知识”作出对聘请人有利的意见。

5. 司法鉴定人和专家辅助人作出意见的条件不同。鉴定人在掌握了所有鉴定相关材料后,综合作出鉴定意见。正确的鉴定意见应当是全面分析事实,用专门的知识对事实进行解释,推断出现事实结果的原因,比如,死亡原因的鉴定,必须是根据尸体所呈现的所有病理学改变而推断出导致被鉴定人死亡的原因,即死因。因此,司法鉴定人所参与的鉴定过程的完整性、对案件材料掌握的完整度,均远高于专家辅助人。

专家辅助人则是对鉴定人作出的鉴定意见提出自己的见解,包括鉴定程序、鉴定事实、意见分析及鉴定意见,往往是基于部分事实作出的意见。其并不涉及参与案件的鉴定过程,而是在鉴定完成之后,根据公诉人、当事人和辩护人、诉讼代理人等相关发出聘请的人员提供的材料,从而提出自己的意见。其材料的完整度也常常达不到鉴定人所掌握的程度。但鉴定人出具的鉴定意见书在一定程度上赋予了专家辅助人迅速了解案件情况的优势,专家辅助人根据鉴定意见书及其他相关材料,可以在短时间内作出自己的判断。

基于以上条件的不同,鉴定人和专家辅助人所作的意见可能存在一定程度的差别,或者在重点的关注上存在不同。

鉴定人和专家辅助人有以上的异同,基于此,鉴定人出庭时会面临着同样具有专门知识意见但可能与自己见解不同的专家辅助人的提问和质疑，专家辅助人可能经验比其丰富、知识比其渊博，因此，鉴定人如何在法庭上正确处理与专家辅助人的关系显得尤为重要。

（四）司法鉴定人与专家辅助人关系的处理

随着鉴定人出庭接受质证成为一种趋势，其不可避免地会遇到来自专家辅助人的对抗和压力。面对这种诉讼新形式，如何正确对待专家辅助人，在质证过程中如何应对来自专家辅助人的不同意见，是对当今司法鉴定人提出的全新要求，也是司法鉴定人当下的必修课。

1. 提前了解专家辅助人的专业背景与从业经验。根据《刑事诉讼法》的规定，专家辅助人即“有专门知识的人”，并且前文也已提到，专家辅助人可以是同样具有鉴定资质的司法鉴定人，也可以是在某些特定领域具有专门知识的人。因而，专家辅助人区别于鉴定人之处在于他未必从事司法鉴定领域，比如，专家辅助人或许是具有临床知识背景的医师，却并不一定对鉴定事务熟悉。面对这种情况，鉴定人应该就法医鉴定与临床诊断的不同之处进行逐一阐述，将临床专业知识套用于司法鉴定的误区阐明，更好地解释自己的鉴定意见。

当然，专家辅助人更有可能是资历较深的司法鉴定人，其在鉴定领域有着丰富的经验，熟知鉴定的技术与方法。面对此，就司法鉴定人而言做好充分的准备至关重要，出庭时要镇定自若，面对质证要从容应对。

2. 鉴定人在面对专家辅助人时必须强调事实的重要性。在接受专家辅助人的询问时，鉴定人要时刻以事实为根据。鉴定人接触的是全部的鉴定材料，而且在检查、检验中掌握了第一手材料，掌握的信息比较全面，这是鉴定人的优势。对于这种优势，鉴定人应当牢牢抓住。出庭作证往往与案件的鉴定时间相隔甚远，在这段时间，鉴定人很有可能逐渐遗忘案件的相关材料，因而，出庭作证之前首先应当对所掌握的详细材料进行全面的梳理，做到了然于心，在面对专家辅助人时，才可以更好地阐明自己的意见，不至于陷入因对材料记忆模糊而带来的质询困境。另外,在出庭时,强调检查、检验结果,并以此为中心进行阐述,才能避免被专家辅助人抓住漏洞。

3. 鉴定人在面对专家辅助人时必须强调鉴定的公正性。鉴定的公正性原则是司法鉴定结论和司法鉴定活动的服务对象、诉讼活动所追求的目的之一。司法鉴定公正性原则体现在程序公正、实体公正和鉴定主体公正三个方面:(1)程序公正,就是在鉴定提请、鉴定决定与委托、鉴定受理、鉴定实施、补充鉴定、重新鉴定、专家共同鉴定、鉴定意见的质证等环节,都应当体现平等原则、合理原则。(2)实体公正,就是要确保鉴定意见的客观性、准确性、真实性,这是司法鉴定的公正所在,也是鉴定的根本目的。(3)鉴定主体公正,是确保鉴定活动和鉴定意见公正性的关键。鉴定程序和实体的公正性必须由具备第三方中立法律地位的鉴定主体实施。在鉴定过程中,鉴定机构和鉴定人必须站在科学技术的立场上坚持中立性,不偏向诉讼主体的任何一方。

遵循以上公正性原则对于司法鉴定人来说,既是维护司法的公平公正,也是对自己的一种保护。在出庭质证、直接与专家辅助人辩论时,强调在整个司法鉴定过程中遵循公正性原则,不仅可以使案件的鉴定过程清晰透明,也可以使庭审现场的众人,包括专家辅助人在内对鉴定更加信服。

4. 鉴定人应当准确定位并把握好与专家辅助人的关系。我国《刑事诉讼法》第197条第2款规定:“公诉人、当事人和辩护人、诉讼代理人可以申请法庭通知有专门知识的人出庭,就鉴定人做出的鉴定意见提出意见。”因而,专家辅助人是运用“专门知识”作出对聘请人有利的意见的人。这决定了专家辅助人与鉴定人之间可能存在对抗的关系。

但就理论而言,专家辅助人可能对庭审方式改革产生“鲶鱼效应”。所谓“鲶鱼效应”是一种管理学概念,即在企业中通过引入外来优秀人才,增加内部人才竞争程度,从而促进企业内部血液循环的良性发展,其实质是一种负激励,是激活员工队伍之奥秘。从司法角度讲,将提高司法鉴定人、侦查人员出庭作证的可能性,加强庭审中对鉴定意见的质证力度,对庭审的对抗化、实质化可以产生直接影响。

站在这一角度，鉴定人不应该与专家辅助人形成剑拔弩张的对峙，应该将专家辅助人的出现看作是对自身的激励。鉴定人承受来自专家辅助人的压力，这无疑是一种鞭策，更是一种动力，使鉴定人在日常的鉴定工作中更加认真严谨，同时也能够激励鉴定人提高自己的口头表达能力，以更为流畅的语言在出庭时将自己的专业见解完整并且生动地表达出来。

将与专家辅助人的关系作这样一种转换，是帮助司法鉴定人正视自身的优势与不足，并且在出庭时使优势充分发挥，同时使不足逐渐改善。总之，这是一种心态的升华。

（五）专家辅助人制度的发展与完善

为了确保专家辅助人制度更好地贯彻与实施，在未来的司法体系中，必须完善以下几方面：(1)赋予专家辅助人独立的诉讼参与人地位。正如之前所述，如今专家辅助人在法庭上的地位或多或少有些尴尬，其中很重要的一点是，专家辅助人并不是独立的诉讼参与人。因而解决这一问题，可以提高其参与诉讼的积极性，也可以更好地为其提供保障。(2)由省级司法行政部门主管专家辅助人库。司法鉴定专家辅助人库的设立是完善我国专家辅助人制度十分重要且必需的管理环节之一。人才库的建立可以有效避免专家辅助人队伍混乱的现状。根据专业特点可以分别设置法医类、文书类、物证类、知识产权类等专家辅助人库。(3)规范专家辅助人出庭资格审核。对于专家辅助人的资格，应当经过法定职权部门依照法律法规规定的考试考核合格后取得相应的职业资格证（执业许可证），原则上必须从专家辅助人库中遴选适格人选出庭；司法鉴定人也应经过资格认证后，才可以成为专家辅助人。

随着我国依法治国方针的贯彻与深入，对于司法工作者的要求也将日益提升。司法鉴定人在未来也将面临更多的挑战：(1)综合素质的训练与强化。正如前文所提到的，专家辅助人的引入是对司法鉴定人的一种激励，无疑对其综合素质提出了更高的要求。除了专业技术、法律制度方面的培训,还应当对辩论技巧等方面进行训练。(2)司法鉴定人考核机制的进一步完善。包括司法鉴定人鉴定资格的颁布与能力验证的考核力度的进一步加强。随着司法鉴定人队伍不断增大,其中不免有滥竽充数之流,随着法律要求的提高,司法鉴定人队伍的自我筛查将逐渐得以体现,其资质的把控会更加严格,从而达到建设一支质量上乘的司法鉴定队伍的要求。(3)司法鉴定机构的精简与整合。与司法鉴定人素质不断提升相呼应的是司法鉴定机构也将逐渐“去其糟粕,取其精华”。现如今,社会鉴定机构的鉴定质量参差不齐,因而在司法不断进步的过程中,必然有一部分司法鉴定机构因其综合实力的欠缺而被逐步淘汰或者取缔使司法鉴定机构真正地趋于规范化与合理化。

五、司法鉴定人出庭作证与法官的关系

(一)法官处理案件的传统方式对案件事实认定的影响

传统上,法官更习惯于对案卷进行书面审阅,仅根据卷宗材料认定案件事实。对于法官来说,因专业知识的局限性,其难以对鉴定过程的准确性、可靠性作出合理且正确的判断,更多时候对案件事实的认定依赖于对鉴定意见的解读。可以说,长期以来法官往往直接将鉴定意见作为认定案件事实的依据并对其过分依赖。但是,必须要注意的是,鉴定意见又往往包含了医学、法医学等专业知识内容,而这些内容是非专业人士无法快速了解并掌握的,因此,当鉴定意见存在专业性较强的术语时,法官未必能真正理解鉴定意见。更有甚者,当鉴定意见本身存在瑕疵时,因为缺少鉴定人出庭作证的质证过程,法官无法意识到鉴定意见存在的问题,极有可能造成法官对于案件事实的认定产生错误的判断。

上述两种情况无论是哪一种,都因为缺少了与鉴定人进行当庭质证这一环节,因而极容易导致对案件审判的错误,更严重的是,这不仅是法律裁决的失误,还是使涉案双方当事人生活轨迹发现改变的转折点。因此无论是鉴定人,

抑或是法官,都必须深刻且清晰地认识到处理案件的传统方式的不足,而必须采取以鉴定人出庭作证为主的庭审,以期在对案件事实进行认定的时候尽可能地避免因专业知识匮乏而导致的裁决错误,真正保障法律的公正性与严谨性。

(二)审判法官对于司法鉴定人出庭的顾虑

就我国目前的鉴定人出庭现状而言,鉴定人出庭率并不高,这涉及多方面的因素。从法官的角度而言,主要有以下几个方面。

1. 上文已经提及,法官以卷宗材料为中心的观念依然存在,因而鉴定人的出庭很有可能导致庭审的分歧加剧,这会给法官采信鉴定意见带来更多的责任和压力。在这种情况下,法官往往选择从卷宗定论,而尽量避免传唤司法鉴定人出庭作证。

2. 鉴定人出庭将带来一些不确定因素,这些因素的存在容易导致鉴定意见再次出现争议,给法官采纳鉴定意见带来困难。而鉴定意见往往是左右判决的关键证据,因此鉴定意见的争议严重影响结案时间。在我国目前评价法官的体系当中,结案数量与案件改判率是非常重要的指标,疑案难结无疑会给法官带来困扰。因此,法官倾向于将案件简单化,不愿意鉴定人出庭增加案件的复杂度。此外,当鉴定意见出现争议时,不少法官更愿意进行重新鉴定,而非请司法鉴定人出庭。

3. 我国缺乏统一的法定证据规则,所有与证据有关的规定只是零散地见诸实体法、诉讼法和专门法律、各种司法解释、部门规章、规定等。这些规定法律位阶不同,颁布主体、出台时间和背景各异,加上立法或制定时的理念不同,其结果是,某些具体规定即使在同一法律或法规中都存在矛盾或冲突。举个例子,从我国《刑事诉讼法》第 192 条的规定看,鉴定人原则上均应出庭接受得到法庭许可的公诉人、当事人、辩护人、诉讼代理人的发问,或接受法庭的发问。但该法第 195 条又规定,未出庭鉴定人的鉴定意见可以当庭宣读,法院有权准许某些鉴定人不出庭。

可见，就诉讼中鉴定人是否应该出庭作证这一问题，我国法律、司法解释等的规定并不一致，所以在这种情况下，不用说鉴定人或是无所适从或是“钻空子”不出庭，法官更是会出于避免给案件审理带来不必要的麻烦而免去鉴定人出庭这一环节。

另外，鉴定人自身存在的一些顾虑与问题，加重了鉴定人出庭作证率低的现象。一是鉴定人对司法精神认识不足，认为其所出具的鉴定意见已经足够，没有必要再耗费时间与精力出庭。二是对司法权利保障体系的信心不足，害怕因为出庭作证所带来的不安全因素。三是对自身信心的不足，或是缺乏出庭的相关经验，对质证程序不熟悉，而担心在庭上的表现不佳；或是对自身出具的鉴定意见的把握不足，担心被诉讼双方责问。

总之，当今法官和鉴定人的种种顾虑与思维定式，为其二者建立起相互信任的桥梁带来了一定的困难与障碍。打破这种障碍的关键就在于如何改善鉴定人与法官之间的相互认识。

（三）大陆法系对我国现行司法鉴定人出庭作证的影响

在大陆法系国家，法医学鉴定人通常被定位为利用法医学专门知识帮助法院进行识别活动的人，是法官的科学辅助人，是接受法院或法官的委托，对具体事实进行判断和报告的人。鉴定人由法官指定、委聘，以其专业知识协助法官就证据问题加以判断，法官对司法鉴定人完成的鉴定必须加以自己独立的判断，不得不经检验即将鉴定意见用于判决中。因此，在大陆法系国家，司法鉴定人的职责是弥补法官知识和经验的不足，其活动往往具有准司法活动的特点。以法国为例，鉴定人应当从列入最高司法法院指定的全国性名册的自然人或法人中挑选，或者从列入上述法院的有关司法鉴定人中选择。预审法官指定负责进行鉴定的鉴定人，如案情证明有此必要，预审法官得指定多名鉴定人。经过预审法官的批准，鉴定人可以通过各种途径直接向负责执行查案委托的司法警察警官报告其鉴定的结论。预审法官传唤当事人及他们的律师以后，将鉴定人所作的结论告知各方当事人及他们的律师。由于鉴定人选任制度、职权主义庭审模式等方面与英美法系国家的专家证人制度存在差异,在大陆法系国家,庭审中对鉴定人的质证并不像英美法系国家那样激烈。

在我国,法律将鉴定人作为诉讼参与人。同时,为了查明案情,需要解决案件中某些专门性问题时,应当指派、聘请有专门知识的人进行鉴定。由此可见,我国的司法鉴定人与大陆法系的司法鉴定人的法律地位相似,是作为法官的科技助手出庭作证。鉴定人出庭必须是经过法院的审查通知,然而就法院而言,是否"应当"通知,法律赋予了法官自由裁量的空间。

就我国鉴定人出庭现状而言,法官并未充分认识到鉴定人出庭的必要性,同时鉴定人也未能有效地帮助法官理解鉴定过程。可以说,在借鉴大陆法系相关司法模式的基础上,我国关于鉴定人出庭作证与法官对案件结论裁定的关系并未清晰定位,也就使我国司法现状与大陆法系中所言"法官对鉴定人完成的鉴定必须自己加以独立的判断,不得不经过检验即将鉴定结果用于判决"的规定相差较大。

(四)司法鉴定人与审判法官关系定位

鉴定人的出庭作证,是通过质证的方式使鉴定过程清晰,从而帮助法官达到兼听则明的状态并且形成正确的心证,才能对案件作出最准确的判断。正如前文所述,鉴定人应定位为法官的"科技助手"。应该看到,我国现行的主体鉴定模式接近于大陆法系的司法鉴定制度,即由法官依照职权或经当事人申请启动鉴定程序并选择合适的司法鉴定人。在这种模式下,鉴定人与当事人之间无直接经济联系,都是为法官解决专门性问题的人。

由于鉴定人与法官之间存在专业知识上的鸿沟,医学知识、法医学知识等都不是非专业人士能通过简单查询资料可以理解领会的,因而法官往往不能很好地诠释自己专业之外的鉴定意见,此时,鉴定人的出庭质证环节就显得至关重要,鉴定人必须承担起帮助法官的责任,使法官了解司法鉴定过程中的每一环,并在理解的基础之上形成正确的心证,以对案件事实作出准确判断。

可以说,鉴定人与法官之间的关系既“严肃”又“微妙”,“严肃”在于对司法公正性与严谨性的共同维持作用,“微妙”在于缺少鉴定人的辅助对于法官的判断裁决力也好、对于整个案件的审理公正性也好将大打折扣。因此,鉴定人必须明确自己与法官之间的关系定位,才能在出庭作证之时充分运用自己的专业知识向当庭的各方包括公诉人、当事人、辩护人、诉讼代理人等阐明自己的观点,并帮助所有人尤其是审判法官理解鉴定意见。这不仅可以辅助审判法官作出合理的判断,同时也使自己的鉴定意见以及专业技能得以充分发挥其应有的作用与价值。

(五)司法鉴定人如何更好地辅助司法审判

上文对鉴定人与法官之间的关系给出了明确的定位,但是只知道这种关系的存在,却不知道如何去处理这种关系,或者说不知道在这种关系下如何发挥鉴定人最大的优势,仍是远远不够的。那么,鉴定人在深刻理解自己与法官之间关系的基础上,到底应该如何更好地辅助法官进行案件的审理、判决等工作呢?

1. 积极配合法院的通知工作

在我国,鉴定人出庭率并不高,这其中固然有客观因素的存在,但是鉴定人自身对于出庭作证的认识程度也不够。2018 年《刑事诉讼法》实施以前,由于没有规范的鉴定人出庭责任机制,鉴定人不愿意出庭就成了出庭率低的重要原因。而在 2018 年《刑事诉讼法》实施以后,这一情况也没有得到有效的改善。因而,在全面推进依法治国的背景下,一方面要进一步完善相关法制;另一方面鉴定人要增强出庭作证意识,克服自身的种种困难,积极履行作为司法鉴定人的职责和义务。

2. 出庭之前做好充分的准备工作

鉴定人出庭作证所面对的对象不仅是法官,还包括公诉人、双方当事人及双方的律师,甚至还要面对专家辅助人。律师往往会以其自身的法律经验,从鉴定意见的字里行间或者是鉴定人出庭时不经意的语言表达中提炼其攻击的要点,而专家辅助人更会以其与司法鉴定人不相上下的专业技能及知识而形成与鉴定人的分庭抗礼。因而鉴定人草率地出庭不仅不能有效地阐明自己的鉴定意见,更有可能出现漏洞而被人"钻空子",这样的漏洞一旦出现,那么对整个案件的走向影响很大,故司法鉴定人在出庭之前做好充分的准备工作是非常重要且必要的。

鉴定人应当在出庭之前对整个案件的经过进行系统性的梳理,对案件有足够深的了解,并且对于整个案件的疑点要有清晰地认识,在此基础上明确鉴定过程中的难点与要点,最终对自己的鉴定意见做到有把握、有信心。在有专家辅助人出庭时,可以对专家辅助人的专业背景、研究领域与本案的联系紧密程度等加以了解,从而"知己知彼,百战不殆"。

3. 以通俗的语言阐明鉴定意见

鉴定人作为"有专门知识的人",其在专业领域上的技能不言而喻,然而在面对法庭之上包括法官在内的诸多非专业人士,语言表达的技巧就显得尤为关键。好比一名学富五车的教授,虽然理论水平很高,但如果无法将知识有效地传授给学生并使其理解,那么再高的理论水平都无法达成其教学的目标。所以,一名好的司法鉴定人不仅需要扎实的专业知识与技能,其在出庭时的表达能力也相当重要。

例如,一名男子被发现死于路边草丛中,毒物化验发现死者血液中的酒精含量高达 1680mg/100ml,这一结果大大超出酒精致死血浓度 400mg/100ml,不仅大大超出了仪器的检测范围,更是一般人无法承受的。后据犯罪嫌疑人交代,在该男子死亡后曾购买高度白酒对其进行灌胃以试图制造酒后猝死假象。那么既然是灌胃,又是如何造成血浓度如此之高呢?如果解释该问题单单从脏器代谢、弥散机制等专业性术语入手,极有可能使法官等众人听得云里雾里,因而必须用通俗易懂的语言。

其实，在实际工作中，鉴定人所面对的公安人员、家属等都是缺乏专业知识的普通人，因此在实际工作中通过和这些人的沟通也可以很好地锻炼自己的表达能力，不仅能增强自身实力还能增加自信。

4. 不为舆论所左右

随着司法工作的逐步透明化，主流媒体对于一些大案、要案的关注度也空前高涨，如"临武瓜农案""湖南湘潭女教师黄某非正常死亡案"等，媒体都给予了长时间的跟踪报道，在网络上也引发了广大网民们的热烈讨论。在这种复杂的环境之下，不排除有别有用心之士企图借助于媒体来煽动舆论导向，以期达到左右案件审判的目的。

司法鉴定人的一言一行也会受到包括媒体在内的大众群体的密切关注，鉴定人的无心之言也有可能被刻意放大，而无故生出许多事端，这样既会使鉴定人陷入百口莫辩的窘境，也容易导致法院审判案件的被动。因此，对于司法鉴定人来说，在案件审理的过程中乃至案件最终审判结果出来之后，谨言慎行是其必备素养。

5. 摆正第三方位置，不迎合法官

我们一直强调鉴定人要协助法官了解鉴定过程、理解鉴定意见，保障法官依法公正作出最终的裁决。但实际生活中，也存在一部分鉴定人把自己的姿态放得过低的情况，他们甚至认为自己应当迎合法官心中所想而错误地阐述鉴定意见，如此一来，可能导致裁决结果有失公正与公平，使无辜的人受到伤害，或者真正有罪的人逍遥法外。毋庸置疑，这种行为是对司法公正性的亵渎，是对法律工作者的抹黑，更是对司法鉴定人自身职责的极度不负责任。因此，当法官的判断与自己的鉴定意见相左时，甚至当法官判断错误时，司法鉴定人绝不能盲从，而是更要明确自己的职责是帮助法官形成正确的心证，也就意味着鉴定人有更大的责任，要将鉴定过程阐述清晰，帮助法官厘清案件的事实，扭转其不恰当或者错误的观点，使法官真正地理解鉴定意见，形成正确的心证，最终作出科学的判断与分析。

通过上面的论述,鉴定人应当认识到当今司法体制中存在不完善之处,这是法治进程中不可避免的,也将会随着依法治国基本方略的推进而逐步完善。因此,这些客观因素不应成为阻碍司法鉴定人与法官之间构建正确、合理关系的障碍。

法官的工作模式将会随着时代的进步和当今法制的逐渐完善慢慢发生转变,而鉴定人的工作模式也必须与时俱进,学会正确处理自身与审判法官的关系,并且履行好作为司法鉴定人的义务,这是时代进步的体现,也是维护司法公正性的必然要求。

第六章　司法鉴定人出庭作证的保障

司法鉴定人基于鉴定意见的异议或者争议出庭作证，其作证在某些案件中具有关键性作用，即使客观公正的作证，也不可能使当事人双方均满意，甚至还会不利于一方当事人的利益，因此，司法鉴定人出庭作证特别需要获得有关机关的保障，为其作证提供合适的环境，为其及其近亲属的人身安全、财产安全提供有效的保障措施，使其没有后顾之忧。这种保障主要包括鉴定机构对司法鉴定人的内部保障、司法行政机关对司法鉴定人的行政保障和人民法院对司法鉴定人的诉讼保障。

第一节　司法鉴定机构对司法鉴定人出庭作证的保障

一、司法鉴定机构为鉴定人出庭作证提供保障的基本依据

（一）鉴定机构与出庭义务的关系

我国三大诉讼法均明确规定，司法鉴定人有出庭说明鉴定意见并接受法庭质证的义务，当鉴定人接受鉴定委托开展鉴定，也就意味着其接受了出庭接受询问或质证的义务。因此，人们通常认为出庭义务仅属于鉴定人的个人义务。事实上，出庭义务同样属于鉴定机构。因为根据权利与义务对等原则，在鉴定活动中，鉴定机构获得委托方的授权开展鉴定，并因此获得相应的报酬；委托关系也产生了出庭的义务，在这一委托活动中，鉴定机构和鉴定人是不可分割的

主体,应当承担共同的义务。虽然表面上看法律规定的是鉴定人应履行出庭义务,但并不意味着解除鉴定机构对出庭义务责任的承担,相反,对于鉴定人无故不出庭的行为,按照法律规定,司法行政管理机构有权进行处罚,如果是鉴定人的个人原因,受处罚的应当是鉴定人,但鉴定机构仍然要承担管理不力的责任,如果是鉴定机构管理行为失策导致鉴定人无法按期出庭,或者没有证据证明是鉴定人的个人行为所致,鉴定机构必须承担不出庭的行政责任。显然,作为出庭义务的共同承担主体,鉴定机构必须通过保障鉴定人出庭实现对出庭义务的履行。因此,《司法鉴定程序通则》明确规定了"司法鉴定机构应当支持司法鉴定人出庭作证,为司法鉴定人依法出庭提供必要条件"。

（二）司法鉴定机构与鉴定人之间的法律关系

鉴定人有权不受任何组织和个人干涉,客观独立地开展鉴定活动,自由地表达个人学术观点并对鉴定意见负责,也正因如此,鉴定人承担出庭说明鉴定意见并回答庭审中各方对鉴定意见质疑的义务,但这并不意味着鉴定人可以不受约束地开展鉴定活动。对鉴定人的执业行为,只能在一个鉴定机构从事鉴定活动,只有鉴定机构可以对外受理案件委托,鉴定人不允许脱离鉴定机构独立受理案件,最高人民法院《关于民事诉讼证据的若干规定》第 79 条特别强调,"委托机构鉴定的,应当由从事鉴定的人员代表机构出庭"。鉴定人开展鉴定,是完成机构的工作安排,也是履行其在鉴定机构的职务行为,既然是职务行为,鉴定机构理应对其行为后果承担法律责任;鉴定人在鉴定过程中,使用的是鉴定机构的检测环境、设备和样品,机构有责任按照法律要求通过实验室认证认可,保证上述条件符合鉴定的要求;其出具的鉴定意见书也必须依照法律文书规范,有鉴定人的签名的同时,加盖鉴定机构的鉴定专用章。从鉴定流程可以看出,鉴定意见的作出不能仅视作鉴定人的个人行为结果,从法律规范上看,其与鉴定机构也存在紧密的关联,是鉴定人与鉴定机构共同行为的结果。基于此逻辑,当错误的鉴定意见给他人造成损害时,应当由鉴定机构与鉴定人共同承担损害赔偿责任,并由鉴定机构首先赔付,然后再由机构向鉴定人追偿。由于鉴定人拒绝出庭导致鉴定意见不被采信,委托方可以要求返还鉴定费用。而无效的鉴定意见所造成的损失同样应当由鉴定机构先行承担。作为法律后果的承担者,鉴定机构必须为鉴定人出庭提供保障。

(三)司法鉴定机构与鉴定人的管理关系

依照法律规定,所有的鉴定人必须在司法鉴定机构执业,不允许独立面向社会开展司法鉴定活动。鉴定机构聘请鉴定人从业,形成管理和被管理关系,鉴定人在工作时必须遵守从业机构的规章制度,服从管理。由于鉴定人不允许以个人的名义受理案件,更不可能以个人名义对外进行沟通,鉴定人要履行出庭义务必须通过鉴定机构来实现。司法鉴定机构是独立对外开展沟通联络的主体,从案件的委托受理到鉴定意见书的交付,都是以机构的名义开展。鉴定机构是鉴定人的唯一从业组织,法院通知鉴定人出庭的方式是直接与鉴定机构开展联络,包括出庭时间、地点等细节事项,鉴定人能否按时收到法院出庭通知并在指定的时间到达庭审现场,鉴定机构负有重要职责。

司法鉴定与普通鉴定的区别之一,就是鉴定业务包含出庭作证的义务。出具鉴定意见只是鉴定工作的部分内容,鉴定机构有责任通过一定的管理措施促使鉴定人履行出庭义务,并采取必要的奖惩手段来加以保证。鉴定机构通过为鉴定人出庭提供必要的保障条件来履行管理者应尽的责任。鉴定人也应当遵守鉴定机构内部管理规范,认真履行出庭义务,完成全部的鉴定委托任务,维护所在鉴定机构的信誉,避免因无故不履行出庭义务给鉴定机构带来不必要的麻烦。

二、司法鉴定机构为鉴定人出庭提供保障的内容

(一)沟通联络的畅通

联络畅通是鉴定人出庭的最基本保障。法院的出庭预通知和正式出庭通知书都是直接送达鉴定机构,出庭的详细情况都在通知书上载明,也是法院用

以确认鉴定人是否无故不出庭的重要证据,因此鉴定机构必须做好法院与鉴定人之间的沟通联络,发挥好桥梁纽带作用。首先,要与法院核对出庭通知的信息,特别是法院通知出庭的鉴定人与当事人申请的鉴定人是否一致,与鉴定人的其他出庭时间和工作安排是否存在冲突。其次,将出庭时间及本次出庭的基本状况告知鉴定人,若要求有多个鉴定人同时出庭的则要分别通知到位。对于鉴定人因故确实无法在法院指定的时间出庭的,鉴定机构应当及时向法院反馈,详细说明缘由,并提出可出庭的时间安排,或者提出建议性方案供法庭选择。如采用质询函解答需要质证的问题,或者通过视频方式在线接受法庭质证,积极协助法院做好鉴定意见质证工作。如果法院对本次出庭有特别的要求,或者对于出庭可能遇到的问题及风险作了口头提示,应当记录下来如实告知鉴定人,便于鉴定人提前做好应对的准备,必要时,鉴定机构应当与鉴定人共同准备。鉴定人在出庭前提出的需要了解的与本次出庭有关的问题,如是否有专家辅助人参与质证,法庭是否可以播放影像,本次庭审大约耗时多久,当事人本次出庭的态度如何,是否具有攻击性,以及法院的详细地址及附近的辨识标志物等细节问题,均要在出庭前与法院沟通。在确定好出庭计划后,对于出庭前发生的变故,如鉴定人在特定的时间段无法购买到车船票等问题,鉴定机构应及时与法院联系。如果法院的出庭通知临时发生变故,包括开庭的时间和地点改变,鉴定机构要及时通知鉴定人,为鉴定人顺利出庭做好保障。鉴定机构要制定相关制度规范沟通流程,无论是与法院还是与鉴定人的沟通,所有的沟通联络过程及内容都应当形成文字记录并存档保存。

(二)资金上的垫付

资金是鉴定人出庭的物质基础。出庭是鉴定人的义务,但不是免费义务。最高人民法院《关于民事诉讼证据的若干规定》第 38 条第 1 款明确规定:"当事人在收到鉴定人的书面答复后仍有异议的,人民法院应当根据《诉讼费用交纳办法》第十一条的规定,通知有异议的当事人预交鉴定人出庭费用,并通知鉴定人出庭。有异议的当事人不预交鉴定人出庭费用的,视为放弃异议。”绝大多数案件出庭会产生交通、住宿等费用,鉴定人需要一定的资金才能实现到庭的可能,此外,出庭说明情况或接受质证是鉴定人鉴定工作以外的劳务付出,付出的劳动也要得到物质上的肯定。由于并非所有的鉴定人都会被申请出庭,按照惯例,在委托鉴定时只收取产生的鉴定费,并不会提前收取出庭费用。所以在接到出庭通知后,鉴定机构作为鉴定人的管理组织,首先要为鉴定人向法庭主张出庭费及出庭的成本支出,核算出可能产生相关费用的预算,提前收取。虽然按照法规规定鉴定人出庭的所有费用由申请出庭的一方当事人承担,由法院代为收取,但现实中全国各地并没有统一的做法,有的是当事人提前交给鉴定机构,有的是等鉴定人出庭后从法院处获得,也有的是鉴定人到庭后由申请方当场给付。在不能事先获得出庭费用的情况下,鉴定机构有义务为鉴定人准备本次出庭所需资金,为鉴定人按时到庭提供物质保障,在鉴定人完成出庭任务后支付给鉴定人应得的劳务报酬。

(三)时间上的预留

鉴定人出庭无论是说明问题还是接受质证都需要相应的准备时间。鉴定机构在与法院沟通确认出庭时间时,在法律规定的前提下,要为鉴定人出庭留下足够的时间做准备,包括对案件鉴定过程的重新温习、法庭上展示材料的制作、查询到达出庭地点所需的行程等,还要考虑出庭途中可能遇到的交通阻碍等因素,预留相对宽裕的准备时间来保证出庭的效果。如果出庭的鉴定人不止一人,要逐一确认,合理调整鉴定人已有的工作安排,督促鉴定人提前做好行程准备,以留出充裕的时间保证按时到庭,并留有足够的时间接受质询。

(四)档案资料的提供

档案资料是出庭效果的保障。鉴定机构是档案资料的保管者和所有者。鉴定人出庭前必须做好回应质询问题的准备。由于需要出庭案件情况不同,例如,有的鉴定意见已经交付很久,或者同时期内容相似的案件非常多,影响鉴定人对案件的记忆，鉴定人就需要根据鉴定档案留存的资料、结合自己的工作笔记、仔细回忆鉴定的每个细节，应该把握的环节，参照的标准，使用的仪器设备状况，以及适用的鉴定技术规范和标准等，对可能质询的问题做好预想。鉴定机构平时要依照规定做好鉴定档案的留存和保管，并按照鉴定流程保留检材和样本的存样。在鉴定人接到出庭通知后，应及时提供该案的档案材料便于鉴定人做好出庭前的准备。有的案件当事人可能会要求查看鉴定机构资质证明，或者作为检验检测机构通过认证认可的证明等专属机构的资料，鉴定机构应提前做好材料的复印准备，并提醒鉴定人带齐出庭所需材料和相关证件。有的案件当事人可能当庭提出要求，法院会要求鉴定机构在庭审后补充提交相关的证明材料，鉴定机构应当配合鉴定人完成上述要求。

（五）人身安全的预防

人身安全预防虽然对鉴定人来说并非常态，但现实中不是每个诉讼当事人都能理性接受对其不利的鉴定意见。有的案件当事人企图通过威胁等手段逼迫鉴定人改变鉴定意见；有的将诉讼不利后果归结于鉴定人出具的鉴定意见而进行人身攻击；有的则直接在法庭上谩骂鉴定人泄愤，或出庭后拦截鉴定人，轻则触及鉴定人的人格尊严，重则严重威胁鉴定人的人身安全。出庭前，鉴定机构有义务向法庭了解本案当事人的态度，确认本次出庭是否存在危及鉴定人人身安全的危险因素。如果发现有危险存在，应及时告知鉴定人，共同商定应对方法，例如，出面与法院协商制定防范措施，质证完毕让鉴定人先行离开，或者建议选择安全替代措施解决出庭质证问题；采用视频出庭质证的方式避免直接接触。如果条件许可，鉴定机构也可以安排专人陪同鉴定人一同出庭，为保护鉴定人的安全提前做好防范。

（六）出庭知识的培训

这主要是为新的鉴定人出庭提供的一项基础性保障措施。出庭接受质证是鉴定人的义务，也是从事鉴定业务必须具备的基本能力。合格的鉴定人应当熟知与出庭相关的法律规定，了解出庭质证的基本程序，学会把握问题的核心，识别圈套式提问并准备好应对策略，基本掌握如何处理与庭审中各方的关系，知道如何在出庭质证过程中保护自己。但这些知识并不是鉴定人专业知识的范畴，需要通过专门的学习、培训以及经验积累逐步建立起来。为了保证鉴定人出庭的顺利和成效，鉴定机构应当对鉴定人开展出庭知识和技能的业务培训，通过授课学习、现场观摩、模拟演练和个案辅导等形式，帮助鉴定人了解出庭涉及的法律知识以及鉴定人的权利和义务，掌握回答质询的技巧，学会自我保护的基本常识，消除畏惧心理，从而提高在法庭上应对质询的能力。特别是当相关法律法规进行了修改或增补时，鉴定机构应该及时组织鉴定人开展学习讨论，更新知识，适应变化了的形势需要。

（七）出庭制度的完善

出庭管理属于鉴定机构的常规业务管理，必须要建立一套科学的管理制度，并在使用过程中不断完善。出庭管理制度主要从以下三个方面构建：一是出庭程序上的管理。出庭是鉴定工作的延续，从接到出庭通知开始，到鉴定人完成出庭任务返回鉴定机构汇报，每一步骤应有相应的管理规范，全程应有专人予以记录管理，保证关键步骤可追溯，一旦出现问题，行为责任落实到人。二是鉴定人出庭行为管理。对出色完成出庭任务的鉴定人给予表彰奖励，对正常完成出庭质证的给予肯定，对出庭过程存在问题的给予批评指正，对无故拒绝出庭的给予处罚。通过合理的奖惩制度，形成激励机制，培养鉴定人出庭的责任意识，并以这种意识指导鉴定工作，养成随时接受第三方监督质疑的思维习惯。鉴定人不仅要善于使用鉴定技术，还要善于说明鉴定技术，用文字记录鉴定过程并表达鉴定意见，用语言对鉴定活动答疑解惑。三是出庭资料上的管理。出庭的通知书，因出庭产生的往来公函、收费通知，为出庭而准备的说明资料，出庭完毕后提交的总结等，除了归属个人保管的外，都应当及时归档。

三、特殊状态下鉴定人出庭的保障措施

(一)投诉案件的处理与鉴定人出庭保障

投诉案件,是指涉案当事人就本次鉴定向有关行政管理告诉鉴定机构或鉴定人违法违规行为造成自身权益受损事实的案件。投诉本来是当事人维权的一种正当方式,通过告知的方式获得权力部门的帮助来挽回自己受损的合法权益。当事人投诉的内容不同,对应的政府主管部门也不同,有的是向司法鉴定行政管理部门反映鉴定机构和鉴定人资质问题,有的是向国家税务部门反映发票问题或向物价管理部门反映收费问题,还有的是向纪监委或组织部门反映鉴定人品行问题。对于当事人通过正常途径向政府行政管理部门反映的情况,鉴定机构都应该严肃对待,认真核查。如果确实存在当事人反映的问题,并且该结果的存在可能影响鉴定意见的客观公正。例如,鉴定人在鉴定过程中存在收受礼金、接受吃请的事实,鉴定机构除了要按照管理制度处理鉴定人外,重点应当指派本机构其他鉴定人或聘请第三方专业人员对鉴定过程和鉴定结果进行审查,看是否存在虚假鉴定情况,如果存在,必须要向委托方说明情况,及时纠正错误。这一类案件中,如果当事人在投诉过程中同时申请鉴定人出庭,鉴定机构要将当事人投诉的内容和投诉处理的结果或进展情况告知鉴定人,以便鉴定人做好应对的准备。

不可否认,在现实中,绝大多数当事人是基于对鉴定结果的不满而投诉的,对投诉结果的期待存在多样性:有期望通过投诉来直接否决鉴定结果的;有用投诉行为向法院证明该鉴定意见形成存在问题要求启动重新鉴定的;还有的人将其作为发泄不满情绪的渠道,用投诉制造麻烦,借助管理部门的权力来干扰鉴定机构和鉴定人的正常工作,在这其中不乏存在捏造事实编织谎言进行投诉的当事人。对此,鉴定机构和鉴定人要理性分析投诉,了解投诉的理由和依据,当鉴定人在出庭时遇到对投诉问题的质询,要有所准备。对于物价或税务等属于鉴定机构管理业务的问题,只要与鉴定意见的形成没有关联性,鉴定人可以

不予回答,或者告知共同等待管理部门的调查结果。

(二)"闹鉴"案件的处理与鉴定人出庭保障

"闹鉴",是指对鉴定意见不满的当事人不依照正常的解决问题程序,采用制造麻烦或社会影响的方式主张自己的要求。"闹"的方式因人而异,比较多见的是采用干扰鉴定机构或鉴定人正常工作和生活的方式来实现自己的愿望:有的通过到法院或行政管理部门持续性吵闹,或者在特定公共场所示威等方式,逼迫管理部门对鉴定机构施压来解决自己对鉴定意见的不满,更有甚者是纯粹为了借鉴定事由敲诈鉴定机构或鉴定人。"闹鉴"的特点是通常不听解释和劝导,无论是鉴定机构还是政府管理部门工作人员的解释,恶意曲解有关政策法规,拒绝走正常的投诉渠道以及其他解决问题的方式,只一味要求满足自己的诉求,并持续性地进行闹事。当然,"闹鉴"的并不都是无理取闹,这里也不排除有的案件鉴定结果的确有错,当事人通过正当途径无法纠错,又找不到其他纠错的渠道,只好选择"闹鉴"的方式以唤起鉴定机构或司法鉴定管理部门的注意。对此,无论是司法鉴定管理部门还是鉴定机构都要有清醒的认识,并要区别对待。

"闹鉴"的当事人拿到对自己不利的鉴定意见书后,有可能先申请鉴定人出庭,通过质证推翻不了鉴定意见后再选择"闹鉴"的方式;有的拿到鉴定意见书后就开始"闹鉴",发现解决不了,再选择申请鉴定人出庭,甚至有的当事人因为对鉴定结果心知肚明,索性从委托鉴定开始"闹鉴"。对于"闹鉴"的案件,鉴定机构和鉴定人首先应当核查案件,看是否存在当事人所说的问题,如果确实没有问题,要注意收集其"闹鉴"的事实和证据,在接到法院出庭通知后,将上述情况及时告知法院,并对鉴定人出庭可能遇到的人身危险性进行评估,提前做好防范性措施。鉴定机构对于"闹鉴"的详情及危险性要向鉴定人告知,提醒鉴定人在回答质证时注意方式方法,做好自我保护的准备。

(三)媒体介入案件的处理与鉴定人出庭保障

媒体的介入分为主动介入和被动介入。有的案件由于自身的社会影响力,会引来众多媒体的关注,或者前期已经是媒体关注的焦点,鉴定意见作为核心证据自然成为媒体持续关注的对象;有的案件当事人为了能唤起舆论支持,主动寻找媒体进行“爆料”;还有的则看中互联网的便捷和影响力,请人帮助或自己上网发布信息,或者直接将案情和鉴定意见书粘贴出来,纠结人来围观点评,甚至还花钱雇人来造势。媒体追求关注度,当事人期待舆论支持,在发布案件情况时都会从自己的目的出发选择内容,这种非客观视角的选择带来的偏颇对民众认知存在一定的误导,容易形成错误的认知,加上很多当事人故意隐瞒事实真相,发布虚假事实或断章取义来欺骗媒体、误导民众,从而对鉴定机构及鉴定人形成不当的舆论压力。案件审判进程被关注,出具鉴定意见的鉴定机构和鉴定人的举动也会被关注。面对此种情况,鉴定机构接到出庭通知后,需要做好与媒体打交道的准备。除了与法院进行常规性沟通外,还要了解出庭现场是否有媒体介入、是否有录音录像、是否有现场采访等问题。通过事先对可能质证的问题设想周全,包括媒体可能采访的问题,对可能出现的情况做好预判并设计好应对方案,帮助鉴定人树立信心来消除紧张情绪,既要不被舆论压力所左右,又要正视舆论可能带来的影响,按照出庭程序和计划,认真走好每一步。

第二节　司法行政机关对司法鉴定人出庭作证的保障

司法行政机关作为司法鉴定执业活动的主管部门,承担着加强队伍建设、机构建设、制度建设、质量建设、科技建设、诚信建设和加强执业保障和执业监管的任务。我国《刑事诉讼法》《民事诉讼法》以及部门规章、司法解释强化了司法鉴定人出庭作证义务。本节就建立司法行政机关对司法鉴定人出庭作证保障制度进行论述,推进司法鉴定人出庭作证,更好地服务于以审判为中心的诉讼制度改革。

一、推进司法鉴定人职业化建设，更好地服务诉讼活动

在诉讼活动中，司法鉴定人通常被定位为利用专门知识帮助法院进行识别活动的人，是审判人员的辅助人员，是接受审判机关委托，凭借自身的专业知识和技能，对具体的待证事实进行判断和鉴别的人。司法鉴定人作为司法鉴定意见的“生产者”，其出庭既是对自身“产品”进行介绍，使当事人更好地理解司法鉴定意见，减少争议，也是为法官审理排除专业知识障碍，使法官更好地审查司法鉴定意见的证明力，从而决定是否采信司法鉴定意见。深化司法鉴定管理体制改革，要推动司法鉴定与审判、检察、侦查工作对接协调，促进司法鉴定管理与使用良性互动。推动统一司法鉴定执业资格、规则、标准，健全鉴定人负责制，落实鉴定人出庭制度，加强司法鉴定行业监管，确保鉴定人依法自律、诚信执业。推进司法鉴定人出庭作证，实现司法鉴定等事实证据调查在法庭，有助于发挥法官庭审作用，更好地实现司法公正；也推动司法鉴定走入民众视野，使司法鉴定在社会监督中进步，在为诉讼活动服务中提升社会价值。司法行政机关要适应诉讼制度改革需要，推进司法鉴定人职业化进程。

（一）严格把好司法鉴定人准入关

司法鉴定人，是指运用科学技术或专门知识对诉讼涉及的专门性问题进行鉴别和判断并提出司法鉴定意见的人员。“制而用之存乎法，推而行之存乎人。”司法鉴定人员的业务水平、法律知识素养、职业伦理操守直接关系司法鉴定活动能否依法、科学、公正地进行。司法鉴定人登记管理，是指司法行政机关依法对申领司法鉴定执业证的人员的法定条件进行核准登记的管理。司法行政机关要完善司法鉴定人执业许可制度，细化司法鉴定人准入标准，既要认真审核申请人法定条件，又要考察其与从事司法鉴定执业类别的属性学科有关联的综合能力，不断提高司法鉴定人执业能力和社会公信力，切实满足司法机关和人民群众的鉴定需求。申请人从事司法鉴定活动要具备下列条件：(1)政治条件。司法鉴定人应当具有较高的政治素质和职业道德素质，拥护宪法，遵守

法律、法规和社会公德，品行良好。因犯罪受到刑事处罚，行政上受到开除公职，曾经做过司法鉴定人因违法违纪被司法行政机关撤销登记的人员均不能成为司法鉴定人。(2)专业条件。司法鉴定是司法鉴定人运用科学技术或专门知识对专门性问题进行鉴别、判断并提供司法鉴定意见的活动。司法鉴定人应当具有相关的高级专业技术职称，或者具有相关的行业执业资格或者具有高等院校相关专业本科以上学历，从事相关工作达到一定的年限。(3)行业资质条件。司法鉴定类别繁多，涉及的行业比较宽泛，很多行业对执业人员执业国家法律、法规和部颁规章均有特殊的规定，对这些特殊行业中的人员申请从事司法鉴定业务，在符合司法鉴定人准入条件的同时，还要考虑行业的规定和要求。(4)从业机构条件。司法鉴定人申请从事司法鉴定业务必须依附于一个司法鉴定机构，任何人不能游离于司法鉴定机构自行从事司法鉴定业务。(5)身心条件。身体健康、精力充沛、反应敏捷、判断力强是司法鉴定人为社会提供高效优质服务的基础条件。

有些国家对司法鉴定人准入条件要求很严格，比如，在荷兰，进入荷兰司法鉴定研究所的司法鉴定人，必须是大学本科以上学历，在该所经过3年培训，再经过1～2年实习，通过该所组织的资格考试，才能成为一名司法鉴定专家，取得签署司法鉴定报告的资格。即使是博士毕业生，也至少需要3年时间才能成为司法鉴定专家。

（二）做好司法鉴定继续教育培训工作

司法部《司法鉴定教育培训规定》（司发通〔2007〕72号）确立“统筹规划、分级负责、按需组织、分类实施”的原则，对司法鉴定教育培训的内容、形式、效力、组织管理以及岗位培训和继续教育两种类型进行规定。省级司法行政机关要认真组织开展司法鉴定继续教育培训活动，对已经从事司法鉴定人或者拟从事司法鉴定执业活动的有关人员进行岗位培训、继续教育和相关专业等教育培训。对未取得司法鉴定人执业证书的人员和已取得司法鉴定人执业证书尚未独立执业的人员做好岗前培训，通过相关法律知识、司法鉴定程序、司法鉴定文书出具、司法鉴定人出庭作证技巧等专门知识培训，提高其法律素养。

司法行政机关要严格履行司法鉴定继续教育职责，组织开展司法鉴定人继续教育培训活动，通过省、市两级分级培训方式，确保每个司法鉴定人完成每年不得少于40学时（每学时为50分钟）培训任务；通过分执业类别开展培训，提高继续教育培训的实效。当前司法鉴定人出庭作证率低的原因之一，是司法鉴定人缺乏在法庭上回答问题的经历，存在法律本领恐慌。为适应司法鉴定人出庭作证新要求，当前重点要提高司法鉴定人出庭准备能力，引导司法鉴定人强化法律思维，在鉴定时就要考虑到将来出庭作证的可能，严格按照司法鉴定工作规范程序和合法性、真实性及关联性的证据规则，对鉴定事项作出专业、科学、客观的鉴定意见。在接到法院的书面出庭通知后，要针对当事人或法院对鉴定意见提出的问题做好出庭准备。在庭审之中，鉴定人有义务针对当事人及法官提出的涉及鉴定问题给予客观回答，对无关问题则不予回答。通过继续教育、专题培训、庭审观摩、模拟演练等方式，提高司法鉴定人法律素养，使其明晰出庭程序、熟悉质证技巧，消除对法庭质证的畏惧心理，提高出庭作证的自信心和积极性。具体内容可包括：一是业务培训。这种培训应分门别类进行。培训的内容应当以国内外司法鉴定领域的新知识、新技术为重点。二是法律知识培训。部分司法鉴定人缺少程序法知识，不了解诉讼活动中法律对司法鉴定人规定的权利和义务，出具的司法鉴定意见往往不符合庭审质证要求，导致在诉讼中处于被动局面。开展继续教育培训，要强化司法鉴定人法律思维教育，促使其在司法鉴定实施过程就要考虑出庭作证可能，严格按照司法鉴定执业规范程序，出具专业、科学、客观的司法鉴定意见。三是职业道德培训。司法鉴定属于司法制度的重要组成部分，司法鉴定人如果因徇私舞弊作出错误司法鉴定意见，将严重损害司法公正。要探索司法鉴定文化建设，教育司法鉴定人强化在管理理念、行为准则、人际关系和道德风尚等方面的职业认同感，引导司法鉴定人牢固树立公正之心，始终恪守公正之德，自觉践行公正之举。

(三)做好司法鉴定人日常监督管理工作

司法是维护社会公平正义的最近一道防线,英国哲学家培根曾说过:“一次不公正的审判,其恶果甚至超过十次犯罪。因为犯罪虽是无视法律——好比污染了水流,而不公正的审判则毁坏法律——好比污染了水源。”司法鉴定直接服务于诉讼,对保障司法公正作用重大。加强司法鉴定人日常监督管理工作,对提高司法鉴定科学性、权威性和社会公信力具有积极意义。司法行政机关要按照《司法鉴定职业道德基本规范》要求,加强教育,引导广大司法鉴定人崇尚法治、尊重科学,培育严谨、细致、认真的工作作风,成为群众信赖的专家。要树立责权利统一理念,把司法鉴定人的责任、权力、利益有效结合起来,用责任来界定司法鉴定人的权力和利益,防止“人情鉴定”“金钱鉴定”的发生。推行司法鉴定人负责制,既要保障司法鉴定人执业合法权益,也要加强对司法鉴定人管理,梳理好司法鉴定人在执业活动中权力、责任、利益的关系,明确执业边界和职业底线。

健全质量监督检查机制,对影响鉴定质量的关键因素进行定性定量检查,对司法鉴定机构的质量管理体系进行有效评估。建立形成常态化的司法鉴定能力验证制度,全面推进司法鉴定机构认证认可工作。健全司法鉴定执业活动年度检查和执业资质考核制度,实施“双随机,一公开”监督检查机制,落实司法鉴定重大事项报告制度,开展司法鉴定意见争议评议活动,规范司法鉴定执业行为。加大处罚力度,健全执业责任追究制度,明确和细化责任追究情形、认定标准和处罚措施等,严肃查处鉴定活动中的违规违纪行为,维护司法鉴定执业秩序。对违反法律规定作出司法鉴定意见或者出具虚假司法鉴定意见、无正当理由拒绝出庭的司法鉴定人要及时作出行政处罚。司法鉴定人在执业活动中,因故意或者重大过失给当事人造成损失的,其所在的司法鉴定机构要当承担民事法律责任;司法鉴定人故意损毁、更换司法鉴定资料,给庭审质证过程带来严重后果的,司法鉴定人要承担相应法律责任,构成犯罪的,依法追究刑事责任。

二、健全司法鉴定保障机制，激发司法鉴定人出庭作证积极性

建立权利与义务相一致的司法鉴定保障机制，明确司法鉴定人出庭作证的权益和权利，破解当前证人、鉴定人不出庭的问题。现行《刑事诉讼法》虽然对证人、鉴定出庭作证作了专门规定，但由于种种原因，目前尚未根本扭转司法实践中证人、鉴定人出庭难的问题。据浙江省司法厅统计，2019 年该省办理涉及诉讼的司法鉴定 37,288 件，鉴定人出庭作证有 207 次，出庭率为 0.56%。从上述统计来看，诉讼法的规定对于促进鉴定人出庭的收效甚微，司法鉴定人出庭制度的运行状况仍不理想。司法行政机关要加强与法院协调，建立司法鉴定人出庭权益保障机制，破解司法鉴定人出庭作证低的难题。

（一）明确司法鉴定人出庭作证的人身保护权利

司法鉴定意见对案件定案的作用尤为关键，因此鉴定人极易被当事人记恨。一旦司法鉴定意见与当事人一方不利且又影响其利益，当事人有可能采取阻碍、威胁、恐吓等极端的手段危及司法鉴定人及其近亲属的人身、财产安全，甚至干扰影响司法鉴定人以及近亲属正常的生活。为了解决这一问题，我国《刑事诉讼法》第 62 条规定了鉴定人及其近亲属的人身权利保障，对保障鉴定人出庭有积极作用，但是有待落实。因此，对于影响、威胁司法鉴定人及其近亲属人身权利的行为，职权机关有职责采用特别措施保障司法鉴定人及其近亲属的人身安全。司法行政机关要主动加强与法院、公安等相关部门联系，按照我国《刑事诉讼法》保护证人的有关规定来保护司法鉴定人及司法鉴定人近亲属的安全。在通知司法鉴定人出庭作证时，有条件的法院应为司法鉴定人设置单独的等候室，条件不够的一般应使鉴定人与有关当事人作适当区隔；庭审过程中，法院法警应负责保护司法鉴定人的安全；庭审结束后，遇有有关当事人及家属围堵司法鉴定人，法警应护送司法鉴定人安全离开。对有复杂案件的司法鉴定人出庭，法院应充分评估司法鉴定人出庭作证的风险程度，并采取相应措施。

（二）明确司法鉴定人豁免出庭义务的权利

明确司法鉴定人何种情况下豁免出庭义务，既保障特殊情况下司法鉴定人不出庭的人道主义权利，又杜绝大多数情况下司法鉴定人以其他不合法理由拒绝出庭的可能，使司法鉴定人出庭制度更为规范。司法行政机关要主动与法院协商，结合民事诉讼法以及刑事诉讼法关于证人出庭的规定，将司法鉴定人出庭义务豁免的情形作一规定，有下列情形之一的，经人民法院许可，司法鉴定人可以通过书面证言、视听传输技术或者视听资料等方式作证：(1)在庭审期间身患严重疾病或者行动极为不便的；(2)因路途遥远，交通不便不能出庭的；(3)因自然灾害等不可抗力不能出庭的；(4)其他有正当理由不能出庭的。

（三）明确司法鉴定人出庭作证的经济补偿权

三大诉讼法对鉴定人的财产权利保障尚不够明确。在普通法国家，鉴定人属于专家证人，其经济权利受到法律的保障。因为法律上要求专家证人在法庭上对于真相的探查的责任远大于雇用他的当事人的利益，所以很可能发生的情况是，诉讼一方当事人雇用的专家证人提交的报告的结果不利于其雇主。在这种情况下，专家证人在此方面受到的财产上的保障对专家证人的正常活动显得尤为重要。此外，鉴定人的出庭时间保障机制也有待规定。鉴定人的庭审地位类似证人，不能旁听案件，只能在庭外等待，于鉴定意见质证阶段出庭。在质证结束后，鉴定人又不能立即离开，须得庭外等候至庭审完全结束，签字确认庭审笔录后方得离开。这种方式极大地浪费了鉴定人的时间，这种时间保障机制的欠缺导致很多鉴定人不愿意出庭作证。

“没有无权利的义务，也没有无义务的权利”是法律上的经典理论。司法鉴定人履行出庭作证的法定义务，要付出代价和丧失利益，必然会影响自身正常生活、工作方面的合法权利，应当享有出庭作证的补偿权。在刑事诉讼中，对司法鉴定人出庭作证费用的补偿应由委托的职权机关支付，可参照《刑事诉讼法》第63条“证人因履行作证义务而支出的交通、住宿、就餐等费用，应当给予补助。证人作证的补助列入司法机关业务经费，由同级政府财政予以保障”的规定执行。在民事诉讼中，对于司法鉴定人因作证而支付的交通费、住宿费以及所造成的误工费等合理费用，司法鉴定人有权向传唤作证的法院提出补偿申请。法院可要求申请司法鉴定人出庭作证的当事人支付。

司法鉴定人出庭作证费用包括直接费用以及因出庭而减少的收入，该费用仅表现为经济补偿，而不是因出庭作证而获得的报酬。司法行政机关要配合物价管理部门共同制定司法鉴定人出庭作证收费规则，可参照我国《民事诉讼法》第74条的规定：“证人因履行出庭作证义务而支出的交通、住宿、就餐等必要费用以及误工损失，由败诉一方当事人负担。当事人申请证人作证的，由该当事人先行垫付；当事人没有申请，人民法院通知证人作证的，由人民法院先行垫付。”目前一些省份已出台了司法鉴定人出庭作证收费办法。如浙江省司法厅和浙江省物价局《关于规范和完善司法鉴定机构鉴定服务收费的通知》（浙价服〔2017〕81号）对司法鉴定人出庭作证收费作了规定：本地（设区市行政区域内）500元每人次；外地（设区市行政区域外）700元每人次，赴外地作证产生的交通费、住宿费参照机关事业单位差旅费标准另行收取。这一标准既照顾到司法鉴定人的误工损失，又简化误工费的计算。

（四）要明确设立司法鉴定人在庭审中的席位

司法鉴定人在法庭上没有固定的位置，大多数时候要坐在旁听席。而专家辅助人一般坐在诉讼代理人旁边，因此很容易出现专家辅助人和鉴定人同为专家，却一个坐在庭上，一个坐在庭下的不平等局面，使鉴定人心怀不忿。一些司法鉴定人是业内颇有名望的专家，对寥寥的出庭费用不感兴趣，只是本着对鉴定意见负责的态度和完成法律使命的崇高义务感而出庭。但是法庭对专家的不尊重态度大大打击了他们出庭的积极性。有的法院通知鉴定人出庭程序很随意，只是打电话通知，未说明鉴定意见的异议点，增加了鉴定人出庭准备的难度。这些都影响了鉴定人出庭作证的积极性。浙江省高级人民法院、浙江省司法厅于2014年6月联合下发《关于进一步规范司法鉴定工作若干事项的意见》(浙司〔2014〕69号),为司法鉴定人出庭提供保障,提出人民法院要按照最高人民法院《关于法庭的名称、审判活动区布置和国徽悬挂问题的通知》(法发〔1993〕41号)要求,为出庭作证的司法鉴定人提供鉴定人席。审判长应正确引导对司法鉴定人的质询。与鉴定意见无关的问题,司法鉴定人可以拒绝回答。经人民法院同意,司法鉴定人可以视频方式作证。人民法院要采取切实有效的措施,保护司法鉴定人的人身安全。

三、健全司法鉴定管理与使用相衔接机制,共同推进司法鉴定人出庭作证制度

司法鉴定制度涉及司法鉴定权启动、实施、监督和采信四个环节,特别是与法院关联紧密。建立司法鉴定管理与使用相衔接机制,是指司法行政部和人民法院加强合作,发挥司法鉴定在诉讼活动中作用而建立的机制。具体内容有司法行政机关应当及时将司法鉴定机构和司法鉴定人变更、处罚等情况向同级人民法院通报;法院应当及时将鉴定意见的采信情况和司法鉴定人的出庭情况、违规违纪行为向同级司法行政机关通报。司法行政机关应当将人民法院的通报情况作为对司法鉴定机构资质评估、司法鉴定人诚信评估的重要依据。司法行政机关与人民法院要通过司法权与司法行政权的科学分工与合理配置,研究建立高效的司法鉴定工作相衔接、相配合的运行机制,推进司法鉴定人出庭作证制度。

(一)建立会商机制,解决司法鉴定人出庭中的问题

目前,无论司法行政机关还是人民法院,在面临着日益增多且日趋复杂的司法鉴定问题情况下,尚未解决"管""用"两张皮,双方信息不对称的问题。究其原因是:司法行政机关不能及时、客观、全面评价司法鉴定机构的执业活动情况,以及鉴定意见在诉讼中的使用情况。人民法院法官对司法鉴定机构资质情况不了解,对在证据审查中发现的司法鉴定问题,由于没有处罚权不能及时进

行规制。调研发现,造成司法鉴定人出庭率低的主要原因有以下 3 点:一是鉴定人不愿意出庭;二是律师和当事人不了解鉴定出庭制度;三是法官不愿意鉴定人出庭。这澄清了对司法鉴定人不出庭原因的误解问题。为此,浙江省高级人民法院、浙江省司法厅《关于进一步规范司法鉴定工作若干事项的意见》要求司法行政机关和人民法院要主动适应以审判为中心诉讼制度改革需求,共同解决司法鉴定人出庭作证方面存在的问题。通过双方共同努力,推动司法鉴定人出庭,阐明司法鉴定意见的证据能力和证明力,使诉讼参与各方充分理解司法鉴定意见内容,达到定分止争的效果。

实现信息交流,建立司法鉴定人出庭情况评价机制。如果说司法鉴定意见是鉴定机构生产的"产品",那么司法行政机关则是产品生产的监管部门,负责对司法鉴定人准入的把关、司法鉴定过程的监管以及对违规行为的处理等,对确保向用户提供高质量的"产品"负有重要监管职责。人民法院则是司法鉴定意见的最终用户,鉴定质量的高低事关司法公正。在产品监管者和用户之间建立良好的衔接互动关系,用户将对"产品"体验情况及时反馈给监管者,有利于司法行政机关及时发现鉴定执业中的问题,包括司法鉴定人出庭情况,从而有针对性地加强管理。人民法院要对司法鉴定人出庭的情况进行评价,如司法鉴定意见的质量高低,司法鉴定人在庭上的表现,司法鉴定意见的采信情况,有无错误、虚假司法鉴定意见、违规违纪行为等,并定期将有关情况通报司法行政机关。司法行政机关要将人民法院通报的司法鉴定人出庭等情况作为对司法鉴定机构资质等级评定、考核和司法鉴定人诚信评价和进行处罚的重要依据。

(二)加强合作配合,规范司法鉴定委托程序和司法鉴定人出庭程序

人民法院在司法鉴定启动、采信阶段具有决定权,直接关系司法鉴定质量和司法鉴定人出庭制度的落实。司法行政机关要主动协助人民法院规范委托司法鉴定程序,争取人民法院支持,为司法鉴定人出庭提供便利。人民法院要按照最高人民法院《关于法庭的名称、审判活动区布置和国徽悬挂问题的通

知》要求,为出庭作证的司法鉴定人提供鉴定人席。人民法院要制作规范统一的司法鉴定人出庭作证通知书格式,明确出庭时间、地点、联系人、联系方式和付费方式等。要书面告知当事人申请司法鉴定人出庭作证的相关权利义务,包括需要提交书面申请,规定支付司法鉴定人出庭相关费用;在当事人书面提出申请后,由人民法院就司法鉴定人出庭费用项目及金额给予具体通知。当事人申请司法鉴定人出庭的,应向人民法院提出书面申请,说明理由和异议点,浙江省高级人民法院和司法厅联合发文规定,经人民法院审查同意,由人民法院至少开庭前5个工作日书面通知司法鉴定机构,并附当事人的司法鉴定人出庭作证申请书。审判长要正确引导对司法鉴定人的质询,与鉴定意见无关的问题,司法鉴定人可以拒绝回答。经人民法院同意,司法鉴定人可以视频方式凭证。人民法院要采取切实有效的措施,保护司法鉴定人的人身安全。

(三)提高质证意识,强化法官证据采信能力和诉讼参与人质证意识

质证权就是公民的基本诉讼权利之一,联合国《公民权利和政治权利国际公约》也对质证权利作出了规定,人人"得亲自或间接诘问他造证人,并得声请法院传唤其证人在与他造证人同等条件下出庭作证"。只有保证当事人的质证权利,才能确保当事人的诉求及依据被充分认识,让案件真实在法庭上得到最大化的呈现,而申请鉴定人出庭就是行使质证权的重要途径。我国《刑事诉讼法》第192条第3款规定:"公诉人、当事人或者辩护人、诉讼代理人对鉴定意见有异议,人民法院认为鉴定人有必要出庭的,鉴定人应当出庭作证。经人民法院通知,鉴定人拒不出庭作证的,鉴定意见不得作为定案的根据。"上述法律条文被视为是强制鉴定人出庭的依据。我国《民事诉讼法》对鉴定人出庭作了更为严格的规定:鉴定人拒不出庭作证的,鉴定意见不得作为认定事实的根据;支付鉴定费用的当事人可以要求返还鉴定费用。可见,法院在很大程度上掌握着鉴定人出庭作证的决定权。最高人民法院《关于民事诉讼证据的若干规定》

(法释〔2019〕19 号)第 81 条第 1 款规定:“鉴定人拒不出庭作证的,鉴定意见不得作为认为案件事实的根据。人民法院应当建议有关主管部门或者组织对拒不出庭作证的鉴定人予以处罚。”司法行政机关接到人民法院上述建议,应及时立案调查,对违法违规的司法鉴定人要依法作出处理,并将处理结果通报提出建议的人民法院。

在推进司法鉴定人出庭作证时,法院要发挥更大的作用,法官要有推进司法鉴定人出庭作证的担当意识。鉴定意见因其自身的特殊性,往往比其他证据有着更为可靠的证明力,鉴定意见对案件的定性具有直接影响。为保证鉴定意见的真实性、合法性,避免多次鉴定、重复鉴定,提高审判效率,也为了保护当事人正当的诉讼权利,在当事人对鉴定意见确有争议的情况下,应促使司法鉴定人出庭作证,接受当事人或法院的质询和提问,回答与鉴定有关的问题。但法官不能过度依赖鉴定意见和专家咨询意见,对鉴定意见有异议的,也不能简单地启动重新鉴定,或者以鉴定意见数量的多少或是不是法院委托的作为采信依据。任何鉴定意见的证明力以及对待证事实证明力的大小,都要经过依法审核质证后予以认定。法官要有责任担当意识,推进司法鉴定人出庭作证,按照自由心证之原则,利用自己的法律知识和审判经验,加强对鉴定意见的审查,合理判断鉴定意见证明力的大小和可采信。

四、完善司法鉴定纠纷预防处置机制,保障司法鉴定人出庭作证工作有序推进

当前,诉讼中司法鉴定领域纠纷呈易发、多发、处理难度大态势,极大地扰乱了正常的司法鉴定执业秩序和管理秩序,严重影响诉讼活动顺利进行。司法行政机关要加强与人民法院合作,坚守科学客观和司法公正底线,推进跨地区、跨部门、跨层级诉讼中司法鉴定纠纷个案会商制度,引导当事人通过司法鉴定人出庭作证解决司法鉴定意见的争议。

(一)建立司法鉴定执业风险防范机制

司法行政机关要引导推动司法鉴定机构提高执业风险防范意识,预防争议

发生。对委托材料、鉴定要求和委托事项要加强审查,对于超出司法鉴定业务范围、技术能力或没有必要的不予受理;对于重新鉴定委托要严格审查,对于不符合重新鉴定条件的不予受理。要建立风险告知制度,在鉴定前发放风险告知书并由当事人签字确认,提示鉴定风险,明确告知对司法鉴定意见有异议的应通过申请司法鉴定人出庭进行法庭质证,或通过申请补充鉴定、重新鉴定等途径解决。在鉴定受理和实施过程中,对于当事人的疑惑,要耐心解释,说明鉴定依据,消除误解。严格执行司法鉴定重大事项报告制度,对重新鉴定意见与原鉴定意见不一致的,要在鉴定意见书中充分说明理由和依据。

（二）完善司法鉴定投诉处理工作机制

司法行政机关依法做好司法鉴定机构和司法鉴定人的投诉处理工作,是司法鉴定管理工作的重要内容,也是司法行政机关一项重要的法定职责。为规范司法鉴定执业活动,预防和减少司法鉴定投诉、信访以及相关行政复议、行政诉讼案件提供依据。根据司法部 2019 年修订的《司法鉴定执业活动投诉处理办法》精神,建立"属地管理、分级负责、依法查处、处罚与教育相结合"的司法鉴定投诉处理工作机制:一是对司法鉴定机构和司法鉴定人执业活动中有违法违规的投诉,由司法鉴定机构住所地或者司法鉴定人执业机构住所地的县级以上司法行政机关负责处理。二是省级司法行政机关接到投诉的,可以交由设区的市级或者直辖区的区(县)司法行政机关处理。三是负责处理的司法行政机关收到投诉材料后,应当及时进行登记。登记内容包括投诉人及其代理人的姓名或者名称、性别、身份证号码、职业、住址、联系方式,被投诉人的姓名或者名称、投诉事项、投诉请求、投诉理由以及相关证明目录,投诉的方式和时间等信息。发现投诉人提供的信息不齐全或者无相关证明材料的,应当在收到投诉材料之日起 7 个工作日内一次性书面告知投诉人补充。四是反映司法行政机关工作人员在投诉处理中有滥用职权、玩忽职守等违法行为的,由该级司法行政机关信访室牵头,司法鉴定管理、监察部门配合,按照信访条例处理。五是反映司法行政机关处理司法鉴定投诉过程中存在不作为行为的，当事人通过行政诉讼和行政复议途径解决。六是认为司法鉴定机构出具司法鉴定意见损害其利益的，可通过民事诉讼渠道主张权益。同时要切实加大对违规违纪行为的惩处力度，对于群众投诉属实的违规违纪执业行为，要依法严肃惩处，也要依法保障和维护被投诉鉴定机构和鉴定人的合法权益。通过上述机制的建立和实施，及时查处司法鉴定违规违纪执业行为，妥善化解涉及鉴定矛盾纠纷，对于维护人民群众合法权益，维护社会和谐稳定，促进司法鉴定事业健康持续发展具有重要意义。

（三）完善司法鉴定争议依法解决机制

司法鉴定具有专业化程度高，又有跨学科、跨专业、跨领域的特点，受客观条件限制，在诉讼中存在猜想或者假设甚至错误意见，也是合理的。司法行政机关要探索建立司法鉴定意见争议评价机制，指导司法鉴定协会发挥专业技术优势，对司法鉴定专业性问题进行评价，弥补法官对司法鉴定专业知识的缺陷，辅助法官提高对司法鉴定人出庭作证带来的鉴定意见质证、采信能力。

建立司法鉴定专家咨询机制，为处理司法鉴定意见争议提供技术支持。涉及不同司法鉴定机构对同一司法鉴定事项出具不同司法鉴定意见时，可采取司法鉴定专家咨询方式，对有争议司法鉴定意见进行评价，为庭审法官提高质证采信能力提供参考依据。为加强对司法鉴定业务的研究和指导，解决司法鉴定技术问题提供专业支持，可采用聘请司法鉴定领域专家作为咨询委员会委员。司法鉴定专家咨询机制不仅对诉讼活动中的疑难司法鉴定意见争议进行评价，还为司法鉴定主管部门提供技术支持，比如，司法行政机关收到人民法院通报，对不采信鉴定意见情况、发现虚假、错误鉴定意见进行专家评价，为司法行政机关对违法违规司法鉴定行为查处提供专业支持。

建立有效的司法鉴定意见争议评价机制，要把握好从以下 4 个维度。一是科学性。司法鉴定是在诉讼活动中运用科学技术或者专门知识来解决专业问题的行为,其出具的司法鉴定意见必须是科学的。司法鉴定人是该学科领域的专业人士,具备相关司法鉴定执业资格;司法鉴定意见依据的原理、标准和司法鉴定手段是科学的;司法鉴定判断推理过程科学、合理;司法鉴定过程符合科学规范;司法鉴定意见书用语要准确、科学、规范。二是客观性。司法鉴定意见是鉴别、印证、强化直接证据的重要手段,在诉讼中兼具辅助证明作用和独立证明的作用。司法鉴定意见客观性,取决于它所产生的过程和科学原理和技术方法、技术标准的统一性。总体而言,不同司法鉴定机构对同一司法鉴定事项,出具的司法鉴定意见应当具有相对的统一性。高质量的司法鉴定意见是司法鉴定人通过主观能动性,发现、认识并展现某种现象与案件事实之间的内在客观联系。三是相关性。司法鉴定意见要符合法定证据的相关性要求,与案件事实有证明关系。司法鉴定意见作为案情判断的依据,要反映与案件事实有联系的、能够证明案件真实情况的事实,是对委托司法鉴定事项作出的直接回应。四是合法性。司法鉴定机构和司法鉴定人必须经省级司法行政部门审核登记,具有法定的执法资格。司法鉴定执业应符合法律性要求,鉴定检材、样材等的收集和运用都应当按司法部《司法鉴定程序通则》要求和法定程序取得,依据的事实必须具有法律所要求的特定形式。

(四)依法处理“鉴闹”行为

司法行政机关要会同人民法院保障司法鉴定机构依法执业,教育引导当事人通过合法途径维护权益。当事人对鉴定意见有异议的,人民法院可通过要求司法鉴定人书面答复、司法鉴定人出庭作证、专家辅助人出庭参加诉讼等方式解决鉴定争议。发现鉴定意见确有错误或有重大瑕疵的,应及时告知人民法院要求撤销原鉴定;由人民法院决定通过补充鉴定、重新鉴定等方式予以纠正。对采取极端方式缠闹、制造事端、组织策划“鉴闹”的人,要协调公安机关依法予以打击。特别是对司法鉴定人出庭作证活动有进行侮辱、诽谤、诬陷、殴打或者打击报复等情形的,人民法院可以依据我国《民事诉讼法》第111条规定对相关诉讼参与人依法处理;构成犯罪的,依法追究刑事责任。

第三节　人民法院对司法鉴定人出庭作证的保障

司法鉴定人出庭作证是法庭审判的重要内容,也是现代诉讼制度的基本要求,更是当今世界衡量一个国家的诉讼制度是否科学的标志之一。鉴定人出庭作证不是向当事人作证,也非自向证明,更不是向公诉人作证,其实质是向法庭作证。基于此,法律将鉴定人视为证人规定了出庭作证的义务。法庭应当提供鉴定人作证的合适的环境,保障鉴定人能够客观、公正地向其作证,并借助于保障制度消除鉴定人出庭作证的后顾之忧以及可能带来的不良后果。可以说,人民法院为鉴定人出庭作证提供有效的法律保障,其意义远远超出对鉴定人的保障,其实质是在为其查明事实、澄清争议奠定基础,理应受到法院关注和重视。

一、出庭的程序保障

(一)人民法院通知鉴定人出庭的程序

当事人(控辩)双方对鉴定人出庭作证提出申请或者人民法院根据案件情况认为需要鉴定人出庭作证的,如法官在对鉴定意见进行审查时,发现了疑点或瑕疵,或者对某个专门性问题存在多份鉴定意见,或者鉴定人的意见互相矛盾的,法官可以直接向司法辅助工作部门的司法技术人员提出咨询或者技术审核,并参考司法辅助工作部门的意见决定是否通知鉴定人出庭作证。

法院决定通知鉴定人出庭的,应当依法通知司法鉴定人。通知书至迟在开庭 3 日以前送达。人民法院按照普通程序审理的案件,如果鉴定人在外地的,应当考虑必要的在途时间。出庭通知应当采用书面形式,并注明开庭的时间、地点以及应注意的事项。

(二)庭前程序的参与权保障

我国《刑事诉讼法》第 187 条第 2 款规定:“在开庭以前,审判人员可以召集公诉人、当事人和辩护人、诉讼代理人,对回避、出庭证人名单、非法证据排除等与审判相关的问题,了解情况,听取意见。”其第 4 款规定:“上述活动情形应当写入笔录,由审判人员和书记员签名。”为了保障法律的有效实施,人民法院可以要求鉴定人参与勘验。必要时,可以要求鉴定人在勘验中进行鉴定。鉴定人在庭前程序的参与为庭审提供科学准确的鉴定意见奠定了基础,因此,人民法院应当充分保障鉴定人在庭前参与的权利。

二、出庭鉴定人及其亲属的人身合法权利保障

人民法院对于出庭的鉴定人应当提供适当的席位和与其诉讼地位相当的通道,依法保障鉴定人出庭作证时的人身安全及其他合法权益。《刑事诉讼法》第 64 条规定:“对于危害国家安全犯罪、恐怖活动犯罪、黑社会性质的组织犯罪、毒品犯罪等案件,证人、鉴定人、被害人因在诉讼中作证,本人或者其近亲属的人身安全面临危险的,人民法院、人民检察院和公安机关应当采取以下一项或者多项保护措施:(一)不公开真实姓名、住址和工作单位等个人信息。(二)采取不暴露外貌、真实声音等出庭作证措施。(三)禁止特定的人员接触证人、鉴定人、被害人及其近亲属。(四)对人身和住宅采取专门性保护措施。(五)其他必要的保护措施。证人、鉴定人、被害人认为因在诉讼中作证,本人或者其近亲属的人身安全面临危险的,可以向人民法院、人民检察院、公安机关请求予以保护。人民法院、人民检察院、公安机关依法采取保护措施,有关单位和个人应当配合。”而最高人民法院、司法部《关于建立司法鉴定管理与使用衔接机制的意见》要求,经人民法院同意,鉴定人可以使用视听传输技术或者同步视频作证室等作证。刑事法庭可以配置同步视频作证室,供依法应当保护或其他确有保护必要的鉴定人作证时使用,并可采取不暴露鉴定人外貌、真实声音等保护措施。

具体而言：(1)在庭审过程中，人民法院应当对出庭鉴定人的姓名、住址和工作单位严格保密，不得泄露。(2)人民法院应当采用专门的仪器设备对鉴定人的声音进行技术处理，并通过屏风等器具遮住鉴定人的容貌和身体，保障其应有的功能。(3)人民法院应当取得公安机关的协助，禁止特定的人员接触鉴定人及其近亲属，并对鉴定人及其近亲属的人身和住宅采取专门性保护措施。其措施必须有效。除此之外，鉴定人在出庭前可以向法庭在如实作证的承诺书上签署真名，在法庭对鉴定人进行介绍时，可以只介绍鉴定人的化名。

对司法鉴定人出庭作证进行司法保护时，应当从以下几个方面进行考虑：(1)在保护对象上，不仅要保护司法鉴定人本人，还要保护司法鉴定人的近亲属甚至包括其他利害关系人。(2)在保护范围上，不仅要保护鉴定人的身体及其财产权不受侵犯，还要保护鉴定人的名誉权、荣誉权及人格尊严不受侵犯。(3)在保护形态上，职权机关不仅需要对特殊案件的司法鉴定人及其近亲属的人身安全"面临危险"予以保护，而且对威胁、侮辱、殴打或者打击报复司法鉴定人使其具有"现实危险"的也应当予以保护。(4)在保护机关上，在侦查阶段由侦查机关负责保护，在起诉阶段由检察机关负责保护，在审判阶段由审判机关负责保护，即使案件终审后，若需继续保护，司法鉴定人所在的辖区的公安机关仍然负有保护职责。

三、鉴定人在法庭上的尊严的保障

我国出庭作证的鉴定人属于专家甚至有些鉴定人是各行业的专家学者，法庭不仅需要充分保障其合法权利，而且对其应有足够的尊重，对其发表的与鉴定有关意见应当提供足够的时间和方式予以表达，不能随意打断或者作出不适当的限制，体现对知识的尊重。如法官通知鉴定人出庭不得使用"传鉴定人出庭"等不尊重的言语，不得对其表现出不耐烦甚至言语上挑剔；对其鉴定关联不密切的发言，应善意提醒。对鉴定人就鉴定事项如实答复当事人的异议和审判人员的询问确有困难的，应当终止对其询问，允许其在庭审结束后书面答复。

法官要在裁判文书中列明鉴定人依法提出的意见,并对是否采纳及其理由加以说明,不得基于自己的需要进行任意删减。对于当事人询问鉴定人使用威胁、侮辱等不适当的言语和方式的,应当及时制止。

四、鉴定人出庭报酬费用的保障

根据我国《民事诉讼法》第 74 条的规定,证人因履行出庭作证义务而支出的交通、住宿、就餐等必要费用以及误工损失,由败诉一方当事人负担。当事人申请证人作证的,由该当事人先行垫付;当事人没有申请,人民法院通知证人作证的,由人民法院先行垫付。《民事诉讼法》对证人出庭作证的费用承担给出了相关规定,而对于鉴定人出庭作证的费用问题并未明确。因此,一种观点认为,鉴定人和证人属于不同性质,鉴定人出庭作证的费用承担问题因法律并未将其与证人统一规定,因此其费用承担问题必然与证人出庭作证的费用承担不同。另一种观点认为,鉴定人出庭作证的费用已然包含在鉴定费当中。鉴定人因出庭作证的交通费、住宿费、生活补助费、误工费、日津贴费、异地出庭的差旅费等经济损失都应当列入补偿范围。为此,最高人民法院、司法部《关于建立司法鉴定管理与使用衔接机制的意见》要求,鉴定人在人民法院指定日期出庭发生的交通费、住宿费、生活费和误工补贴,按照国家有关规定应当由当事人承担的,由人民法院代为收取。人民法院应当充分保障鉴定人应当获得的报酬权。

附　　录

附录一　最高人民法院、司法部关于建立司法鉴定管理与使用衔接机制的意见

（司发通〔2016〕98号）

各省、自治区、直辖市高级人民法院、司法厅（局），解放军军事法院，新疆维吾尔自治区高级人民法院生产建设兵团分院，新疆生产建设兵团司法局：

为贯彻落实党的十八届四中、五中全会精神，充分发挥司法鉴定在审判活动中的积极作用，最高人民法院、司法部根据《全国人民代表大会常务委员会关于司法鉴定管理问题的决定》（以下简称《决定》），就建立司法鉴定管理与使用衔接机制提出以下意见。

一、加强沟通协调，促进司法鉴定管理与使用良性互动

建立司法鉴定管理与使用衔接机制，规范司法鉴定工作，提高司法鉴定质量，是发挥司法鉴定作用，适应以审判为中心的诉讼制度改革的重要举措。人民法院和司法行政机关要充分认识司法鉴定管理与使用衔接机制对于促进司法公正、提高审判质量与效率的重要意义，立足各自职能定位，加强沟通协调，共同推动司法鉴定工作健康发展，确保审判活动的顺利进行。

司法行政机关要严格按照《决定》规定履行登记管理职能，切实加强对法医类、物证类、声像资料、环境损害司法鉴定以及根据诉讼需要由司法部商最高

人民法院、最高人民检察院确定的其他应当实行登记管理的鉴定事项的管理，严格把握鉴定机构和鉴定人准入标准，加强对鉴定能力和质量的管理，规范鉴定行为，强化执业监管，健全淘汰退出机制，清理不符合规定的鉴定机构和鉴定人，推动司法鉴定工作依法有序进行。

人民法院要根据审判工作需要，规范鉴定委托，完善鉴定材料的移交程序，规范技术性证据审查工作，规范庭审质证程序，指导和保障鉴定人出庭作证，加强审查判断鉴定意见的能力，确保司法公正。

人民法院和司法行政机关要以问题为导向，进一步理顺司法活动与行政管理的关系，建立常态化的沟通协调机制，开展定期和不定期沟通会商，协调解决司法鉴定委托与受理、鉴定人出庭作证等实践中的突出问题，不断健全完善相关制度。

人民法院和司法行政机关要积极推动信息化建设，建立信息交流机制，开展有关司法鉴定程序规范、名册编制、公告等政务信息和相关资料的交流传阅，加强鉴定机构和鉴定人执业资格、能力评估、奖惩记录、鉴定人出庭作证等信息共享，推动司法鉴定管理与使用相互促进。

二、完善工作程序，规范司法鉴定委托与受理

委托与受理是司法鉴定的关键环节，是保障鉴定活动顺利实施的重要条件。省级司法行政机关要适应人民法院委托鉴定需要，依法科学、合理编制鉴定机构和鉴定人名册，充分反映鉴定机构和鉴定人的执业能力和水平，在向社会公告的同时，提供多种获取途径和检索服务，方便人民法院委托鉴定。

人民法院要加强对委托鉴定事项特别是重新鉴定事项的必要性和可行性的审查，择优选择与案件审理要求相适应的鉴定机构和鉴定人。

司法行政机关要严格规范鉴定受理程序和条件，明确鉴定机构不得违规接受委托；无正当理由不得拒绝接受人民法院的鉴定委托；接受人民法院委托鉴定后，不得私自接收当事人提交而未经人民法院确认的鉴定材料；鉴定机构应规范鉴定材料的接收和保存，实现鉴定过程和检验材料流转的全程记录和有效控制；鉴定过程中需要调取或者补充鉴定材料的，由鉴定机构或者当事人向委托法院提出申请。

三、加强保障监督，确保鉴定人履行出庭作证义务

鉴定人出庭作证对于法庭通过质证解决鉴定意见争议具有重要作用。人民法院要加强对鉴定意见的审查，通过强化法庭质证解决鉴定意见争议，完善鉴定人出庭作证的审查、启动和告知程序，在开庭前合理期限以书面形式告知鉴定人出庭作证的相关事项。人民法院要为鉴定人出庭提供席位、通道等，依法保障鉴定人出庭作证时的人身安全及其他合法权益。经人民法院同意，鉴定人可以使用视听传输技术或者同步视频作证室等作证。刑事法庭可以配置同步视频作证室，供依法应当保护或其他确有保护必要的鉴定人作证时使用，并可采取不暴露鉴定人外貌、真实声音等保护措施。

鉴定人在人民法院指定日期出庭发生的交通费、住宿费、生活费和误工补贴，按照国家有关规定应当由当事人承担的，由人民法院代为收取。

司法行政机关要监督、指导鉴定人依法履行出庭作证义务。对于无正当理由拒不出庭作证的，要依法严格查处，追究鉴定人和鉴定机构及机构代表人的责任。

四、严处违法违规行为，维持良好司法鉴定秩序

司法鉴定事关案件当事人切身利益，对于司法鉴定违法违规行为必须及时处置，严肃查处。司法行政机关要加强司法鉴定监督，完善处罚规则，加大处罚力度，促进鉴定人和鉴定机构规范执业。监督信息应当向社会公开。鉴定人和鉴定机构对处罚决定有异议的，可依法申请行政复议或者提起行政诉讼。人民法院在委托鉴定和审判工作中发现鉴定机构或鉴定人存在违规受理、无正当理由不按照规定或约定时限完成鉴定、经人民法院通知无正当理由拒不出庭作证等违法违规情形的，可暂停委托其从事人民法院司法鉴定业务，并告知司法行政机关或发出司法建议书。司法行政机关按照规定的时限调查处理，并将处理结果反馈人民法院。鉴定人或者鉴定机构经依法认定有故意作虚假鉴定等严重违法行为的，由省级人民政府司法行政部门给予停止从事司法鉴定业务三个月至一年的处罚；情节严重的，撤销登记；构成犯罪的，依法追究刑事责任；人民法院可视情节不再委托其从事人民法院司法鉴定业务；在执业活动中因故意或者重大过失给当事人造成损失的，依法承担民事责任。

人民法院和司法行政机关要根据本地实际情况，切实加强沟通协作，根据本意见建立灵活务实的司法鉴定管理与使用衔接机制，发挥司法鉴定在促进司法公正、提高司法公信力、维护公民合法权益和社会公平正义中的重要作用。

最高人民法院　司法部

2016 年 10 月 9 日

附录二　最高人民法院、最高人民检察院、公安部、国家安全部、司法部关于推进以审判为中心的刑事诉讼制度改革的意见

（法发〔2016〕18号）

为贯彻落实《中共中央关于全面推进依法治国若干重大问题的决定》的有关要求，推进以审判为中心的刑事诉讼制度改革，依据宪法法律规定，结合司法工作实际，制定本意见。

一、未经人民法院依法判决，对任何人都不得确定有罪。人民法院、人民检察院和公安机关办理刑事案件，应当分工负责，互相配合，互相制约，保证准确、及时地查明犯罪事实，正确应用法律，惩罚犯罪分子，保障无罪的人不受刑事追究。

二、严格按照法律规定的证据裁判要求，没有证据不得认定犯罪事实。侦查机关侦查终结，人民检察院提起公诉，人民法院作出有罪判决，都应当做到犯罪事实清楚，证据确实、充分。

侦查机关、人民检察院应当按照裁判的要求和标准收集、固定、审查、运用证据，人民法院应当按照法定程序认定证据，依法作出裁判。

人民法院作出有罪判决，对于证明犯罪构成要件的事实，应当综合全案证据排除合理怀疑，对于量刑证据存疑的，应当作出有利于被告人的认定。

三、建立健全符合裁判要求、适应各类案件特点的证据收集指引。探索建立命案等重大案件检查、搜查、辨认、指认等过程录音录像制度。完善技术侦查证据的移送、审查、法庭调查和使用规则以及庭外核实程序。统一司法鉴定标准和程序。完善见证人制度。

四、侦查机关应当全面、客观、及时收集与案件有关的证据。

侦查机关应当依法收集证据。对采取刑讯逼供、暴力、威胁等非法方法收集的言词证据,应当依法予以排除。侦查机关收集物证、书证不符合法定程序,可能严重影响司法公正,不能补正或者作出合理解释的,应当依法予以排除。

对物证、书证等实物证据,一般应当提取原物、原件,确保证据的真实性。需要鉴定的,应当及时送检。证据之间有矛盾的,应当及时查证。所有证据应当妥善保管,随案移送。

五、完善讯问制度,防止刑讯逼供,不得强迫任何人证实自己有罪。严格按照有关规定要求,在规范的讯问场所讯问犯罪嫌疑人。严格依照法律规定对讯问过程全程同步录音录像,逐步实行对所有案件的讯问过程全程同步录音录像。

探索建立重大案件侦查终结前对讯问合法性进行核查制度。对公安机关、国家安全机关和人民检察院侦查的重大案件,由人民检察院驻看守所检察人员询问犯罪嫌疑人,核查是否存在刑讯逼供、非法取证情形,并同步录音录像。经核查,确有刑讯逼供、非法取证情形的,侦查机关应当及时排除非法证据,不得作为提请批准逮捕、移送审查起诉的根据。

六、在案件侦查终结前,犯罪嫌疑人提出无罪或者罪轻的辩解,辩护律师提出犯罪嫌疑人无罪或者依法不应追究刑事责任的意见,侦查机关应当依法予以核实。

七、完善补充侦查制度。进一步明确退回补充侦查的条件,建立人民检察院退回补充侦查引导和说理机制,明确补充侦查方向、标准和要求。规范补充侦查行为,对于确实无法查明的事项,公安机关、国家安全机关应当书面向人民检察院说明理由。对于二次退回补充侦查后，仍然证据不足、不符合起诉条件的，依法作出不起诉决定。

八、进一步完善公诉机制，被告人有罪的举证责任，由人民检察院承担。对被告人不认罪的，人民检察院应当强化庭前准备和当庭讯问、举证、质证。

九、完善不起诉制度，对未达到法定证明标准的案件，人民检察院应当依法作出不起诉决定，防止事实不清、证据不足的案件进入审判程序。完善撤回起诉制度，规范撤回起诉的条件和程序。

十、完善庭前会议程序，对适用普通程序审理的案件，健全庭前证据展示制度，听取出庭证人名单、非法证据排除等方面的意见。

十一、规范法庭调查程序，确保诉讼证据出示在法庭、案件事实查明在法庭。证明被告人有罪或者无罪、罪轻或者罪重的证据，都应当在法庭上出示，依法保障控辩双方的质证权利。对定罪量刑的证据，控辩双方存在争议的，应当单独质证；对庭前会议中控辩双方没有异议的证据，可以简化举证、质证。

十二、完善对证人、鉴定人的法庭质证规则。落实证人、鉴定人、侦查人员出庭作证制度，提高出庭作证率。公诉人、当事人或者辩护人、诉讼代理人对证人证言有异议，人民法院认为该证人证言对案件定罪量刑有重大影响的，证人应当出庭作证。

健全证人保护工作机制，对因作证面临人身安全等危险的人员依法采取保护措施。建立证人、鉴定人等作证补助专项经费划拨机制。完善强制证人到庭制度。

十三、完善法庭辩论规则，确保控辩意见发表在法庭。法庭辩论应当围绕定罪、量刑分别进行，对被告人认罪的案件，主要围绕量刑进行。法庭应当充分听取控辩双方意见，依法保障被告人及其辩护人的辩论辩护权。

十四、完善当庭宣判制度，确保裁判结果形成在法庭。适用速裁程序审理的案件，除附带民事诉讼的案件以外，一律当庭宣判；适用简易程序审理的案件一般应当当庭宣判；适用普通程序审理的案件逐步提高当庭宣判率。规范定期宣判制度。

十五、严格依法裁判。人民法院经审理,对案件事实清楚,证据确实、充分,依据法律认定被告人有罪的,应当作出有罪判决。依据法律规定认定被告人无罪的,应当作出无罪判决。证据不足,不能认定被告人有罪的,应当按照疑罪从无原则,依法作出无罪判决。

十六、完善人民检察院对侦查活动和刑事审判活动的监督机制。建立健全对强制措施的监督机制。加强人民检察院对逮捕后羁押必要性的审查,规范非羁押性强制措施的适用。进一步规范和加强人民检察院对人民法院确有错误的刑事判决和裁定的抗诉工作,保证刑事抗诉的及时性、准确性和全面性。

十七、健全当事人、辩护人和其他诉讼参与人的权利保障制度。

依法保障当事人和其他诉讼参与人的知情权、陈述权、辩论辩护权、申请权、申诉权。犯罪嫌疑人、被告人有权获得辩护,人民法院、人民检察院、公安机关、国家安全机关有义务保证犯罪嫌疑人、被告人获得辩护。

依法保障辩护人会见、阅卷、收集证据和发问、质证、辩论辩护等权利,完善便利辩护人参与诉讼的工作机制。

十八、辩护人或者其他任何人,不得帮助犯罪嫌疑人、被告人隐匿、毁灭、伪造证据或者串供,不得威胁、引诱证人作伪证以及进行其他干扰司法机关诉讼活动的行为。对于实施上述行为的,应当依法追究法律责任。

十九、当事人、诉讼参与人和旁听人员在庭审活动中应当服从审判长或独任审判员的指挥,遵守法庭纪律。对扰乱法庭秩序、危及法庭安全等违法行为,应当依法处理;构成犯罪的,依法追究刑事责任。

二十、建立法律援助值班律师制度,法律援助机构在看守所、人民法院派驻值班律师,为犯罪嫌疑人、被告人提供法律帮助。

完善法律援助制度,健全依申请法律援助工作机制和办案机关通知辩护工作机制。对未履行通知或者指派辩护职责的办案人员,严格实行责任追究。

二十一、推进案件繁简分流,优化司法资源配置。完善刑事案件速裁程序和认罪认罚从宽制度,对案件事实清楚、证据充分的轻微刑事案件,或者犯罪嫌疑人、被告人自愿认罪认罚的,可以适用速裁程序、简易程序或者普通程序简化审理。

附录三　中华人民共和国人民法院法庭规则

（1993 年 11 月 26 日最高人民法院审判委员会第 617 次会议通过，根据 2015 年 12 月 21 日最高人民法院审判委员会第 1673 次会议通过的《最高人民法院关于修改〈中华人民共和国人民法院法庭规则〉的决定》修正）

（法释〔2016〕7 号）

第一条　为了维护法庭安全和秩序，保障庭审活动正常进行，保障诉讼参与人依法行使诉讼权利，方便公众旁听，促进司法公正，彰显司法权威，根据《中华人民共和国人民法院组织法》《中华人民共和国刑事诉讼法》《中华人民共和国民事诉讼法》《中华人民共和国行政诉讼法》等有关法律规定，制定本规则。

第二条　法庭是人民法院代表国家依法审判各类案件的专门场所。

法庭正面上方应当悬挂国徽。

第三条　法庭分设审判活动区和旁听区，两区以栏杆等进行隔离。

审理未成年人案件的法庭应当根据未成年人身心发展特点设置区域和席位。

有新闻媒体旁听或报道庭审活动时，旁听区可以设置专门的媒体记者席。

第四条　刑事法庭可以配置同步视频作证室，供依法应当保护或其他确有保护必要的证人、鉴定人、被害人在庭审作证时使用。

第五条　法庭应当设置残疾人无障碍设施；根据需要配备合议庭合议室，检察人员、律师及其他诉讼参与人休息室，被告人羁押室等附属场所。

第六条　进入法庭的人员应当出示有效身份证件，并接受人身及携带物品的安全检查。

持有效工作证件和出庭通知履行职务的检察人员、律师可以通过专门通道进入法庭。需要安全检查的，人民法院对检察人员和律师平等对待。

第七条　除经人民法院许可，需要在法庭上出示的证据外，下列物品不得携带进入法庭：

（一）枪支、弹药、管制刀具以及其他具有杀伤力的器具；

（二）易燃易爆物、疑似爆炸物；

（三）放射性、毒害性、腐蚀性、强气味性物质以及传染病病原体；

（四）液体及胶状、粉末状物品；

（五）标语、条幅、传单；

（六）其他可能危害法庭安全或妨害法庭秩序的物品。

第八条　人民法院应当通过官方网站、电子显示屏、公告栏等向公众公开各法庭的编号、具体位置以及旁听席位数量等信息。

第九条　公开的庭审活动，公民可以旁听。

旁听席位不能满足需要时，人民法院可以根据申请的先后顺序或者通过抽签、摇号等方式发放旁听证，但应当优先安排当事人的近亲属或其他与案件有利害关系的人旁听。

下列人员不得旁听：

（一）证人、鉴定人以及准备出庭提出意见的有专门知识的人；

（二）未获得人民法院批准的未成年人；

（三）拒绝接受安全检查的人；

（四）醉酒的人、精神病人或其他精神状态异常的人；

（五）其他有可能危害法庭安全或妨害法庭秩序的人。

依法有可能封存犯罪记录的公开庭审活动,任何单位或个人不得组织人员旁听。

依法不公开的庭审活动,除法律另有规定外,任何人不得旁听。

第十条　人民法院应当对庭审活动进行全程录像或录音。

第十一条　依法公开进行的庭审活动,具有下列情形之一的,人民法院可以通过电视、互联网或其他公共媒体进行图文、音频、视频直播或录播:

(一)公众关注度较高;

(二)社会影响较大;

(三)法治宣传教育意义较强。

第十二条　出庭履行职务的人员,按照职业着装规定着装。但是,具有下列情形之一的,着正装:

(一)没有职业着装规定;

(二)侦查人员出庭作证;

(三)所在单位系案件当事人。

非履行职务的出庭人员及旁听人员,应当文明着装。

第十三条　刑事在押被告人或上诉人出庭受审时,着正装或便装,不着监管机构的识别服。

人民法院在庭审活动中不得对被告人或上诉人使用戒具,但认为其人身危险性大,可能危害法庭安全的除外。

第十四条　庭审活动开始前,书记员应当宣布本规则第十七条规定的法庭纪律。

第十五条　审判人员进入法庭以及审判长或独任审判员宣告判决、裁定、决定时,全体人员应当起立。

第十六条　人民法院开庭审判案件应当严格按照法律规定的诉讼程序进行。

审判人员在庭审活动中应当平等对待诉讼各方。

第十七条　全体人员在庭审活动中应当服从审判长或独任审判员的指挥，尊重司法礼仪，遵守法庭纪律，不得实施下列行为：

（一）鼓掌、喧哗；

（二）吸烟、进食；

（三）拨打或接听电话；

（四）对庭审活动进行录音、录像、拍照或使用移动通信工具等传播庭审活动；

（五）其他危害法庭安全或妨害法庭秩序的行为。

检察人员、诉讼参与人发言或提问，应当经审判长或独任审判员许可。

旁听人员不得进入审判活动区，不得随意站立、走动，不得发言和提问。

媒体记者经许可实施第一款第四项规定的行为，应当在指定的时间及区域进行，不得影响或干扰庭审活动。

第十八条　审判长或独任审判员主持庭审活动时，依照规定使用法槌。

第十九条　审判长或独任审判员对违反法庭纪律的人员应当予以警告；对不听警告的，予以训诫；对训诫无效的，责令其退出法庭；对拒不退出法庭的，指令司法警察将其强行带出法庭。

行为人违反本规则第十七条第一款第四项规定的，人民法院可以暂扣其使用的设备及存储介质，删除相关内容。

第二十条　行为人实施下列行为之一，危及法庭安全或扰乱法庭秩序的，根据相关法律规定，予以罚款、拘留；构成犯罪的，依法追究其刑事责任：

（一）非法携带枪支、弹药、管制刀具或者爆炸性、易燃性、放射性、毒害性、腐蚀性物品以及传染病病原体进入法庭；

（二）哄闹、冲击法庭；

（三）侮辱、诽谤、威胁、殴打司法工作人员或诉讼参与人；

（四）毁坏法庭设施，抢夺、损毁诉讼文书、证据；

（五）其他危害法庭安全或扰乱法庭秩序的行为。

第二十一条　司法警察依照审判长或独任审判员的指令维持法庭秩序。

出现危及法庭内人员人身安全或者严重扰乱法庭秩序等紧急情况时，司法警察可以直接采取必要的处置措施。

人民法院依法对违反法庭纪律的人采取的扣押物品、强行带出法庭以及罚款、拘留等强制措施，由司法警察执行。

第二十二条　人民检察院认为审判人员违反本规则的，可以在庭审活动结束后向人民法院提出处理建议。

诉讼参与人、旁听人员认为审判人员、书记员、司法警察违反本规则的，可以在庭审活动结束后向人民法院反映。

第二十三条　检察人员违反本规则的，人民法院可以向人民检察院通报情况并提出处理建议。

第二十四条　律师违反本规则的，人民法院可以向司法行政机关及律师协会通报情况并提出处理建议。

第二十五条　人民法院进行案件听证、国家赔偿案件质证、网络视频远程审理以及在法院以外的场所巡回审判等，参照适用本规则。

第二十六条　外国人、无国籍人旁听庭审活动，外国媒体记者报道庭审活动，应当遵守本规则。

第二十七条　本规则自 2016 年 5 月 1 日起施行；最高人民法院此前发布的司法解释及规范性文件与本规则不一致的，以本规则为准。

附录四 司法部关于进一步规范和完善司法鉴定人出庭作证活动的指导意见

（司规〔2020〕2 号）

各省、自治区、直辖市司法厅（局），新疆生产建设兵团司法局：

为了规范和指导司法行政机关登记管理的司法鉴定人出庭作证活动，保障诉讼活动的顺利进行，根据《全国人民代表大会常务委员会关于司法鉴定管理问题的决定》和有关法律、法规的规定，制定本指导意见。

一、本指导意见所称的司法鉴定人出庭作证是指经司法行政机关审核登记，取得《司法鉴定人执业证》的司法鉴定人经人民法院依法通知，在法庭上对自己作出的鉴定意见，从鉴定依据、鉴定步骤、鉴定方法、可靠程度等方面进行解释和说明，并在法 庭上当面回答质询和提问的行为。

二、人民法院出庭通知已指定出庭作证鉴定人的，要由被指定的鉴定人出庭作证；未指定出庭作证的鉴定人时，由鉴定机构指定一名或多名在司法鉴定意见书上签名的鉴定人出庭作证。

司法鉴定机构要为鉴定人出庭提供必要条件。

三、人民法院通知鉴定人到庭作证后，有下列情形之一的，鉴定人可以向人民法院提出不到庭书面申请：

（一）未按照法定时限通知到庭的；

（二）因健康原因不能到庭的；

（三）路途特别遥远，交通不便难以到庭的；

（四）因自然灾害等不可抗力不能到庭的；

（五）有其他正当理由不能到庭的。

经人民法院同意，未到庭的鉴定人可以提交书面答复或者说明，或者使用视频传输等技术作证。

四、鉴定人出庭前，要做好如下准备工作：

（一）了解、查阅与鉴定事项有关的情况和资料；

（二）了解出庭的相关信息和质证的争议焦点；

（三）准备需要携带的有助于说明鉴定的辅助器材和设备；

（四）其他需要准备的工作。

五、鉴定人出庭要做到：

（一）遵守法律、法规，恪守职业道德，实事求是，尊重科学，尊重事实；

（二）按时出庭，举止文明，遵守法庭纪律；

（三）配合法庭质证，如实回答与鉴定有关的问题；

（四）妥善保管出庭所需的鉴定材料、样本和鉴定档案资料；

（五）所回答问题涉及执业活动中知悉的国家秘密、商业秘密和个人隐私的，应当向人民法院阐明；经人民法院许可的，应当如实回答；

（六）依法应当做到的其他事项。

六、鉴定人到庭作证时，要按照人民法院的要求，携带本人身份证件、司法鉴定人执业证和人民法院出庭通知等材料，并在法庭指定的鉴定人席就座。

七、在出庭过程中，鉴定人遇有下列情形的，可以及时向人民法院提出请求：

（一）认为本人或者其近亲属的人身安全面临危险，需要请求保护的；

（二）受到诉讼参与人或者其他人以言语或者行为进行侮辱、诽谤，需要予以制止的。

八、鉴定人出庭作证时，要如实回答涉及下列内容的问题：

（一）与本人及其所执业鉴定机构执业资格和执业范围有关的问题；

（二）与鉴定活动及其鉴定意见有关的问题；

（三）其他依法应当回答的问题。

九、法庭质证中，鉴定人无法当庭回答质询或者提问的，经法庭同意，可以在庭后提交书面意见。

十、鉴定人退庭后，要对法庭笔录中鉴定意见的质证内容进行确认。

经确认无误的，应当签名；发现记录有差错的，可以要求补充或者改正。

十一、出庭结束后，鉴定机构要将鉴定人出庭作证相关材料归档。

十二、司法行政机关要监督、指导鉴定人依法履行出庭作证义务，定期或者不定期了解掌握鉴定人履行出庭作证义务情况。

十三、司法行政机关要健全完善与人民法院的衔接机制，加强鉴定人出庭作证信息共享，及时研究解决鉴定人出庭作证中的相关问题，保障鉴定人依法履行出庭作证义务。

十四、司法行政机关接到人民法院有关鉴定人无正当理由拒不出庭的通报、司法建议，或公民、法人和其他组织有关投诉、举报的，要依法进行调查处理。

在调查中发现鉴定人存在经人民法院依法通知，拒绝出庭作证情形的，要依法给予其停止从事司法鉴定业务三个月以上一年以下的处罚；情节严重的，撤销登记。

十五、司法鉴定行业协会要根据本指导意见，制定鉴定人出庭作证的行业规范，加强鉴定人出庭作证行业自律管理。

十六、本指导意见自公布之日起实施。

司法部

2020年5月14日

附录五　司法鉴定程序通则

（司法部令第107号）

第一章　总　　则

第一条　为了规范司法鉴定机构和司法鉴定人的司法鉴定活动，保障司法鉴定质量，保障诉讼活动的顺利进行，根据《全国人民代表大会常务委员会关于司法鉴定管理问题的决定》和有关法律、法规的规定，制定本通则。

第二条　司法鉴定是指在诉讼活动中鉴定人运用科学技术或者专门知识对诉讼涉及的专门性问题进行鉴别和判断并提供鉴定意见的活动。司法鉴定程序是指司法鉴定机构和司法鉴定人进行司法鉴定活动的方式、步骤以及相关规则的总称。

第三条　本通则适用于司法鉴定机构和司法鉴定人从事各类司法鉴定业务的活动。

第四条　司法鉴定机构和司法鉴定人进行司法鉴定活动，应当遵守法律、法规、规章，遵守职业道德和执业纪律，尊重科学，遵守技术操作规范。

第五条　司法鉴定实行鉴定人负责制度。司法鉴定人应当依法独立、客观、公正地进行鉴定，并对自己作出的鉴定意见负责。司法鉴定人不得违反规定会见诉讼当事人及其委托的人。

第六条　司法鉴定机构和司法鉴定人应当保守在执业活动中知悉的国家秘密、商业秘密，不得泄露个人隐私。

第七条　司法鉴定人在执业活动中应当依照有关诉讼法律和本通则规定实行回避。

第八条　司法鉴定收费执行国家有关规定。

第九条　司法鉴定机构和司法鉴定人进行司法鉴定活动应当依法接受监督。对于有违反有关法律、法规、规章规定行为的，由司法行政机关依法给予相应的行政处罚；对于有违反司法鉴定行业规范行为的，由司法鉴定协会给予相应的行业处分。

第十条　司法鉴定机构应当加强对司法鉴定人执业活动的管理和监督。司法鉴定人违反本通则规定的，司法鉴定机构应当予以纠正。

第二章　司法鉴定的委托与受理

第十一条　司法鉴定机构应当统一受理办案机关的司法鉴定委托。

第十二条　委托人委托鉴定的，应当向司法鉴定机构提供真实、完整、充分的鉴定材料，并对鉴定材料的真实性、合法性负责。司法鉴定机构应当核对并记录鉴定材料的名称、种类、数量、性状、保存状况、收到时间等。

诉讼当事人对鉴定材料有异议的，应当向委托人提出。

本通则所称鉴定材料包括生物检材和非生物检材、比对样本材料以及其他与鉴定事项有关的鉴定资料。

第十三条　司法鉴定机构应当自收到委托之日起七个工作日内作出是否受理的决定。对于复杂、疑难或者特殊鉴定事项的委托，司法鉴定机构可以与委托人协商决定受理的时间。

第十四条　司法鉴定机构应当对委托鉴定事项、鉴定材料等进行审查。对属于本机构司法鉴定业务范围，鉴定用途合法，提供的鉴定材料能够满足鉴定需要的，应当受理。

对于鉴定材料不完整、不充分，不能满足鉴定需要的，司法鉴定机构可以要求委托人补充；经补充后能够满足鉴定需要的，应当受理。

第十五条　具有下列情形之一的鉴定委托，司法鉴定机构不得受理：

（一）委托鉴定事项超出本机构司法鉴定业务范围的；

（二）发现鉴定材料不真实、不完整、不充分或者取得方式不合法的；

（三）鉴定用途不合法或者违背社会公德的；

（四）鉴定要求不符合司法鉴定执业规则或者相关鉴定技术规范的；

（五）鉴定要求超出本机构技术条件或者鉴定能力的；

（六）委托人就同一鉴定事项同时委托其他司法鉴定机构进行鉴定的；

（七）其他不符合法律、法规、规章规定的情形。

第十六条　司法鉴定机构决定受理鉴定委托的，应当与委托人签订司法鉴定委托书。司法鉴定委托书应当载明委托人名称、司法鉴定机构名称、委托鉴定事项、是否属于重新鉴定、鉴定用途、与鉴定有关的基本案情、鉴定材料的提供和退还、鉴定风险，以及双方商定的鉴定时限、鉴定费用及收取方式、双方权利义务等其他需要载明的事项。

第十七条　司法鉴定机构决定不予受理鉴定委托的，应当向委托人说明理由，退还鉴定材料。

第三章　司法鉴定的实施

第十八条　司法鉴定机构受理鉴定委托后，应当指定本机构具有该鉴定事项执业资格的司法鉴定人进行鉴定。

委托人有特殊要求的，经双方协商一致，也可以从本机构中选择符合条件的司法鉴定人进行鉴定。

委托人不得要求或者暗示司法鉴定机构、司法鉴定人按其意图或者特定目的提供鉴定意见。

第十九条　司法鉴定机构对同一鉴定事项，应当指定或者选择二名司法鉴定人进行鉴定；对复杂、疑难或者特殊鉴定事项，可以指定或者选择多名司法鉴定人进行鉴定。

第二十条 司法鉴定人本人或者其近亲属与诉讼当事人、鉴定事项涉及的案件有利害关系,可能影响其独立、客观、公正进行鉴定的,应当回避。

司法鉴定人曾经参加过同一鉴定事项鉴定的,或者曾经作为专家提供过咨询意见的,或者曾被聘请为有专门知识的人参与过同一鉴定事项法庭质证的,应当回避。

第二十一条 司法鉴定人自行提出回避的,由其所属的司法鉴定机构决定;委托人要求司法鉴定人回避的,应当向该司法鉴定人所属的司法鉴定机构提出,由司法鉴定机构决定。

委托人对司法鉴定机构作出的司法鉴定人是否回避的决定有异议的,可以撤销鉴定委托。

第二十二条 司法鉴定机构应当建立鉴定材料管理制度,严格监控鉴定材料的接收、保管、使用和退还。

司法鉴定机构和司法鉴定人在鉴定过程中应当严格依照技术规范保管和使用鉴定材料,因严重不负责任造成鉴定材料损毁、遗失的,应当依法承担责任。

第二十三条 司法鉴定人进行鉴定,应当依下列顺序遵守和采用该专业领域的技术标准、技术规范和技术方法:

(一)国家标准;

(二)行业标准和技术规范;

(三)该专业领域多数专家认可的技术方法。

第二十四条 司法鉴定人有权了解进行鉴定所需要的案件材料,可以查阅、复制相关资料,必要时可以询问诉讼当事人、证人。

经委托人同意,司法鉴定机构可以派员到现场提取鉴定材料。现场提取鉴定材料应当由不少于二名司法鉴定机构的工作人员进行,其中至少一名应为该鉴定事项的司法鉴定人。现场提取鉴定材料时,应当有委托人指派或者委托的人员在场见证并在提取记录上签名。

第二十五条　鉴定过程中,需要对无民事行为能力人或者限制民事行为能力人进行身体检查的,应当通知其监护人或者近亲属到场见证;必要时,可以通知委托人到场见证。

对被鉴定人进行法医精神病鉴定的,应当通知委托人或者被鉴定人的近亲属或者监护人到场见证。

对需要进行尸体解剖的,应当通知委托人或者死者的近亲属或者监护人到场见证。

到场见证人员应当在鉴定记录上签名。见证人员未到场的,司法鉴定人不得开展相关鉴定活动,延误时间不计入鉴定时限。

第二十六条　鉴定过程中,需要对被鉴定人身体进行法医临床检查的,应当采取必要措施保护其隐私。

第二十七条　司法鉴定人应当对鉴定过程进行实时记录并签名。记录可以采取笔记、录音、录像、拍照等方式。记录应当载明主要的鉴定方法和过程,检查、检验、检测结果,以及仪器设备使用情况等。记录的内容应当真实、客观、准确、完整、清晰,记录的文本资料、音像资料等应当存入鉴定档案。

第二十八条　司法鉴定机构应当自司法鉴定委托书生效之日起三十个工作日内完成鉴定。

鉴定事项涉及复杂、疑难、特殊技术问题或者鉴定过程需要较长时间的,经本机构负责人批准,完成鉴定的时限可以延长,延长时限一般不得超过三十个工作日。鉴定时限延长的,应当及时告知委托人。

司法鉴定机构与委托人对鉴定时限另有约定的,从其约定。

在鉴定过程中补充或者重新提取鉴定材料所需的时间,不计入鉴定时限。

第二十九条　司法鉴定机构在鉴定过程中,有下列情形之一的,可以终止鉴定:

(一)发现有本通则第十五条第二项至第七项规定情形的;

(二)鉴定材料发生耗损,委托人不能补充提供的;

（三）委托人拒不履行司法鉴定委托书规定的义务、被鉴定人拒不配合或者鉴定活动受到严重干扰，致使鉴定无法继续进行的；

（四）委托人主动撤销鉴定委托，或者委托人、诉讼当事人拒绝支付鉴定费用的；

（五）因不可抗力致使鉴定无法继续进行的；

（六）其他需要终止鉴定的情形。

终止鉴定的，司法鉴定机构应当书面通知委托人，说明理由并退还鉴定材料。

第三十条 有下列情形之一的，司法鉴定机构可以根据委托人的要求进行补充鉴定：

（一）原委托鉴定事项有遗漏的；

（二）委托人就原委托鉴定事项提供新的鉴定材料的；

（三）其他需要补充鉴定的情形。

补充鉴定是原委托鉴定的组成部分，应当由原司法鉴定人进行。

第三十一条 有下列情形之一的，司法鉴定机构可以接受办案机关委托进行重新鉴定：

（一）原司法鉴定人不具有从事委托鉴定事项执业资格的；

（二）原司法鉴定机构超出登记的业务范围组织鉴定的；

（三）原司法鉴定人应当回避没有回避的；

（四）办案机关认为需要重新鉴定的；

（五）法律规定的其他情形。

第三十二条 重新鉴定应当委托原司法鉴定机构以外的其他司法鉴定机构进行；因特殊原因，委托人也可以委托原司法鉴定机构进行，但原司法鉴定机构应当指定原司法鉴定人以外的其他符合条件的司法鉴定人进行。

接受重新鉴定委托的司法鉴定机构的资质条件应当不低于原司法鉴定机构，进行重新鉴定的司法鉴定人中应当至少有一名具有相关专业高级专业技术职称。

第三十三条　鉴定过程中，涉及复杂、疑难、特殊技术问题的，可以向本机构以外的相关专业领域的专家进行咨询，但最终的鉴定意见应当由本机构的司法鉴定人出具。

专家提供咨询意见应当签名，并存入鉴定档案。

第三十四条　对于涉及重大案件或者特别复杂、疑难、特殊技术问题或者多个鉴定类别的鉴定事项，办案机关可以委托司法鉴定行业协会组织协调多个司法鉴定机构进行鉴定。

第三十五条　司法鉴定人完成鉴定后，司法鉴定机构应当指定具有相应资质的人员对鉴定程序和鉴定意见进行复核；对于涉及复杂、疑难、特殊技术问题或者重新鉴定的鉴定事项，可以组织三名以上的专家进行复核。

复核人员完成复核后，应当提出复核意见并签名，存入鉴定档案。

第四章　司法鉴定意见书的出具

第三十六条　司法鉴定机构和司法鉴定人应当按照统一规定的文本格式制作司法鉴定意见书。

第三十七条　司法鉴定意见书应当由司法鉴定人签名。多人参加的鉴定，对鉴定意见有不同意见的，应当注明。

第三十八条　司法鉴定意见书应当加盖司法鉴定机构的司法鉴定专用章。

第三十九条　司法鉴定意见书应当一式四份，三份交委托人收执，一份由司法鉴定机构存档。司法鉴定机构应当按照有关规定或者与委托人约定的方式，向委托人发送司法鉴定意见书。

第四十条　委托人对鉴定过程、鉴定意见提出询问的，司法鉴定机构和司法鉴定人应当给予解释或者说明。

第四十一条　司法鉴定意见书出具后，发现有下列情形之一的，司法鉴定机构可以进行补正：

(一)图像、谱图、表格不清晰的；

(二)签名、盖章或者编号不符合制作要求的；

(三)文字表达有瑕疵或者错别字,但不影响司法鉴定意见的。

补正应当在原司法鉴定意见书上进行,由至少一名司法鉴定人在补正处签名。必要时,可以出具补正书。

对司法鉴定意见书进行补正,不得改变司法鉴定意见的原意。

第四十二条 司法鉴定机构应当按照规定将司法鉴定意见书以及有关资料整理立卷、归档保管。

第五章 司法鉴定人出庭作证

第四十三条 经人民法院依法通知,司法鉴定人应当出庭作证,回答与鉴定事项有关的问题。

第四十四条 司法鉴定机构接到出庭通知后,应当及时与人民法院确认司法鉴定人出庭的时间、地点、人数、费用、要求等。

第四十五条 司法鉴定机构应当支持司法鉴定人出庭作证,为司法鉴定人依法出庭提供必要条件。

第四十六条 司法鉴定人出庭作证,应当举止文明,遵守法庭纪律。

第六章 附 则

第四十七条 本通则是司法鉴定机构和司法鉴定人进行司法鉴定活动应当遵守和采用的一般程序规则,不同专业领域对鉴定程序有特殊要求的,可以依据本通则制定鉴定程序细则。

第四十八条 本通则所称办案机关,是指办理诉讼案件的侦查机关、审查起诉机关和审判机关。

第四十九条 在诉讼活动之外,司法鉴定机构和司法鉴定人依法开展相关鉴定业务的,参照本通则规定执行。

第五十条　本通则自 2016 年 5 月 1 日起施行。司法部 2007 年 8 月 7 日发布的《司法鉴定程序通则》(司法部第 107 号令)同时废止。

附录六　最高人民法院关于人民法院民事诉讼中委托鉴定审查工作若干问题的规定

（法〔2020〕202 号）

为进一步规范民事诉讼中委托鉴定工作，促进司法公正，根据《中华人民共和国民事诉讼法》《最高人民法院关于适用〈中华人民共和国民事诉讼法〉的解释》《最高人民法院关于民事诉讼证据的若干规定》等法律、司法解释的规定，结合人民法院工作实际，制定本规定。

一、对鉴定事项的审查

1. 严格审查拟鉴定事项是否属于查明案件事实的专门性问题，有下列情形之一的，人民法院不予委托鉴定：

（1）通过生活常识、经验法则可以推定的事实；

（2）与待证事实无关联的问题；

（3）对证明待证事实无意义的问题；

（4）应当由当事人举证的非专门性问题；

（5）通过法庭调查、勘验等方法可以查明的事实；

（6）对当事人责任划分的认定；

（7）法律适用问题；

（8）测谎；

（9）其他不适宜委托鉴定的情形。

2. 拟鉴定事项所涉鉴定技术和方法争议较大的,应当先对其鉴定技术和方法的科学可靠性进行审查。所涉鉴定技术和方法没有科学可靠性的,不予委托鉴定。

二、对鉴定材料的审查

3. 严格审查鉴定材料是否符合鉴定要求,人民法院应当告知当事人不提供符合要求鉴定材料的法律后果。

4. 未经法庭质证的材料(包括补充材料),不得作为鉴定材料。

当事人无法联系、公告送达或当事人放弃质证的,鉴定材料应当经合议庭确认。

5. 对当事人有争议的材料,应当由人民法院予以认定,不得直接交由鉴定机构、鉴定人选用。

三、对鉴定机构的审查

6. 人民法院选择鉴定机构,应当根据法律、司法解释等规定,审查鉴定机构的资质、执业范围等事项。

7. 当事人协商一致选择鉴定机构的,人民法院应当审查协商选择的鉴定机构是否具备鉴定资质及符合法律、司法解释等规定。发现双方当事人的选择有可能损害国家利益、集体利益或第三方利益的,应当终止协商选择程序,采用随机方式选择。

8. 人民法院应当要求鉴定机构在接受委托后 5 个工作日内,提交鉴定方案、收费标准、鉴定人情况和鉴定人承诺书。

重大、疑难、复杂鉴定事项可适当延长提交期限。

鉴定人拒绝签署承诺书的,人民法院应当要求更换鉴定人或另行委托鉴定机构。

四、对鉴定人的审查

9. 人民法院委托鉴定机构指定鉴定人的,应当严格依照法律、司法解释等规定,对鉴定人的专业能力、从业经验、业内评价、执业范围、鉴定资格、资质证书有效期以及是否有依法回避的情形等进行审查。

特殊情形人民法院直接指定鉴定人的,依照前款规定进行审查。

五、对鉴定意见书的审查

10. 人民法院应当审查鉴定意见书是否具备《最高人民法院关于民事诉讼证据的若干规定》第三十六条规定的内容。

11. 鉴定意见书有下列情形之一的,视为未完成委托鉴定事项,人民法院应当要求鉴定人补充鉴定或重新鉴定:

(1)鉴定意见和鉴定意见书的其他部分相互矛盾的;

(2)同一认定意见使用不确定性表述的;

(3)鉴定意见书有其他明显瑕疵的。

补充鉴定或重新鉴定仍不能完成委托鉴定事项的,人民法院应当责令鉴定人退回已经收取的鉴定费用。

六、加强对鉴定活动的监督

12. 人民法院应当向当事人释明不按期预交鉴定费用及鉴定人出庭费用的法律后果,并对鉴定机构、鉴定人收费情况进行监督。

公益诉讼可以申请暂缓交纳鉴定费用和鉴定人出庭费用。

符合法律援助条件的当事人可以申请暂缓或减免交纳鉴定费用和鉴定人出庭费用。

13. 人民法院委托鉴定应当根据鉴定事项的难易程度、鉴定材料准备情况,确定合理的鉴定期限,一般案件鉴定时限不超过30个工作日,重大、疑难、复杂案件鉴定时限不超过60个工作日。

鉴定机构、鉴定人因特殊情况需要延长鉴定期限的,应当提出书面申请,人民法院可以根据具体情况决定是否延长鉴定期限。

鉴定人未按期提交鉴定书的,人民法院应当审查鉴定人是否存在正当理由。如无正当理由且人民法院准许当事人申请另行委托鉴定的,应当责令原鉴定机构、鉴定人退回已经收取的鉴定费用。

14. 鉴定机构、鉴定人超范围鉴定、虚假鉴定、无正当理由拖延鉴定、拒不出庭作证、违规收费以及有其他违法违规情形的,人民法院可以根据情节轻重,对鉴定机构、鉴定人予以暂停委托、责令退还鉴定费用、从人民法院委托鉴定专业机构、专业人员备选名单中除名等惩戒,并向行政主管部门或者行业协会发出司法建议。鉴定机构、鉴定人存在违法犯罪情形的,人民法院应当将有关线索材料移送公安、检察机关处理。

人民法院建立鉴定人黑名单制度。鉴定机构、鉴定人有前款情形的,可列入鉴定人黑名单。鉴定机构、鉴定人被列入黑名单期内,不得进入人民法院委托鉴定专业机构、专业人员备选名单和相关信息平台。

15. 人民法院应当充分运用委托鉴定信息平台加强对委托鉴定工作的管理。

16. 行政诉讼中人民法院委托鉴定,参照适用本规定。

17. 本规定自 2020 年 9 月 1 日起施行。

附件

鉴定人承诺书(试行)

本人接受人民法院委托,作为诉讼参与人参加诉讼活动,依照国家法律法规和人民法院相关规定完成本次司法鉴定活动,承诺如下:

一、遵循科学、公正和诚实原则,客观、独立地进行鉴定,保证鉴定意见不受当事人、代理人或其他第三方的干扰。

二、廉洁自律,不接受当事人、诉讼代理人及其请托人提供的财物、宴请或其他利益。

三、自觉遵守有关回避的规定，及时向人民法院报告可能影响鉴定意见的各种情形。

四、保守在鉴定活动中知悉的国家秘密、商业秘密和个人隐私，不利用鉴定活动中知悉的国家秘密、商业秘密和个人隐私获取利益，不向无关人员泄露案情及鉴定信息。

五、勤勉尽责，遵照相关鉴定管理规定及技术规范，认真分析判断专业问题，独立进行检验、测算、分析、评定并形成鉴定意见，保证不出具虚假或误导性鉴定意见；妥善保管、保存、移交相关鉴定材料，不因自身原因造成鉴定材料污损、遗失。

六、按照规定期限和人民法院要求完成鉴定事项，如遇特殊情形不能如期完成的，应当提前向人民法院申请延期。

七、保证依法履行鉴定人出庭作证义务，做好鉴定意见的解释及质证工作。

本人已知悉违反上述承诺将承担的法律责任及行业主管部门、人民法院给予的相应处理后果。

承诺人：（签名）

鉴定机构：（盖章）

年　　月　　日

附录七　司法鉴定文书格式

司法部关于印发
司法鉴定文书格式的通知

司发通〔2016〕112 号

各省、自治区、直辖市司法厅(局),新疆生产建设兵团司法局:

为贯彻执行《全国人民代表大会常务委员会关于司法鉴定管理问题的决定》和修订后的《司法鉴定程序通则》(司法部令第 132 号),司法部制定了《司法鉴定委托书》等 7 种文书格式,现予印发,自 2017 年 3 月 1 日起执行。2007 年 11 月 1 日印发的《司法部关于印发〈司法鉴定文书规范〉和〈司法鉴定协议书(示范文本)〉的通知》(司发通〔2007〕71 号)同时废止。

司法部

2016 年 11 月 21 日

附件

司法鉴定文书格式
目录及样本

1. 司法鉴定委托书
2. 司法鉴定意见书
3. 延长鉴定时限告知书

4. 终止鉴定告知书

5. 司法鉴定复核意见

6. 司法鉴定意见补正书

7. 司法鉴定告知书

文书1

司法鉴定委托书

编号：

委托人		联系人（电话）	
联系地址		承办人	
司法鉴定机　　构	名　　称： 地　　址：　　邮　　编： 联 系 人：　　联系电话：		
委　　托鉴定事项			
是否属于重新鉴定			
鉴定用途			
与鉴定有关的基本案情			
鉴定材料			

续表

<table>
<tr><td rowspan="2">预计费用
及收取方式</td><td>预计收费总金额：¥：______________，大写：________________________。</td></tr>
<tr><td></td></tr>
<tr><td>司法鉴定意见
书发送方式</td><td>□自取
□邮寄　地址：
□其他方式（说明）</td></tr>
<tr><td colspan="2">约定事项：
1.（1）关于鉴定材料：
□所有鉴定材料无需退还。
□鉴定材料须完整、无损坏地退还委托人。
□因鉴定需要，鉴定材料可能会损坏、耗尽，导致无法完整退还。
□对保管和使用鉴定材料的特殊要求：____________________。
（2）关于剩余鉴定材料：
□委托人于______周内自行取回。委托人未按时取回的，鉴定机构有权自行处理。
□鉴定机构自行处理。如需要发生处理费的，按有关收费标准或协商收取______元处理费。
□其他方式：

2. 鉴定时限：
□______年____月____日之前完成鉴定，提交司法鉴定意见书。
□从该委托书生效之日起__________个工作日内完成鉴定，提交司法鉴定意见书。
注：鉴定过程中补充或者重新提取鉴定材料所需的时间，不计入鉴定时限。

3. 需要回避的鉴定人：__________________，回避事由：________________。

4. 经双方协商一致，鉴定过程中可变更委托书内容。

5. 其他约定事项：</td></tr>
<tr><td>鉴定风险
提　　示</td><td>1. 鉴定意见属于专家的专业意见，是否被采信取决于办案机关的审查和判断，鉴定人和鉴定机构无权干涉；
2. 由于受鉴定材料或者其他因素限制，并非所有的鉴定都能得出明确的鉴定意见；
3. 鉴定活动遵循依法独立、客观、公正的原则，只对鉴定材料和案件事实负责，不会考虑是否有利于任何一方当事人。</td></tr>
</table>

续表

<table>
<tr><td>其他需要
说明的事项</td><td colspan="2"></td></tr>
<tr><td colspan="2">委托人
（承办人签名或者盖章）
×年×月×日</td><td>司法鉴定机构
（签名、盖章）
×年×月×日</td></tr>
</table>

注：

1.“编号”由司法鉴定机构缩略名、年份、专业缩略语及序号组成。

2.“委托鉴定事项”用于描述需要解决的专门性问题。

3.在“鉴定材料”一项，应当记录鉴定材料的名称、种类、数量、性状、保存状况、收到时间等，如果鉴定材料较多，可另附《鉴定材料清单》。

4.关于“预计费用及收取方式”，应当列出费用计算方式；概算的鉴定费和其他费用，其中其他费用应尽量列明所有可能的费用，如现场提取鉴定材料时发生的差旅费等；费用收取方式、结算方式，如预收、后付或按照约定方式和时间支付费用；退还鉴定费的情形等。

5.在“鉴定风险提示”一项，鉴定机构可增加其他的风险告知内容，有必要的，可另行签订风险告知书。

文书 2

×××司法鉴定中心(所)
司法鉴定意见书

司法鉴定机构许可证号:________________

声　明

1. 司法鉴定机构和司法鉴定人根据法律、法规和规章的规定,按照鉴定的科学规律和技术操作规范,依法独立、客观、公正进行鉴定并出具鉴定意见,不受任何个人或者组织的非法干预。

2. 司法鉴定意见书是否作为定案或者认定事实的根据,取决于办案机关的审查判断,司法鉴定机构和司法鉴定人无权干涉。

3. 使用司法鉴定意见书,应当保持其完整性和严肃性。

4. 鉴定意见属于鉴定人的专业意见。当事人对鉴定意见有异议,应当通过庭审质证或者申请重新鉴定、补充鉴定等方式解决。

地　　址:××省××市××路××号(邮政编码:000000)

联系电话:000－00000000

×××司法鉴定中心(所)

司法鉴定意见书

编号:（司法鉴定专用章）

一、基本情况

二、基本案情

三、资料摘要

四、鉴定过程

五、分析说明

六、鉴定意见

七、附件

司法鉴定人签名(打印文本和亲笔签名)

及《司鉴定人执业证》证号(司法鉴定专用章)

×年×月×日

共　　页第　　页

注：

1. 本司法鉴定意见书文书格式包含了司法鉴定意见书的基本内容，各省级司法行政机关或司法鉴定协会可以根据不同专业的特点制定具体的格式，司法鉴定机构也可以根据实际情况作合理增减。

2. 关于"基本情况"，应当简要说明委托人、委托事项、受理日期、鉴定材料等情况。

3. 关于"资料摘要"，应当摘录与鉴定事项有关的鉴定资料，如法医鉴定的病史摘要等。

4. 关于"鉴定过程"，应当客观、详实、有条理地描述鉴定活动发生的过程，包括人员、时间、地点、内容、方法，鉴定材料的选取、使用，采用的技术标准、技术规范或者技术方法，检查、检验、检测所使用的仪器设备、方法和主要结果等。

5. 关于"分析说明"，应当详细阐明鉴定人根据有关科学理论知识，通过对鉴定材料，检查、检验、检测结果，鉴定标准，专家意见等进行鉴别、判断、综合分析、逻辑推理，得出鉴定意见的过程。要求有良好的科学性、逻辑性。

6. 司法鉴定意见书各页之间应当加盖司法鉴定专用章红印，作为骑缝章。司法鉴定专用章制作规格为：直径 4 厘米，中央刊五角星，五角星上方刊司法鉴定机构名称，自左向右呈环形；五角星下方刊司法鉴定专用章字样，自左向右横排。印文中的汉字应当使用国务院公布的简化字，字体为宋体。民族自治地区司法鉴定机构的司法鉴定专用章印文应当并列刊汉字和当地通用的少数民族文字。司法鉴定机构的司法鉴定专用章应当经登记管理机关备案后启用。

7. 司法鉴定意见书应使用 A4 纸，文内字体为 4 号仿宋，两端对齐，段首空两格，行间距一般为 1.5 倍。

文书3

×××司法鉴定中心(所)
延长鉴定时限告知书

(编号)______________

×××(委托人):

贵单位委托我中心(所)的___________鉴定一案,我中心(所)已受理(编号:___________)并开展了相关鉴定工作,现由于×××××××××(原因)无法在规定的时限内完成该鉴定,根据《司法鉴定程序通则》第二十八条的规定,经我中心(所)负责人批准,需延长鉴定时限________日,至×年×月×日。

联系人:×××;联系电话:×××。

特此告知。

×××司法鉴定中心(所)(公章)

×年×月×日

文书 4

×××司法鉴定中心(所)
终止鉴定告知书

(编号)＿＿＿＿＿＿

×××(委托人):

贵单位委托我中心(所)的＿＿＿＿＿＿鉴定一案,(编号:＿＿＿＿＿),现因××××××××(原因)致使鉴定工作无法继续进行。

根据《司法鉴定程序通则》第二十九条第(×)款"……(引原文)"之规定,我鉴定中心(所)决定终止此次鉴定工作。

请于×年×月×日前到我鉴定中心(所)办理退费、退还鉴定材料等手续。

联系人:×××;联系电话:×××。

特此告知。

××××司法鉴定中心(所)(公章)

×年×月×日

文书 5

××××司法鉴定中心(所)
司法鉴定复核意见

(编号)______________

一、基本情况:

(一)司法鉴定案件编号:

(二)司法鉴定人:

(三)司法鉴定意见:

二、复核意见:

(一)关于鉴定程序:

(二)关于鉴定意见:

复核人签名:

日期:×年×月×日

文书6

×××司法鉴定中心(所)
司法鉴定意见补正书

(编号)______________

×××(委托人):

根据贵单位委托,我中心(所)已完成______________鉴定并出具了司法鉴定意见书(编号:______________)。我中心(所)现发现该司法鉴定意见书存在以下不影响鉴定意见原意的瑕疵性问题,现予以补正:

1.(需补正的具体位置、补正理由及补正结果)

2.(需补正的具体位置、补正理由及补正结果)

3.(需补正的具体位置、补正理由及补正结果)

……

附件:(如补正后的图像、谱图、表格等)

司法鉴定人签名(打印文本和亲笔签名)

及《司鉴定人执业证》证号

×××司法鉴定中心(所)(司法鉴定专用章)

×年×月×日

文书 7

司法鉴定告知书

一、委托人委托司法鉴定，应提供真实、完整、充分、符合鉴定要求的鉴定材料，并提供案件有关情况。因委托人或当事人提供虚假信息、隐瞒真实情况或提供不实材料产生的不良后果，司法鉴定机构和司法鉴定人概不负责。

二、司法鉴定机构和司法鉴定人按照客观、独立、公正、科学的原则进行鉴定，委托人、当事人不得要求或暗示司法鉴定机构或司法鉴定人按其意图或者特定目的提供鉴定意见。

三、由于受到鉴定材料的限制以及其他客观条件的制约，司法鉴定机构和司法鉴定人有时无法得出明确的鉴定意见。

四、因鉴定工作的需要，可能会耗尽鉴定材料或者造成不可逆的损坏。

五、如果存在涉及鉴定活动的民族习俗等有关禁忌，请在鉴定工作开始前告知司法鉴定人。

六、因鉴定工作的需要，有下列情形的，需要委托人或者当事人近亲属、监护人到场见证并签名。现场见证时，不得影响鉴定工作的独立性，不得干扰鉴定工作正常开展。未经司法鉴定机构和司法鉴定人同意，不得拍照、摄像或者录音。

1. 需要对无民事行为能力人或者限制民事行为能力人进行身体检查

2. 需要对被鉴定人进行法医精神病鉴定

3. 需要到现场提取鉴定材料

4. 需要进行尸体解剖

七、因鉴定工作的需要，委托人或者当事人获悉国家秘密、商业秘密或者个人隐私的，应当保密。

八、鉴定意见属于专业意见，是否成为定案根据，由办案机关经审查判断后作出决定，司法鉴定机构和司法鉴定人无权干涉。

九、当事人对鉴定意见有异议，应当通过庭审质证或者申请重新鉴定、补充鉴定等方式解决。

十、有下列情形的，司法鉴定机构可以终止鉴定工作：

（一）发现鉴定材料不真实、不完整、不充分或者取得方式不合法的；

（二）鉴定用途不合法或者违背社会公德的；

（三）鉴定要求不符合司法鉴定执业规则或者相关鉴定技术规范的；

（四）鉴定要求超出本机构技术条件或者鉴定能力的；

（五）委托人就同一鉴定事项同时委托其他司法鉴定机构进行鉴定的；

（六）鉴定材料发生耗损，委托人不能补充提供的；

（七）委托人拒不履行司法鉴定委托书规定的义务、被鉴定人拒不配合或者鉴定活动受到严重干扰，致使鉴定无法继续进行的；

（八）委托人主动撤销鉴定委托，或者委托人、诉讼当事人拒绝支付鉴定费用的；

（九）因不可抗力致使鉴定无法继续进行的；

（十）其他不符合法律、法规、规章规定，需要终止鉴定的情形。

被告知人签名：

日期：×年×月×日

附录八 “司法鉴定人出庭作证”推荐阅读书目

1. 马玮玮等:《公安机关鉴定人出庭指南》,群众出版社 1999 年版。

2. 王进喜:《刑事证人证言论》,中国人民公安大学出版社 2002 年版。

3. 徐继军:《专家证人研究》,中国人民大学出版社 2004 年版。

4. 邹明理主编:《司法鉴定法律精要与依据指引》,人民出版社 2005 年版。

5. 周湘雄:《英美专家证人制度研究》,中国检察出版社 2006 年版。

6. 张军主编:《中国司法鉴定制度改革与完善研究》,中国政法大学出版社 2008 年版。

7. 郭华:《鉴定意见证明论:司法鉴定人出庭作证规则研究》,人民法院出版社 2008 年版。

8. 季美君:《专家证据制度比较研究》,北京大学出版社 2008 年版。

9. 刘晓丹:《论科学证据》,中国检察出版社 2010 年版。

10. 郭金霞等:《司法鉴定质量控制法律制度研究》,法律出版社 2011 年版。

11. 杜志淳等:《司法鉴定法立法研究》,法律出版社 2011 年版。

12. 常林:《司法鉴定专家辅助人制度研究》,中国政法大学出版社 2012 年版。

13. 美国国家科学院研究委员会:《美国法庭科学的加强之路》,王进喜等译,中国政法大学出版社 2012 年版。

14. 霍宪丹主编:《司法鉴定管理概论》,法律出版社 2014 年版。

15. 郭华:《专家辅助人制度的中国模式》,经济科学出版社 2015 年版。

16. 霍宪丹主编:《司法鉴定学》,中国政法大学出版社 2016 年版。

17. [美]汤玛斯・摩伊特:《诉讼技巧》,蔡秋明、方佳俊译,台北,商周出版社 2002 年版。

18. [美]威尔曼:《法庭对质的艺术》,林纪熹译,辽宁教育出版社 2005 年版。

附录九　司法鉴定典型案例

［**典型案例一**］

一、简要案情

××，女，42岁。××于2001年12月29日被机器绞伤，右前臂肿、痛伴流血半小时入住某市骨科医院，入院诊断为“右腕撕脱伤、右尺桡骨下1/3骨折、右尺骨茎突骨折”。入院当天行清创缝合术、神经、血管探查术。2002年1月22日再行“手法复位夹板、绷带外固定”，次日又重复“手法复位夹板、绷带外固定”，同年2月4日拍片回报示：右尺桡骨下段骨质横行断裂，远断端向外移位，侧位展显示远端重度移位。综合分析：目前该患者外伤未愈合，不忙行手术治疗。2002年3月1日患方要求出院（注：患方称因雇主不交费，被迫出院）。

××于2002年2月28日入住某市另一家医院住院治疗（技术级别低于第一家医院），入院诊断“右前臂脱套伤术后；右尺桡骨下1/3骨折（陈旧性右腕掌指关节僵硬）”。于2002年3月7日作了“切开复位内固定植骨术”，术后不久出院。

××于2004年6月7日入住某市第三家医院，入院诊断为“右前臂尺桡骨骨折术后”。于2004年6月9日行“骨折内固定取出术”。

现遗留右腕功能障碍。

二、资料摘要

患方认为第二家医院有过错，起诉至法院。一审、二审法院判决被告承担相关的民事赔偿责任，被告不服，向省高级人民法院申请再审，该法院指令市中级人民法院再审。现再审法院委托对本案进行重新鉴定。

市、省两级医学会的鉴定意见均为“本病例不属于医疗事故”。某医科大学法医司法鉴定中心的鉴定意见为“××目前右腕功能障碍的程度相当于七级伤残”。

采纳了骨科会诊医生的两点意见：(1)手术时，右桡骨骨折内固定材料选择的是克氏钢针(圆形的)，尺骨骨折是钢板。据其骨折部位及骨折生物学原理，选择克氏针固定不恰当。(2)受伤2个月后才来被告医院求治，非最佳的治疗时机。基于此，医方的责任宜酌减。

基于被告医院的技术级别为三级，较低，对其责任要求也要适度放宽。

三、鉴定意见

被告医院对××的诊疗行为有过错，为次要因素(30%左右)。

笔者和骨科会诊专家均认为第一家医院的过错比被告医院的过错要大，但患方未告第一家医院。鉴定询问会上，笔者试探了患者及家属对第一家医院的看法，发现患方对其颇有好感，故不便挑起新的医患纠纷，便遵循了法律“不告不理”的原则。为了保证患方的损失能够得到合理的挽回，特别在分析意见中单独提行写下一点：“对第一家医院对病人的处置有无过错不作评价。”

法院判决后，患方不满，直接到机构要找笔者撤回鉴定书。适逢笔者有事外出，同事打来电话，说有人来找，笔者问何事？同事将电话交患方亲自说，只听患方一阵凶吼：“你的鉴定书错了，必须撤回。”笔者回答：“开鉴定询问会时不是说好了不来直接找鉴定方吗？有意见走正常的法律程序吧。”对方又凶狠地说：“我们远道而来，你必须见我们”！笔者答：“不见，没有义务见。”后来机构负责人多次打电话要让笔者当面跟对方解释清楚，称被他们缠住不放，笔者不见，他就不能脱身。是哪个案件来闹，笔者都不知道，如何在电话上解释清楚？见面不能满足患方的要求又能怎样？所以笔者下午回机构后，躲开不见，直接上楼开会去了。后来机构负责人告诉笔者，他下午下班前送走了来者，答应他们让笔者给法院写个东西。笔者回答：“这不符合法律程序，不能这么迁就胡乱来闹的人。”

次日，笔者在来人留下的书面材料中知道了病人的姓名，找到了她的鉴定书。出于道义责任，笔者主动打电话给患方，想明示她可以向第一家医院主张权利，患者家属在电话那头又是很凶的腔调，命令笔者去跟法院说，她不管。笔者告诉她：“法律规定了不告不理，鉴定人和法院都无权插手。”她一听，又开始了怒吼，笔者扫兴地挂了电话。

原来同事们还以为笔者出了错误的鉴定书，一看鉴定书他们就明白了笔者的工作已经做得很到位了。几年后，患方向公安局报案，说笔者作伪证。

［**典型案例二**］

一、简要案情

××，男，14岁8个月。于2013年9月18日因发作性意识不清伴肢体抽搐13年余入住YY脑科医院，入院诊断为“难治性癫痫（复杂部分性发作，单纯部分性发作）；脑皮层发育不良；左额叶致痫灶切除术后”。于2013年11月20日在全麻下行左侧额中央区癫痫灶切除术。患方称术后癫痫症状没有改善，右侧肢体残疾，并器质性精神障碍，要求医方赔偿。

二、资料摘要

（一）YY脑科医院住院病历

1. 现病史

患者1岁3个月时突然摔倒在地、双眼圆瞪、流口水、头向后仰、面色发绀、右侧肢体僵硬，2～3分钟好转，15天后再次出现以上发作1次，就诊当地医院，先后服用德巴金、中药治疗，不久即停药，以后未再出现以上发作。起病数月后出现另外一种发作，表现为：双眼不停眨动、右侧肢体抽搐，伴意识不清、面色发绀、摔倒，无流口水，无全身抽搐，2～3分钟好转，服中药治疗，6～9月发作1次。2005年患者上述发作次数突然增多，1天发作3～10次，曾收住北京某医院治疗，出院诊断考虑：症状性癫痫（额叶癫痫，复杂部分性发作），脑皮层发育不良（左额叶中央）。开始服用德巴金＋奥卡西平治疗，无明显效果。以后发作形式再次发生改变，表现为：突然面部肌肉抖动，双眼向前凝视发呆，右手僵硬上举，1 分钟左右好转，每天发作次数大于 50 次，遂改用德巴金＋奥卡西平＋妥泰＋氯硝安定治疗，并慢慢加大剂量，数月后未再次发作。2006 年开始，患者无明显诱因出现全身抖动，右侧肢体似乎比较厉害，发作时患者能说话，能走路，但行动较前缓慢，神志始终保持清醒，症状时轻时重，每次发作 10 余分钟好转，开始 2～3 月出现一次，能照常上学。就诊外院，开始服用德巴金＋左乙拉西坦＋奥卡西平＋氯硝西泮治疗，服药后患者睡眠加多，精神变差，发作随之增多，开始每周 1 次，发作时间 1 小时至七八小时不等。2008 年 12 月患者就诊北京某脑科医院，行“左额叶致痫灶切除术”，术后仍服用以上 4 种药物治疗，但仍有以上发作，最开始 1～2 月发作 1 次，2009 年 10 月开始发作增多，每天均有发作 1 次至数次，每次持续时间数秒钟至半天左右，每次发作要连续反复 1 周左右方完全好转。患者 2010 年 3 月曾在我院住院治疗，曾加用加巴喷丁治疗，因未见明显效果而停用。现患者使用药物：德巴金（1250mg/d）＋左乙拉西坦（500mg/d）＋奥卡西平（1350mg/d）＋氯硝西泮（4mg/d）＋苯巴比妥（30mg/d）。2013 年 8 月以来患者发作增多，为进一步治疗，现患者求治我院，门诊以“癫痫”收住院。患者手术后智力有倒退表现，有多动表现，有时出现幻觉和头痛，看到老鼠或狗等不存在的东西，行为较手术前明显幼稚，易发脾气。

2. 既往史

小时有过 2 次跌伤头部，当时无昏迷，一次 CT 提示皮下有出血。

3. 个人史

足月剖宫产，出生时有脐带绕颈，1 岁时开始走路、说话，小时智力发育同正常同龄人。

4. 专科检查

神志清楚，反应慢，言语不清，回答切题，可见右侧肢体轻微抖动，检查部分配合。

5. 辅助检查

(1)2005 年北京某医院 MR:左侧额叶中央区局部脑皮质发育不良可能。(2)北京某医院 2008 年核医学诊断:脑 PET 显像提示左侧顶叶、左侧枕叶代谢减低区,建议结合其他考虑。(3)北京某脑科医院 2009 年 MR:左额叶致痫灶切除术后状态,双侧半球脑沟裂增宽,双额叶点状异常信号,左侧上颌窦炎症。

6. 初步诊断

难治性癫痫(复杂部分性发作,单纯部分性发作);脑皮层发育不良;左额叶致痫灶切除术后。

7. 查房记录、病程记录、手术记录等

2013 年 9 月 18 日副主任医师查房记录:专科查体:神清,反应慢,言语稍含糊,能正确对答,检查部分配合。双侧瞳孔等大等圆,对光反射灵敏。右上肢肌力 5^- 级,右下肢肌力 5 级,左侧肢体肌力、肌张力正常。患者起病前发育基本正常,曾有过 2 次跌伤头部,当时无昏迷,其中一次行头颅 CT 提示皮下有出血。家族中无类似病或遗传病病史。综合上述病情特点,目前诊断明确,予以完善发作期脑电图检查后进一步调整药物治疗方案,现可考虑予以脱水、营养神经等对症治疗。

2013 年 9 月 23 日副主任医师查房记录:患者生命体征平稳,家属持续按压患者右上肢,余肢体可见自主活动,需家属搀扶在床边解大小便,每隔三四小时会连续出现 3 ~7 次发作,每日发作 20 余次,表现为右上肢稍上抬僵硬,双眼向右侧凝视,持续不到一分钟后自行缓解,发作间期无明显意识障碍。家属诉患者入院前在家里每日发作 10 余次,入院后发作才开始增多,与入院时提供的病史不相符。颅脑 MR 结果回报:(1)左侧额叶致痫灶切除术后改变,现软化灶形成并胶质增生;术区内侧额叶局部灰质异常改变,结合外院旧片(2008 -11 -4MR),考虑为残留的病灶,以局灶性脑皮质发育不良(FCD)可能性大。(2)幕上弥漫性脑萎缩。副主任医师查房后指示:(1)患者目前静脉使用地西泮泵入治疗未见明显效果,拟逐步减量并停用,继续加量唑尼沙胺至 100mg bid 抗癫痫治疗。(2)患者本次复查颅脑 MR 提示左侧额叶致痫灶切除术后改变,现软化灶形成并胶质增生;术区内考虑为残留的病灶,请癫痫外科会诊,协助治疗。

2013 年 9 月 24 日病程记录:家属诉患者容易出现呛咳,肢体较入院时乏力。目前情况不除外地西泮药物影响所致,予减量至 2.5mg/h 静脉泵入治疗。患者仍间断发作,晨起时、15:00～17:00 及夜间时出现较多,予以水合氯醛口服或灌肠后症状可缓解并入睡。经请癫痫外科会诊后考虑患者手术难度较大,需进行进一步讨论。目前继续调整药物治疗,告知患者家属可尝试使用生酮饮食治疗,但家属认为该治疗无效,拒绝尝试。

2013 年 9 月 30 日副主任医师查房记录:患者昨日复查血常规无明显异常,家属自觉经加用唑尼沙胺 50mg 后发作较入院时明显有增多,自诉入院前每日仅有数次发作,有 2 天最多发作才 10 余次,要求使用唑尼沙胺治疗并再继续观察一天,若仍频繁发作则停用中午给药。副主任医师查房后指示:患者母亲再次更改病史,无法判断患者入院前家中的发作情况,现继续观察近期病情变化,若发作频率无明显改善可考虑增加苯巴比妥至 30mg bid,必要时使用水合氯醛灌肠对症处理,余药物治疗方案同前。

2013 年 10 月 15 日副主任医师查房记录:追问病史得知,患者家属已自行调整奥卡西平治疗至 1650mg/d(600mg、300mg、600mg、150mg)治疗一周余。患者家属自觉入院后使用唑尼沙胺治疗后发作有减少,未按医嘱减量药物,现仍拒绝减量苯巴比妥及唑尼沙胺,目前自行给予苯巴比妥 15mg、30mg,唑尼沙胺 100mg、25mg、100mg 治疗,余抗癫痫药物治疗方案同医嘱。患者现每日发作 10 余次,较入院时减少,目前暂不调整药物治疗方案,予继续密切观察病情变化。

2013 年 10 月 22 日副主任医师查房记录:加用苯妥英钠抗癫痫治疗,告知患者家属该药长期服用可能引起小脑萎缩、共济失调、牙龈增生等不良反应,患者家属表示知情并同意使用;今晚给予 0.3g 顿服,明日起予 0.1g bid 治疗。因考虑患者为药物难治性癫痫,且家属多次咨询手术事宜,经外科会诊后考虑可行进一步术前评估,予安排脑磁图相关检查。

2013 年 11 月 1 日病程记录:家属商议后决定接受进一步手术评估,拟安排脑磁图检查及转癫痫外科进一步治疗,药物治疗方案暂不予以调整。患者家属同意目前安排及明日转外科后进一步行术前评估,经请示上级医师后同意明日转科。

2013 年 11 月 4 日主任医师查房记录:患者视频脑电图检查过程中出现数次发作,发作表现基本同前。现右侧肢体肌力三级,肌张力较低,右手握力差,不能完成对指动作,左侧肢体肌力肌张力基本正常。患者目前为药物难治性癫痫,频繁发作已造成明显的功能及神经损伤,现服用多种抗癫痫药物仍每天多次发作,患者符合手术指征,但患者癫痫灶极有可能与功能区重叠,如果手术治疗,需要行颅内电极置入术,捕捉发作,并定位功能区,经和家属多次沟通,家属要求手术治疗,现完善相关术前检查。

有术前讨论记录,参加专家有神经外科、神经内科和神经生理科的 9 位医生。

2013 年 11 月 6 日病程记录:由于患者癫痫灶位于功能区可能性极大,需要行颅内电极置入术,捕捉发作,并确定功能区位置,此手术主要目的为检查,手术有可能因电极置入而导致出血,也有可能无法检查出全部癫痫灶,亦可能癫痫灶与功能区完全重叠,无法将癫痫灶全部切除从而只拔除电极,家属均表示理解并已签手术同意术,拟明日行左侧额中央区颅内电极置入术。

2013 年 11 月 6 日手术签字书:每页均有患者监护人同意手术签名。

2013 年 11 月 7 日手术记录:制订好手术计划导入立体定向机器中,首先将立体定向定位左侧额中回(P 点,靠近额下沟处),用尖刀刺开头皮,止血,使用手枪钻通过手臂指示针固定前提下钻骨,有明显落空感,提示颅骨已钻透,操作立体定向机器到原靶点位置,用双极电凝在穿刺针帮助下凝开硬脑膜,并再次在立体定向机器探针指引下,从靶点到导向螺丝的长度为 63mm,将 18 导电极精确置入到预算靶点，并用固定螺帽将电极末段固定在颅骨硬通道上。依次将Q点（中央后回）L = 64mm 18导、T点（中央后回）L = 56mm 18导、W点（中央后回）L = 51mm 15导、S点（额中回）L = 56mm 15导、G点（额上回前部）L = 36mm 10导、N点（额上回后部靠外侧）L = 30mm 10导、K点（中央前回）L = 26mm 8导、U点（中央后回）L = 29mm 8导置入预先设定并分别固定螺帽固定电极，检查电极记录良好，将电机固定螺帽用敷料纱布缠绕并固定，防止脱落等。手术顺利，术后正常拔出气管导管，安返综合二病区视频脑电监测病房，给予止血、脱水、抗感染、对症、支持等治疗。拟行长程脑电图监测。

2013年11月11日病程记录：患者昨日全天无癫痫发作。

2013年11月13日主任查房记录：今日专科医生拟诱发癫痫发作，注意观察癫痫发作情况，警惕癫痫持续状态发作可能，发现情况随时处理。

2013年11月14日病程记录：患者昨日全天发作两次，性质同前。

2013年11月15日转出记录：2013年11月7日在全麻下行左侧额中央区颅内电极置入术，术后转入ICU捕捉发作，由于发作次数多，已明确癫痫灶起始。

2013年11月16日主任查房记录：患者仍间断有癫痫发作，患者目前无疗效好的药物控制癫痫，现继续肌注苯巴比妥，待电刺激及颅内电极脑电图结果出来后再确定手术切除范围。

2013年11月19日术前讨论：患者左侧额中央区颅内电极置入术后出现多次惯常发作，症状学及同期视频脑电图均提示癫痫起源于病变内，其中病变后缘位于中央前回，经刺激有右侧肢体运动功能，考虑到如果全部切除病变，可能出现右侧肢体功能下降，偏瘫加重，甚至完全偏瘫。但如果不完全切除病变，手术后癫痫仍有可能发作，同样导致右侧肢体偏瘫加重，经和家属反复沟通，家属一致决定，目前主要控制癫痫放在首位，要求积极切除，如不控制癫痫发作，将来同样右侧肢体会出现进行性偏瘫，如果术后患者有肢体功能障碍，再进一步行功能康复。

术前小结:略。

2013 年 11 月 20 日手术签字书:未见医方告知是首次开展这类手术。告知了患者“手术前对侧肢体偏瘫,术后有可能出现加重”,“术后癫痫可能控制不理想,极少数发作可能比术前更严重”,“术后少数患者可能出现思维紊乱甚至精神障碍,影响生活”等。每页均有患者监护人同意手术签名。

2013 年 11 月 20 日手术记录:今日在全麻下行左侧额中央区癫痫灶切除术。全麻插管成功,患者平卧位,头部转向左侧,头架固定,先使用导航确定病变位置及中央沟位置,取比原切口扩大切皮,前界在发髻内,过中线 1cm,后界于顶区作弧形切口,分离皮下,皮瓣成型翻向下,使用双氧水及庆大盐水冲洗。见原有 8cm × 8cm 骨瓣,将原有骨瓣扩大,使用 8 孔钻颅,洗刀锯骨,游离骨瓣,硬膜与骨瓣有粘连。硬膜增厚,使用罗哌卡因湿敷硬膜,弧形剪开硬膜,硬膜与脑组织粘连,予以松解。将患者唤醒,上显微镜,在唤醒状态下首先切除中央前回病变,一边嘱患者上抬上臂及活动右下肢,一边切除一边予电刺激,切除至中央前回前壁时,患者右侧下肢活动减少,考虑此处为右下肢运动功能,予停止切除。继续往中央前回前壁靠下(手部运动区)切除,一边切除一边电刺激,切除过程中不断嘱患者上抬右侧上肢,将中央前回壁切除,切除最后见患者右侧上肢肌力有下降,予及时停止切除,考虑到此处仍有可能存在少量致痫灶,予行软膜下横切术。检查患者右侧上肢仍可上抬,右侧下肢可见水平移动。最后切除安全区域病变,前界至冠状缝前 1cm,下界至额中回水平,内侧界至大脑镰处,切除过程中见病变质地较硬,于周围边界不清,边手术,边使用手术导航确定边界,病变全部切除。彻底止血,严密缝合硬膜。术腔、硬膜外各留置引流管一根。颅骨固定 3 片枚固定骨瓣。

于 11 月 22 日转出 ICU 室。

备注:鉴定询问会上患方要求把 11 月 26 日 11:30 查房记录补上,但查找委托方提供的病历资料时,发现这一天无病程记录。

2013 年 12 月 4 日 9:22 主任查房记录:家属仍表示患者晚上睡觉过程中有

时左侧手指或左前臂或左上臂或左下肢突然抖动一下,每天晚上多次。为明确诊断,今日请全院会诊。

2013 年 12 月 4 日 12:19 全院会诊记录:下一步计划:(1)完善视频脑电图检查,明确是否为癫痫发作。(2)加用氯硝西泮控制肢体抖动。

2013 年 12 月 7 日主任查房记录:家属诉睡眠过程中左侧肢体抖动较前明显改善。复查视频脑电图,发作间期末未见明显尖波、尖慢复合波等发放,发作期表现为双眼上翻、左侧手指抖动,左侧肢体抖动,同期视频脑电图背景未见任何改变。今日查体右侧上肢肌力 3^+ 级,但抖动明显,右侧下肢可遵嘱上抬,肌力 3^- 级,上抬持续时间较短。主任查房后指出,患者目前通过视频脑电图检查未提示有癫痫放电,家属所诉发作并非癫痫发作。患者右侧下肢肌力较前改善,需要继续加强功能训练,促进肢体康复。另外患者复查离子仍提示低钠,考虑与目前服用奥卡西平有关,患者目前癫痫已无发作,可减少奥卡西平剂量,但与家属沟通后,家属坚决不同意减药及更换药物,也不同意复查离子,多次沟通家属均不同意,现只能继续经验性补钠,余治疗继续同前,遵嘱执行。

备注:鉴定询问会上患方要求把 12 月 8 日、9 日的查房记录补上,但查找委托方提供的病历资料时,发现这两天无病程记录。

12 月 10 日、13 日的病程记录上均记载“无癫痫发作”。12 月 11 日、12 日、14 日、15 日缺病程记录。

2013 年 12 月 16 日出院总结:术后给予抗癫痫、营养神经、改善循环、脱水、扩管、神经康复等治疗。由于患者术后出现右侧肢体偏瘫,经予扩管、改善循环及神经康复锻炼后,目前右侧上肢可上举,但上举时抖动明显,右侧下肢可回缩,偶可上抬,但持续时间短。由于患者住院时间长,费用较高,现仍需要继续住院治疗。并建议患者继续进行功能康复锻炼、高压氧等综合治疗。

(二)两次庭审笔录资料

(1)原告方称,术后要求医院提取相关的病历资料,但遭拒,患方于 12 月

14 日报警，直到 12 月 30 日病历才得以封存。（2）事后患方从网上获知，这是本地区第一例使用机器人为难治性癫痫患者实施电极埋藏术，但事先未告知患方，侵犯了患方的知情权。（3）目前癫痫症状没有改善，右侧肢体残疾，并器质性的精神障碍。（4）被告代理人：原告进行手术的时候是在医院的网站上有报道，但是在医院 17 楼的学术报告厅进行小范围的直播，并未保存视频，无法提供。

三、鉴定询问会情况简介

（一）临床会诊专家

聘请两位高级职称的神经外科和神经内科医生参加鉴定询问会，会后请了一位正高职称的神经外科医生会诊，他们均来自三甲医院。会诊专家的意见存档。

（二）双方当事人陈述的要点

1. 患方：（1）医院使用植入的仪器是非法的，无使用许可证和条形码。电极定位不准确，疗效不理想。手术切除前，电极植入后只有两次监测。手术过程中出现了肌力下降，未处理。（2）医方是首例机器人为难治性癫痫病人实施电极埋藏术，但事先未告知患方，有告知履行不完善。（3）在患方不知情的情况下在公网上发布患者手术的相片和相关信息，侵犯了病人的隐私权。（4）医方自称有法国医生参与手术治疗，外国医生是否有在中国行医的资质？手术机器人做手术是否经过审批？（5）术后癫痫未改善，反而有所加重。术后出现肢体的残疾，术前生活可以自理、可以上学，术后生活不能自理了。术后出现精神障碍，情绪易激动，易怒。

2. 医方：（1）患者病程 13 年，进行性加重。本次手术前在外院行手术后，已有肢体功能下降。（2）现有病情与原发病有关。出示电脑上术后的医院监控视频资料（2014 年 2 月 20 日），显示病人步态基本正常。（3）术前病人右侧肢体的肌力已明显下降，术后此侧的肌力有所恢复。（4）本院是某医科大学的附属医院,为三甲医院,否认是私立医院。

3. 鉴定人问患方:这次住院花了多少费用? 答:30 多万元。医方收费前与我们签署了收费的协议书。

四、分析说明

根据送检材料、医患双方的陈述和现行法律规定,结合专家讨论意见,分析说明如下。

(一)对医方医疗行为的评估

1. 有手术指征。患者为皮质发育不良导致的难治性癫痫,每日发作数十次,已用了 5 种药物,均不能有效控制其发作。长期癫痫的反复发作可导致更广泛的皮质结构和功能的改变,包括继发的致痫灶和不能被轻易清除的病灶,宜越早手术效果越好。年龄小非开展手术治疗的禁忌因素。

2. 术前医方对术后的各种风险进行了告知,这方面的告知内容符合医疗规范,但告知存在其他较为严重的缺陷,主要表现为:(1)涉嫌未告知患方,这是首例机器人手术(建议法庭对此进行查证)。(2)对医院的资质有告知不实之嫌,依据同行经验判断,该院实为民营医院,但对外宣传和在鉴定询问会上均声称自己是三甲医院等,而民营医院不可能被评定为三甲医院,法律早就不允许私立医院挂靠公立医院了,即使允许,也应对外声明自己是挂靠医院,非正规的三甲医院(建议法庭对此进行查证)。

3. 进行手术操作过程中,其他多余人员不宜停留手术室。手术当时误导了患方,以为是法国高水平的医生在为病人进行手术治疗,事后医方解释出现法国人是学术交流之需要,这个时候进行学术交流难以用医疗行业习惯来理解,至少与患方沟通不足。

4. 医院使用植入的仪器是否符合法律的规定,建议法庭查证。

5. 医院的高收费是否有合法的依据,建议法庭查证。

6. 病人系难治性癫痫,两次手术后的观察医方欠细致,如第二次手术后,未每天写病程记录，而三甲医院一般对术后重病患者每天都要写病程记录。

7. 医方是否将病人的手术过程公开发布及是否侵犯病人的隐私权，由法庭调查和处理，不属于本鉴定范畴。

8. 医方是否曾拒绝患方封存病历资料，请法庭调查和处理，不属于本鉴定范畴。

（二）因果关系及参与度

1. 如果医方的上述可疑违法行为经法庭调查后不成立，因果关系及参与度则作如下分析：(1)病人为难治性癫痫，保守治疗不能控制癫痫频繁发作，呈趋重之势。医方为病人手术之后，本院脑电图检查提示有明显改善，但后来儿童医院的脑电图显示仍不正常。另外，2014 年 2 月 20 日（术后 3 月）医院的监控录像资料显示病人步态正常，说明病人的病情一度有所减轻。目前检查病人的右侧肢体肌力下降，走路步态异常。假如单单是手术造成的肢体肌力障碍，应该是手术后立即出现，以后反会有所缓解，可该病人的病情变化不符合这一规律。由此判断，病人目前出现的肢体功能减退更可能是因疾病本身发展所致，与手术本身的关系不大。(2)术后 MRI 显示：左侧额上、中回部分切除。这一部位的手术损伤为实施手术难以避免。脑的此区域与情绪控制有关，当其损害后，自然会出现自控力下降，表现为暴躁易怒。鉴定询问会上，患儿母亲对其术后精神障碍的描述符合情绪控制障碍的特征，除术后一过性幻觉的自述外，当前未检出幻觉妄想等精神病性症状。(3)这种难治性癫痫术后对癫痫的控制效果难以预测，不同的病人可出现以下不同的结果：好转、无变化、加重。

2. 如果医方的上述可疑违法行为经法庭调查后成立，请法庭根据案情和现行法律规定作出适宜的处理。

五、鉴定意见及点评

（一）鉴定意见

1. YY 脑科医院对 × × 的诊疗行为如果经法庭查证没有违法行为，鉴定意见则为:有过错,轻微责任。

2. YY 脑科医院对 × × 的诊疗行为如果经法庭查证有违法行为,请法庭根据案情和现行法律规定作出适宜的处理。

(二)点评

1. 病历的摘录是一项技术性很强的工作,既要保持医方诊治疾病过程的完整性,又要围绕解决案件争议的问题作出选择性的摘录,不宜交给没有经验的鉴定新手单独完成。如笔者对本例的摘录内容突出了以下几点:(1)医方先是对病人进行了保守性治疗,但疗效不佳,患方主动要求改采手术治疗。(2)病人的病情重,手术治疗有适应证。(3)针对患方提出的医方所犯的具体错误,如首次开展新技术未告知、病历对病情记录不完整,要留意寻找,并摘录出相关的信息,以印证患方的说法是否成立。(4)术前医方对患方的手术风险告知是否完整。

2. 医疗损害司法鉴定中的每个案件涉及的病种不同,中华医学会将临床医学学科分为 80 多种,鉴定人是否请了临床会诊专家?请的临床会诊专家是否专业对口,宜主动明示,以保证当事人的知情权。

3. 委托方很少来参加鉴定询问会,即便来了,如果案件将来要进入二审或再审程序,后续法院的法官也不知道鉴定询问会上所出现的重要信息,因此有必要在鉴定书中写出来。最好借鉴庭审笔录的方式,让双方当事人核对后签名盖手印存档,以便应对日后的纠纷。

4. 医疗损害司法鉴定案件的材料通常比较多,法官不一定能一一仔细看完,鉴定人在鉴定中发现法律问题时,可以为法官列出来,供其判案时考虑。单从技术考虑或单从法学考虑,对案件的处理结论可能大相径庭,只有综合考量才能达到现代法庭审判的目的。

[**典型案例**三]

一、简要案情

××,男,51 岁。于 2013 年 3 月 21 日在被告医院做了胸腹部 CT 片平扫,本来存在左侧腹膜后脊柱旁(相当于左肾中上极水平)一类圆形稍低密度占位,最大径约 4cm,边缘清楚、密度均匀,但医方的放射科未发现这一良性神经源性肿瘤。一年多后,患者到当地其他医院复查影像学检查,方发现病变。因肿块较大,患者到北京一家著名医院求治,终因包块大、粘连重和术中出血多而切除左肾。该患者原有慢性肾脏疾病史。

二、资料摘要

(一)某市立医院医疗集团影像检查报告单(检查号:略)

××,男,51 岁。

检查日期:2013 年 3 月 21 日 8 时 6 分。

腹部扫描 + 三维重建,印象:全腹 CT 平扫未见明显异常。

备注:在鉴定询问会上医方补充"病人就诊科别:东院免疫风湿门诊"。

(二)某大学附属医院影像学检查报告单(影像号:略)

××,男,52 岁。

检查日期:2014 年 12 月 20 日。

印象:1. 左侧腹膜后神经源性肿瘤可能性大;2. 右肾囊肿可能性大。

(三)某市中心医院影像学检查报告单(PET 检查号:略)

检查日期:2014 年 12 月 19 日。

影像诊断:脊柱左侧旁腹膜后高代谢占位(左肾上部水平),考虑恶性肿瘤并与周围血管关系密切,等等。

(四)某总医院住院病历(住院号:略)

××,男,52 岁。

入院日期:2015 年 1 月 3 日。

主诉：体检发现腹膜后肿瘤1年余。

现病史：患者1年前于某市医院体检发现腹膜后肿物，未再行检查治疗。2014年12月因上腹部不适于某市中心医院行PET-CT检查示：脊柱左侧旁腹膜后高代谢占位（左肾上部水平），考虑恶性肿瘤并与周围血管关系密切；CT检查提示：左侧腹膜后神经源性肿瘤可能性大；腹部核磁：脊柱左侧、腹主动脉、腰大肌与肾脏之间见团块状T1和T2信号影，大小约52mm（左右）×59mm（上下）×59mm（前后），病灶与腹主动脉壁关系密切，并部分包绕左肾动脉，将左肾向外侧推移，左肾静脉受压前移。左侧肾上腺左前方移位。门诊以“腹膜后肿物”收入院。体重略有下降。

体格检查：血压：141/107mmHg，H：177cm，W：84kg，BMI：26.8。

初步诊断：腹膜后肿物（难）。

2015年1月7日手术记录：探查见：肿物位于左肾门附近，大小约7×6cm，质硬，活动度差，边界不清，向上将胰腺尾部、腹腔干、脾动脉及肠系膜上动脉顶起，局部粘连明显，左肾血管探查不清，内侧与腹主动脉外壁粘连紧密，向前将降结肠系膜顶起。根据探查结果，行腹膜后肿物切除，略。结扎切断左侧肾上腺血管，再次确认左肾无法保留，向患者家属交代病情，家属表示理解，同意切除左肾，因肿瘤较大，决定纵行剖开，先行切除部分肿瘤及左肾，在纵行剖开肿瘤过程中，发现左肾动脉从肿瘤正中穿行，出血凶猛，分别于左肾门上下阻断腹主动脉，夹闭左肾动脉，迅速切除部分肿瘤及左肾，略。手术顺利，出血约2000ml。切除标本经患者家属过目后送病理检查。

2015年1月14日病理诊断：左肾旁神经鞘瘤伴显著囊性变，肿瘤周围肌纤维母细胞显著增生，伴大量淋巴细胞、浆细胞浸润，见淋巴滤泡形成，局部见中性粒细胞浸润，间质血管壁玻璃样变性，病变与周围组织边界不清，包绕肾门血管及神经。免疫组化染色显示：S－100（神经鞘瘤区域＋），Bcl－2（部分＋），Vimentin（＋），CD34（血管＋），Kappa（＋），Lambda（－），CD38（浆细胞＋），IgG（＋），IgG4（个别视野＋>40/HPF），Ki－67（＋5%），SMA（部分＋），CK（－），

ALK（－）。不能完全除外合并 IgG4 相关的硬化性疾病，建议结合临床及血清学检查进一步明确诊断。病变未累及肾盂及肾实质，累及肾上腺被膜。输尿管未见著变。

（五）某大学附属医院住院病历（住院号：略）

××，男，52 岁。

入院日期：2015 年 6 月 3 日 13：47。

主诉：发现尿检异常 15 年余，腹膜后肿物 6 月，肾功能异常 5 月余。

现病史：患者 15 年前查体时尿常规隐血 1＋、尿蛋白－，无泡沫尿，无肉眼血尿，无尿频、尿急、排尿不适，无发热、腰痛，间断服用金水宝、黄葵胶囊治疗，查尿常规隐血波动于 1＋～＋3。患者 6 月前查体时发现腹膜后肿物，大小约 6.5cm×3.5cm，5 月前于北京某医院行手术切除，术后肾功能异常，肌酐 150umo/L（30～110umol/L），无恶心、呕吐，无食欲不振，术后病理：左肾旁神经鞘瘤伴囊变，肌纤维母细胞显著增生，伴大量淋巴细胞、浆细胞浸润，见淋巴滤泡形成，IgG＋、IgG4（＞40 个/HPF）、CD38＋，术后定期复查，肌酐波动于 130～150mmo/L。1 月前患者至 301 医院复查时建议加用强的松 30mgqd 治疗，目前患者强的松减量至 27.5mgqd。8 天前患者常规复查生化全套示尿素 9.9mmo/L、肌酐 135.9umo/L、甘油三酯 1.86mmo/L、胆固醇 6.1mmo/L，为求进一步治疗，门诊以“IgG4 相关性疾病、慢性肾功能衰竭氮质血症期、左肾切除术后”收入院。患者自发病以来，小便量正常，24 小时尿量约 1500～2000ml，体重较前无明显变化。

既往史：未见记录有肾脏疾病史。

体格检查：体温：36.5℃，脉搏：76 次/分，呼吸：19 次/分，血压：110/80mmHg。H：176cm，W：80kg。

初步诊断：1. 慢性肾功能衰竭氮质血症期；2. IgG4 相关性疾病；3. 高脂血症；4. 高尿酸血症。

2015 年 6 月 4 日超声提示:左肾切除术后。

2015 年 6 月 8 日影像学检查报告印象:1. 右肾功能基本正常;2. 左肾无功能。

(六)质证笔录

原告代理人:(第 1 页)2013 年 3 月 21 日被告医学影像会诊报告单原件及复印件及 CT 片。证明:原告在被告处就诊的事实。原告为增加诊断的准确性采用的三维重建 CT 检查模式。被告当时的 CT 片显示,原告腹内已出现异常。被告医学影像部检查会诊报告单的诊断结论与 CT 片显示事实不符,被告诊断错误。

三、鉴定询问会情况简介

鉴定日期:2017 年 7 月 18 日

(一)临床会诊专家

聘请二位正高职称的泌尿外科医生参加鉴定询问会,会后请一位正高职称的放射科医生会诊,他们均来自三甲医院。会诊专家的意见存档。

(二)双方当事人陈述的要点

1. 患方:详见陈述意见书

患者:被误诊后,以为是胃病。术后仍身体不适,后被医院诊断为尿毒症。我是一个医生。北京某医院说,若不被误诊,手术范围小得多,开始血管没有被包裹。我 51 岁开始就不能工作了。北京某医院想保肾,没有保住。

2. 医方:详见陈述意见书

患者去免疫风湿科看过病,门诊病历上有记录。患方未向法庭提供门诊病历。在北京某医院手术中血管有损伤。手术是单纯肿瘤切除术,非根治术,良性肿瘤,包块不大,5 ~ 6cm 大小。认为患者存在两种疾病。来我院门诊时,已有肾功能检查不正常。认为肿瘤与肾损伤无关,是免疫性疾病引起。免疫性疾病诊断成立,须用激素治疗。这个病可以引起肾损害。

3.临床会诊专家提问

问患方:胃部不适,为什么看免疫科?

答:为了全面检查。

问患方:为什么吃金水宝?

答:别人推荐的。

问患方:吃激素怎样?

答:感觉疗效不明显。2014 年吃的激素。2013 年至 2014 年期间没去看病了。

4.放射科会诊意见

2013 年 3 月 21 日胸腹部 CT 片平扫显示

(1)左侧腹膜后脊柱旁(相当于左肾中上极水平)见一类圆形稍低密度占位,最大径约 4cm,边缘清楚、密度均匀,提示良性神经源性肿瘤,与左肾关系不大。

(2)左肺门淋巴结钙化,双肺未见明显异常。

四、分析说明

根据送检材料、医患双方的陈述,结合专家讨论意见,分析说明如下:

(一)对医疗行为的评估

患者于 2013 年 3 月 21 日在被告医院作了胸腹部 CT 片平扫,本来存在左侧腹膜后脊柱旁(相当于左肾中上极水平)一类圆形稍低密度占位,最大径约 4cm,边缘清楚、密度均匀,但医方的放射科未发现这一良性神经源性肿瘤,为漏诊,有过错。

(二)因果关系及参与度

1.病人于 2014 年 12 月 19 日在某市中心医院行影像学检查时,首次被发现邻近左肾的包块,此时离 2013 年 3 月 21 日已过一年多。于 2015 年 1 月 7 日在某总医院行手术时,发现肿块大小约 7 ×6cm,局部粘连明显,左肾血管探查不清,内侧与腹主动脉外壁粘连紧密,向前将降结肠系膜顶起。根据探查结果,行腹膜后肿物切除。结扎切断左侧肾上腺血管,再次确认左肾无法保留。因肿瘤较大,术者决定纵行剖开,先行切除部分肿瘤及左肾,在纵行剖开肿瘤过程中,发现左肾动脉从肿瘤正中穿行,出血凶猛。

以上情况说明,因被告医院的漏诊,使得肿瘤未被及时切除。1 年多后,肿瘤有所长大,与周围组织有粘连,并被血管包绕,这造成手术的困难,不得不被迫切除左肾,所以患者的左肾被切除,与医方的漏诊有直接的因果关系。

2. 患者 2015 年 6 月 12 日在某大学附属医院住院记录:“发现尿检异常 15 年余,尿常规隐血 1 + 、间断服用金水宝、黄葵胶囊治疗,查尿常规隐血波动于 1 + ~ +3”,提示患者此前已存在肾脏病变,即现在诊断的 IgG4 相关的硬化性疾病。

3. 患者目前肾功能轻度异常与左肾切除没有直接因果关系,如果患者没有患免疫性疾病,右肾完全可以进行有效的代偿,不至于出现肾功能障碍,肾功能障碍系自身疾病引起。

综上所述,某市立医院对患者的诊疗行为有过错,其过错的诊疗行为与患者的左肾切除有直接的因果关系,但与目前的肾功能障碍没有因果关系。

五、鉴定处理中的难点和出庭证言被完全采信的总结

(一)鉴定中经受的压力

在开鉴定询问会之前,笔者从收到的鉴定材料中未发现病人有慢性肾脏疾病史。患方律师是患者的胞兄,患者本人又是医生,所以他们有意地隐瞒了患者的慢性肾脏疾病史。

在开鉴定询问会时,医方律师提出患者本有慢性肾炎,每当他说及这一信息时,患方即表现出异常的冲动,甚至多次欲打医方律师,干扰了笔者了解更多的信息,临床会诊专家不得不向鉴定人耳语:“患者服金水宝等药物,说明有慢性肾脏疾病。”

在查清案情后,笔者赶紧结束会议,以避免当事人之间发生打斗。是否继续鉴定?根据案情、法条和职业良知,笔者选择了继续鉴定。

委托法院的委托事项是“某市立医院对××的诊疗行为是否存在过错;如有过错,过错行为与损害结果之间是否存在因果关系及参与度进行鉴定。”根据医患双方的争议点和患方的诉求,也为了便于委托法院处理这一棘手的案件,笔者将鉴定意见细化为“某市立医院对××的诊疗行为有过错,其过错的诊疗行为与××的左肾切除有直接的因果关系,但与目前的肾功能障碍没有因果关系”。

(二)出庭的大致经过

本案医方作为异议方申请笔者出庭。出庭中笔者才知所出具的鉴定意见,双方当事人和审案法官均不满意,法官当庭说从未见过这么怪的一份鉴定意见书。

该法官的敬业精神值得称道,尽管她原来对笔者的这份鉴定意见书并不看好,仍然显示了对鉴定人的尊重,并在笔者整个出庭过程中站在书记员身旁,把书记员记下的每项内容都要当场重复一遍,问笔者记错否?得到记录正确回答或纠错后,马上接着谈出自己对笔者证言的理解,还问笔者她的理解正确否?得到肯定答复后再继续下一个问题的提问。在笔者庭审结束后,她才当众说出当初她对笔者的误解。

笔者在庭上围绕医学技术知识、所认可的证据和避免案件累讼进行了分析说明,以皆大欢喜的结果完成出庭任务。

本案的质疑如果不通过出庭解决,肯定就是截然相反的结果了,所以出庭质证有益于四方。

[**典型案例四**]

一、简要案情

××,男,73岁,已故。于2019年3月16日因间断腹痛4月余被被告门诊以“胆囊结石伴胆囊炎”收入院。有多种癌症病史，经历数次手术，入院前20多天曾再次做手术。本次入院后先后经历三次腹部手术，终因感染、多器官衰竭而死亡。

二、资料摘要

某市第二人民医院住院病历(住院号:略)

××,男,73岁。

入院日期:2019年3月16日8:38。

主诉:间断腹痛4月余。

现病史:4月余前无明显诱因出现右上腹疼痛,无明显腹胀、腹泻,无恶心、呕吐,无放射痛,无发热、寒战、黄疸等不适,就诊于我院,查CT提示:胆囊结石伴胆囊炎,输液治疗,病情好转出院,仍间断右上腹疼痛不适并有加重表现,进食后明显,饮食减少。门诊以“胆囊结石伴胆囊炎”收入我科。

既往史:2019年2月22日于我院诊断为肺癌,后行“胸腔镜下右肺上叶切除术”;9年多前行“贲门癌根治术”,3年多前因“肠梗阻”行“肠粘连松解术”,1年半前发现贲门癌肝转移行肝动脉介入栓塞化疗术,术后恢复良好,定期复查。有残胃病史,长期口服奥美拉唑胶囊治疗残胃。有胆囊结石病史。有肝囊肿、右肾囊肿病史。否认高血压、糖尿病、高血脂病史,否认心脏病、脑血管疾病史,略。

体格检查:体温:37℃,脉搏:60次/分,呼吸17次/分,血压:148/88mmHg。

初步诊断:1. 胆囊结石伴慢性胆囊炎;2. 贲门癌术后肝转移;3. 肝脏转移瘤介入术后;4. 肠梗阻术后;5. 肺癌术后;6. 残胃炎;7. 肝囊肿;8. 右肾囊肿。

2019年3月17日10:51主任医师查房记录:患者入院第2天,仍诉疼痛,神志清,精神可,大小便正常。查体:腹软,右上腹可触及压痛,无反跳痛。患者目前胆囊炎显著。告知患者家属病情,结合患者家属意见,拟行手术治疗。

2019年3月18日10:53术前小结:略。手术指征:患者胆囊结石伴慢性胆囊炎诊断明确,未发现手术禁忌症,患者及家属充分了解病情后要求手术治疗。拟施手术名称和方式:经腹腔镜腹腔探查术。

2019 年 3 月 18 日手术知情同意书:拟行手术名称:经腹腔镜腹腔探查术。术中术后可能意外及并发症:术中根据具体情况决定具体手术方式,若胆囊大小正常、壁无水肿、粘连较轻,则行腹腔镜下胆囊切除术;若炎症较重、胆囊壁水肿、胆囊与周围组织粘连较重、胆囊内多发结石,胆囊与周围组织紧密粘连不易分离,或分离胆囊时损伤周围脏器、胆管损伤或出血严重则需中转开腹行胆囊切除术。术后可能发生肠瘘、腹腔感染,严重时可致脓毒血症、休克、DIC 致死亡,其他意外情况。有患方签名。未见替代治疗方案的告知。

2019 年 3 月 19 日手术记录:手术名称:腹腔镜下胆囊切除术 + 肠粘连松解术。手术开始:9:00,手术完成:11:05,共计时间:2 时 5 分。手术经过:略。取脐右侧 3cm 切口长约 1cm,置入气腹针,充入 CO_2 气体,维持压力 12mmHg,置入 trocar 及腹腔镜,在腹腔镜监视下剑突下,右腋前线分别行 12mm、5mm 切口,置入 trocar 及操作器械。探查见:小肠与腹壁多处粘连,胆囊与大网膜、肝脏、右侧腹膜轻度粘连,左上腹粘连较重,腹腔内少量腹水,腹壁、盆腔未见明显结节,胆囊约 10cm × 5cm,肝脏未见明显结节性肝硬化表现,胆总管直径小于 1cm,遂决定行腹腔镜下肠粘连松解、胆囊切除术。首先松解胆囊与周围组织间粘连,解剖胆囊三角,游离胆囊管及胆囊动脉,胆囊动脉呈单支型,于胆囊动脉近端上 1 枚 hem-o-lock 夹夹闭并切断,胆囊管近端上 2 枚 hem-o-lock 夹夹闭,胆囊管远端上 1 枚 hem-o-lock 夹夹闭,切断胆囊管顺逆结合将胆囊床剥离,将胆囊放入取物袋中。镜下见脐旁第 1 个戳孔处邻近肠壁浆膜层,松解困难且恐有小肠损伤,决定中转腹探查,取右侧腹直肌纵切口约 8cm,沿肠管与腹壁间隙松解粘连,粘连紧密,行锐性松解,左上腹粘连较重,因无梗阻,放弃分离。检查小肠壁有一处浆膜破损,无穿孔,行浆膜肌层 2 针间断缝合,反复检查小肠壁无肠漏,胆囊床无出血及胆漏,生理盐水冲洗腹腔干净后,腹腔放置引流管 1 根,引出体外并固定,放置可溶性止血纱布 2 片,将胆囊自手术切口取出,放置粘停止宁 20ml,预防肠粘连,略。手术顺利,术中出血约 50ml,术后见胆囊内多枚结石,标本让患者家属看过后送常规病理检查,略。

2019 年 3 月 20 日 10:57 主任医师查房记录:患者术后第 1 天,诉术区疼痛较前减轻,下腹胀,夜间尿量偏少,精神欠佳,未排气,未排便。生命体征平稳,切口敷料干燥无渗出。下腹腹胀,考虑尿潴留可能,留置尿管,注意监测尿量。

2019 年 3 月 21 日 10:58 主治医师查房记录:腹腔引流管可见少量浑浊引流液。查房后指出:嘱患者适当活动,给予石蜡油 30ml 口服促进排气排便,继续给予抗感染、保肝、补液、抑酸等药物应用。

2019 年 3 月 23 日 11:00 病程记录:患者术后第 4 天,精神欠佳,仍腹胀,间断腹痛,仍未排气排便。夜间体温升高,今晨体温升至 38.4℃。腹部查体:腹部膨隆,按之软,无腹肌紧张,叩诊呈鼓音(备注:鉴定询问会上,患方否认:"腹部查体:腹部膨隆,按之软,无腹肌紧张,叩诊呈鼓音",补充:医生未实际接触患者)。考虑术后麻痹性肠梗阻,请康复科会诊,略。

2019 年 3 月 24 日 10:51 病程记录:患者昨晚持续发热,最高体温 38.4℃,应用退热药物下降不明显。血常规:白细胞 2.23 ×10^9/L,中性粒细胞百分比 95.3%,超敏 C 反应蛋白 294.74mg/L。降钙素原定量检测 88.98ng/ml。急查 CT 提示:原肺癌术后,贲门癌术后肠粘连松解术后改变;两侧胸腔积液并两肺膨胀不全;两肺炎性病变;冠状动脉钙化;部分肠管扩张积液积气,考虑:麻痹性或不全性肠梗阻;腹水,略。两侧胸腹壁皮下水肿,右侧胸腹壁皮下少量积气。根据检查结果,疏通腹腔引流管,可见大量粪性引流液流出,请示上级医师及科主任,均考虑肠瘘,建议急诊行开腹探查术。

2019 年 3 月 24 日手术知情同意书:略。有患方签名。

2019 年 3 月 24 日手术记录:术中诊断:1. 肠瘘、粘连性肠梗阻;略;9. 胆囊切除、肠粘连松解术后。手术名称:再开腹探查术 + 空肠造口术 + 回肠造口术。手术开始:11:56,手术完成:13:20,共计时间:1 时 24 分。手术经过:术中探查见：腹腔内较多粪性液体，上腹部粘连不清，横结肠明显扩张积气，降结肠空虚，脾区部结肠与小肠、腹壁粘连不清，松解困难，空肠上段缝线旁可见直径约2cm不规则破口，可见粪性肠内容物流出。术中诊断：肠瘘、粘连性肠梗阻。因腹腔污染较重，在破口处行空肠置管造瘘术，因脾区结肠粘连性肠梗阻可能且松解困难，行回肠双腔造瘘术减压肠管。在空肠上段破口处碘伏消毒，留置T型引流管，缝线固定于空肠，挤压肠管，引流通畅，未见肠液自管周围漏出。无菌盐水反复冲洗腹腔至冲洗液清亮后，于左下腹开口约4cm，距回盲部约15cm处提出小段回肠，行回肠双腔造瘘，探查无扭转后缝线固定。将空肠造瘘管引出腹腔并固定与腹壁，彻底止血，放置腹腔引流管左右1根，盆腔引流管左右1根，略。手术顺利，术中出血约100ml。

2019年3月24日14:56呼吸机治疗：患者因手术麻醉未清醒，经口气管插管，略。

2019年3月24日17:54颈内静脉穿刺中心静脉置管术：略。

2019年3月24日21:10输血记录：略。

2019年3月25日9:02主治医师查房记录：术后第1天，神志清醒，精神差，夜间体温正常。已停止呼吸机应用，自主呼吸可，气管插管未拔除，导管内持续吸氧，定时吸痰。腹部切口敷料少量渗液，略。已告知患者家属病情（病重病危）。

26日下病危通知，27日出现昏迷。28日得到25日送检痰液细菌培养：鲍曼不动杆菌，此菌株为多重耐药菌。29日16:32宣告临床死亡。

三、鉴定询问会情况简介

鉴定日期：2019年11月21日

（一）临床会诊专家

聘请正高职称的二位肝胆外科医生和一位高级职称的ICU科医生参加鉴定询问会，他们均来自三甲医院。会诊专家的意见存档。

（二）双方当事人陈述的要点

1. 患方：详见陈述意见书

患者外甥女：念陈述意见书。

患者儿子：病人自己走入医院，但没有走出医院。做的微创手术。Ⅰ级护理，肠腔阻塞5天后，才行腹腔手术。术后对病人只是简单询问，未仔细查体。3月23日患者家属逼医生对病人采取措施，病情危急，腹胀明显，次日疏通时，粪液不是流出来的，是喷出来的。只打止痛针，24日我跟医生吵了一架。腹壁胀得呈透明状，像怀孕5～6个月的孕妇。21、22日左右尿液红褐色，浑浊，告之护士，护士称是"正常现象"。23日病人发烧，是家属发现的，还说"发烧是术后老年人的正常现象"。医生根本没给病人腹部查体，却记录腹部听诊呈叩音。

2. 医方：详见陈述意见书

主刀医生：3月16日入院。术前谈话已告知是腹腔镜探查术，做了详细的术前告知。根据经验，病人腹部做过手术，是做腹腔镜手术的相对禁忌证，我们有做这类手术的经验，病人曾做过两次腹部手术，胆囊切除顺利，进去后发现胆囊、网膜、小肠有轻度粘连，但不影响做胆囊手术。戳卡（穿刺器）看不清小肠有无损伤，故中转腹。发现小肠有浆膜损伤，在此缝了两针，但未穿孔，在胆囊窝放了一个双腔引流管，反复冲洗后关腹。术后次日我去查房，韩主任是大科主任，他也对病人查房。引流管颜色淡红色，病人下腹胀，放尿管，腹胀缓解。考虑病人肠麻痹，让病人下床活动，3月21日病人下床活动。咳嗽、痰多，腹壁薄、瘦，无移动性浊音。术后第二天血象高，行抗感染治疗。3月22日是住院医生吴医生查房，无病程记录，腹胀、腹痛。23日腹胀，让病人喝蓖麻油，病人出现发热、抗感染，中药保留灌肠。24日病人精神差、血象高、发高烧，急行胸腹部CT，发现肠管积气。做完CT后，发现腹水，挤压引流管，有大量的粪液涌出，急诊手术。大肠也有积液。在原修补的小肠处有肠瘘（2cm），考虑肠胀气后,出现小肠伤处撑开。肠梗阻后继之肠瘘。这次术前20多天刚做了癌症手术,病人体质差。回应家属的发言:病人癌症手术5天出院。原来患方要求行胆囊手术,我们让他们先做胸科手术(经腹),2月十几日才做胸科手术,来院时并非很健康。

3. 专家提问

外科会诊专家评价:死亡病例谈论记录欠详细,如未描述小肠修补的远端是否通畅,即有无梗阻。胆囊手术若是必须做手术,要选择简单的手术,如胆囊穿刺后放引流管。如果病人自身条件好,医方的手术没多大问题。病历记录不准确,不是粪液,是胃肠液。小肠穿孔先是化学性的,后变成感染性的了。第二次手术后5天,病人死亡。

病人家属:第二次手术后,靠血浆、蛋白来维持病人生命。

会诊专家评价:医方对病人有救治的愿望,但有经验和技术的不足,对疾病的认知有不足。

会诊专家问患方:胆囊部位一直痛吗?发烧吗?吐吗?

答:不是一直痛,间断痛,不烧,不吐。

会诊专家专家评价:慢性胆囊炎。

会诊专家问医方:结石单个?多个?

答:多个。

鉴定人问医方:技术级别?

答:三甲医院,地级市。

会诊专家指出:替代治疗方案告知有所不足,如告知手术选择方案(胆囊穿刺、腔镜手术、开腹手术)、比较手术治疗和保守治疗各自的好处。

鉴定人问医方:你的资质?工作年限?

答:从业11年,做腔镜手术8年,副高职称。

问医方:术前做全腹CT没有?

答:做了。

问医方:贲门癌转移何时发现的?

答:2012 年。

肝胆外科会诊专家评价:术后第三天体温高了,肠穿孔在左侧,引流管安放在右侧。第三天检查病人腹部,查 CT。若做到这点,可能能救病人一命。按你的描述,胆囊手术可以不做。

会诊专家问医方:做腹腔镜手术是怎么考虑的?

答:病人当初身体状态尚可。

鉴定人问患方:医方将手术方式的选择(有 3 个)交给你们没有?

答:没有。

会诊专家问患方:病人饮食怎样? 身体状态怎样?

答:一般,前次住院术后人长胖了一点。

会诊专家问患方:ICU 科医生怎么告知你方的?

答:说腹腔感染重。

会诊专家问医方:术后中药灌肠是常规的吗?

答:不是。

会诊专家问医方:灌肠后,出入量怎样?

患方答:灌多少,出多少。

会诊专家问医方:有床旁彩超吗?

答:有,要申请。

医方说:没想到是肠穿孔引起的腹胀,考虑肠麻痹。

会诊专家问医方:你们注意到病人乳酸一直高没有? 有次呼吸插管拔了?

ICU 科会诊专家认为:不适合拔管,因乳酸高、氧分压低、血小板低。

四、分析说明

(一)对医疗行为的评估

1. 医方对患者胆囊结石伴慢性胆囊炎的诊断明确。治疗方案有药物保守治疗、开腹胆囊切除术、腹腔镜胆囊切除术、胆囊穿刺术，但医方未对患者及家属行上述治疗方案各自利弊的告知。若患方坚持选择要做手术，医方本应推荐开腹胆囊切除术（原因：有腹部手术史、肿瘤、老年）。

2. 第一次手术术后，医方观察病情不仔细，在患者出现明显腹胀及体温升高时未予以任何辅助检查，包括床旁超声记录有无腹腔积液、出血，没有监测腹内压，未及时进一步行腹部 CT 检查，肠瘘发现过晚，造成第二次手术的时间延迟。

3. 在 ICU 治疗期间，3 月 25 日术后未充分评估的情况下，予以气管导管拔除，后期再次行气管插管，加重了机体损伤的风险。ICU 科用药及治疗无明显差错，因后期感染过重，导致多脏器衰竭，死亡难以避免。

（二）因果关系及原因力

1. 在本次住院中，医方行第一次手术时，可能造成了患者的肠道损伤，中转开腹处理肠道损伤可能不彻底。

2. 医方因前述过错，未及时行第二次手术，导致患者发生严重腹膜炎、脓毒血症、感染性休克而死亡。

3. 患者因年老体弱，合并原发肿瘤的基础疾病，自身因素与其死亡的发生也有一定的关系。

综上所述，某市第二人民医院对 × × 的诊疗行为有过错，其过错的诊疗行为与患者的死亡之间存在因果关系，建议法庭考虑医方的原因力为主要原因。

五、鉴定书出具后鉴定方所承受的风险回放及纠错探讨

一般而言，对于一个老年晚期癌症术后死亡的患者，原因力评定为主要原因似乎有违行业标准。笔者要在鉴定分析意见中作出清楚的分析说明并非难以做到，能为而不为的原因是不愿意扩大医患矛盾，然而又不能因此顾虑而减轻医方的过错责任，不然就没法防控少数医方为追逐经济利益而扩大治疗，本案被告医院有“榨取老年晚期癌症患者身上最后一滴油”之事实存在，这是大

众最为痛恨的无德医疗行为。医方作为专业人士,自然会明白专家团队已从技术角度抓住了评定主要原因的确凿证据,所以不敢从技术层面对鉴定意见提出质疑,转而攻鉴定程序不合法,攻击的焦点是二位鉴定人非肝胆外科医生,且两位会诊的肝胆外科医生未在鉴定书上签名,完全按照医学会的鉴定模式来否定长期以来国内法医通行的鉴定模式。

虽然审案法官和律师不懂临床医学知识,可是运用法学知识解决案件中的问题是其专长,同时也该懂社会常识,如临床会诊医生在鉴定询问会上明确评价医方的诊疗行为:“术后第三天体温高了,肠穿孔在左侧,引流管安放在右侧。第三天检查病人腹部,查 CT。若做到这点,可能能救病人一命。按你的描述,胆囊手术可以不做”。这样通俗的语言理解起来不困难,却被法官和律师视而不见。法官让技术科寄来了医方的质疑书,笔者作了针对性的回复。在医方不接受质疑回复意见,也不申请鉴定人出庭的背景下,审案法官径直启动了重新鉴定,患方跟进的措施是向法院申请鉴定方退还鉴定费和临床专家会诊费,法官为此还搞了一个鉴定询问会。

审案法官未将以上情况事先通报鉴定方,背着本院技术科,于 2020 年 8 月直接向鉴定机构寄来了退全部费用的通知书。笔者收到通知后,迅速以鉴定方的名义再次作书面回复,详细解释鉴定程序不违法,还主动附上三位临床医生的会诊意见书复印件。为保护会诊医生,抹去了他们在会诊意见书上的签名,盖上公章来保证其会诊的真实性。因担心这种书证的效力受限,特别注明:如果法院认为有必要,可来鉴定方核对扫描保存的档案资料或委托当地司法局帮忙查对。

一月后,收到法院的民事裁定书,并限鉴定机构一月之内退费。该民事裁定书上对医方的攻击点照单全收,全然不理会鉴定方的回复意见,直接裁定鉴定程序违法,还对鉴定方增加了一条错误的评判,即鉴定方涂掉了临床会诊意见书上的签名,故不得将它作为证据使用。

笔者查了最高人民法院《关于人民法院民事诉讼中委托鉴定审查工作若

干问题的规定》和其他法律法规,均未查到审案法官有权对所委托的鉴定方行使退鉴定费的民事裁定权。

本案最大的启示是,鉴定人出庭接受质证既是一种义务,也是一种权利。尤其是出现法官决定重新启动鉴定或交费当事人向法院申请鉴定方退还鉴定费时,鉴定人的鉴定话语权只能在出庭中得到最充分的保障。

为降低当事人申请鉴定人出庭的经济成本,距离远的出庭可通过视频出庭的方式来替代,同时也可以为鉴定人节省出庭的时间,此举可谓双赢之良策。

图书在版编目(CIP)数据

司法鉴定人出庭作证指南 / 霍宪丹主编. -- 北京 : 法律出版社, 2021

ISBN 978 - 7 - 5197 - 5169 - 2

Ⅰ. ①司… Ⅱ. ①霍… Ⅲ. ①司法鉴定－工作人员－举证责任－中国－指南 Ⅳ. ①D925.18－62

中国版本图书馆 CIP 数据核字(2020)第 232347 号

司法鉴定人出庭作证指南
SIFA JIANDINGREN CHUTING ZUOZHENG ZHINAN

霍宪丹 主 编
邹明理 郭 华 副主编

策划编辑 沈小英
责任编辑 程王刚
装帧设计 乔智炜 贾丹丹

出版发行 法律出版社
编辑统筹 法治与经济出版分社
责任校对 周合芝 周诗湄
责任印制 吕亚莉
经　　销 新华书店

开本 710 毫米×1000 毫米 1/16
印张 18.5 **字数** 331 千
版本 2021 年 8 月第 1 版
印次 2021 年 8 月第 1 次印刷
印刷 固安华明印业有限公司

地址:北京市丰台区莲花池西里 7 号(100073)
网址:www.lawpress.com.cn
投稿邮箱:info@lawpress.com.cn
举报盗版邮箱:jbwq@lawpress.com.cn
销售电话:010－83938349
客服电话:010－83938350
咨询电话:010－63939796

书号:ISBN 978－7－5197－5169－2
定价:88.00 元

凡购买本社图书,如有印装错误,我社负责退换。电话:010－83938349